Matthias Maucher

Grundsätze ordnungsmäßiger Lageberichterstattung

GABLER EDITION WISSENSCHAFT

Rechnungswesen und Unternehmensüberwachung

Herausgegeben von
Professor Dr. Hans-Joachim Böcking,
Professor Dr. Michael Hommel und
Professor Dr. Jens Wüstemann

Die Schriftenreihe präsentiert Ergebnisse der betriebswirtschaftlichen Forschung zu den Themengebieten Financial Accounting, Business Reporting, Business Audit, Business Valuation und Corporate Governance. Die Beiträge dieser Reihe verfolgen das Ziel, Vorgaben der Gesetzgebung, der nationalen und internationalen Standardsetter sowie Empfehlungen der Wirtschaftspraxis mittels des Instrumentariums der betriebswirtschaftlichen Theorie zu beschreiben, zu analysieren und insbesondere vor dem Hintergrund der Anforderungen des Kapitalmarktes weiterzuentwickeln.

Matthias Maucher

Grundsätze ordnungsmäßiger Lageberichterstattung

Zur Systembildung prognoseorientierter Informationspflichten in wirtschaftlicher Betrachtungsweise

Mit einem Geleitwort von Prof. Dr. Jens Wüstemann

GABLER EDITION WISSENSCHAFT

Bibliografische Information der Deutschen Nationalbibliothek
Die Deutsche Nationalbibliothek verzeichnet diese Publikation in der Deutschen Nationalbibliografie; detaillierte bibliografische Daten sind im Internet über <http://dnb.d-nb.de> abrufbar.

Dissertation Universität Mannheim, 2008

1. Auflage 2008

Lektorat: Frauke Schindler / Sabine Schöller

Gabler ist Teil der Fachverlagsgruppe Springer Science+Business Media.
www.gabler.de

Umschlaggestaltung: Regine Zimmer, Dipl.-Designerin, Frankfurt/Main
Gedruckt auf säurefreiem und chlorfrei gebleichtem Papier
Printed in Germany

ISBN 978-3-8349-1263-3

Geleitwort

Die festzustellende Aufwertung der Informationsfunktion der Rechnungslegung, also der Konkretisierung von Informationspflichten zum Zweck der Verbesserung interessewahrender Entscheidungen von Rechnungslegungsadressaten, zeigt sich auch im Wandel des Lageberichts: Dieser soll den „Geschäftsverlauf ... und die Lage der Kapitalgesellschaft" so darstellen, „dass ein den tatsächlichen Verhältnissen entsprechendes Bild vermittelt wird" (§§ 289 Abs. 1, 315 Abs. 1 HGB). Die entsprechenden Normenkataloge, die diese Zielnorm inhaltlich ausfüllen, wurden durch den Gesetzgeber zuletzt erheblich erweitert. Dabei ist zwar die Intention des Gesetzgebers zu greifen, die in der relativen Erweiterung des Unternehmenseinblicks liegt; andererseits ist das implizite Bezugssystem, das deren Auslegung erst im Einzelnen ermöglicht, sowie auch die informationelle Reichweite der Einzelnormen weniger klar. Gerade die zweckgerechte Auslegung ist aber Prüfstein einer tatsächlichen und nicht lediglich behaupteten besseren Vermittlung entscheidungsnützlicher Informationen.

Dem Verfasser gelingt es exemplarisch, die mannigfaltigen Einzelnormen des (Konzern-)Lageberichts in eine tragfähige Systematisierung zu überführen. Innerhalb des Gefüges legt er sie in wirtschaftlicher Betrachtungsweise am einheitlichen Maßstab wertungskonsistent aus und berücksichtigt dabei, mit Recht, immer auch Objektivierungerfordernisse. Klug zieht er Erkenntnisse und Erfahrungen aus dem US-amerikanischen Wertpapierrecht überall dort vergleichend heran wo es sinnvoll ist und schärft so den Blick auf das informationelle Bilanzrecht des HGB. Die Arbeit trägt erheblich zur weiteren Konkretisierung von Informationspflichten des Lageberichts *de lege lata* bei; darüberhinaus ist ihr aufgrund ihrer Substanz zu wünschen, langfristig auf die weitere wissenschaftliche Durchdringung prognoseorientierter Informationspflichten einzuwirken.

Prof. Dr. Jens Wüstemann

Vorwort

Finanz- und realwirtschaftliche Einschnitte, wie die in den USA entflammte Kreditkrise, verdeutlichen nicht nur die Unsicherheit offengelegter Prognosen bzw. das Gewicht vorhandener (Verlust-)Risiken. Bereits die logisch konsistente und vollständige Erfassung von Einflussfaktoren kann für Unternehmen außerordentlich schwierig sein. Umso herausfordernder ist, wie die heterogene Rechtsprechung US-amerikanischer Gerichte zeigt, die rechtsklare Gestaltung eines darauf aufbauenden, aber doch eigenständigen Informationssystems. Inwiefern dabei eine Entobjektivierung der Bilanzierung zielführend ist, kann angesichts bekannter Probleme der US-GAAP nicht endgültig beantwortet werden. Gerade deshalb sollte auch vor dem Hintergrund des Bilanzrechtsmodernisierungsgesetzes die innere Systematik und Überlegenheit wohlverstandener handelsrechtlicher Gewinnanspruchsermittlungs- und Informations-GoB nicht gänzlich in Vergessenheit geraten: Auch entobjektivierte prognoseorientierte Erläuterungen sind sinnvollerweise auf objektivierten Größen zu basieren.

Die Abbildung der wirtschaftlichen Lage von Unternehmen hat mich bereits während der Studienzeit in Mannheim und Paris bewegt. Gestärkt und in wissenschaftliche Bahnen gelenkt wurde diese grundlegende Motivation durch meinen Doktorvater, Herrn Professor Dr. Jens Wüstemann. Für seine fachliche Lehre und seine persönlichen Anregungen danke ich ihm herzlichst. Herrn Professor Dr. Christoph Spengel danke ich für die Übernahme des Zweitgutachtens sowie seine anregenden Worte. Danken möchte ich auch Herrn Professor Dr. Walter Bungard für den Einblick in psychologische Faktoren der Informationsverarbeitung und Entscheidungsfindung. Den Herren Professor Dr. Böcking, Professor Dr. Hommel und Professor Dr. Wüstemann danke ich für die Aufnahme meiner Arbeit in Ihrer Herausgeberreihe „Rechnungswesen und Unternehmensüberwachung“.

Meinen ehemaligen Kollegen am Lehrstuhl für ABWL und Wirtschaftsprüfung danke ich für Vieles; insbesondere dafür, die Begeisterung am gemeinsamen Fussballspiel geweckt und gelebt zu haben. Für Ihre Unterstützung und Begleitung danke ich meinen Freunden. Der größte Dank gilt meinen Eltern, Brüdern und Großeltern.

Matthias Maucher

Inhaltsübersicht

Inhaltsverzeichnis

Zweites Kapitel: Prognoseprinzipien

Abkürzungsverzeichnis

A. A./a. A.	anderer Ansicht
a. a. O.	am angegebenen Ort
Abs.	Absatz
a. F.	alte Fassung
AICPA	American Institute of Certified Public Accountants
AK	Arbeitskreis
AktG	Aktiengesetz
Anm. d. Verf.	Anmerkung des Verfassers
APB	Accounting Principle Board
APBO	Accounting Principle Board Opinion
ASB	Accounting Standards Board
ASR	Accounting Series Release (SEC)
Aufl.	Auflage
BaFin	Bundesanstalt für Finanzdienstleistungsaufsicht
BAWe	Bundesaufsichtsamt für den Wertpapierhandel
Bd.	Band
bearb. v.	bearbeitet von
BFH	Bundesfinanzhof
BFHE	Sammlung der Entscheidungen des Bundesfinanzhofs
BGB	Bürgerliches Gesetzbuch
BilReG	Gesetz zur Einführung internationaler Rechnungslegungsstandards und zur Sicherung der Qualität der Abschlussprüfung (Bilanzrechtsreformgesetz; 2004)
BilRiLiG	Gesetz zur Durchführung der Vierten, Siebenten und Achten Richtlinie des Rates der Europäischen Gemeinschaften zur Koordinierung des Gesellschaftsrechts (Bilanzrichtliniengesetz; 1985)
BMJ	Bundesministerium der Justiz
BStBl.	Bundessteuerblatt
bspw.	beispielsweise
BT	Bundestag

BverfG	Bundesverfassungsgericht
bzgl.	bezüglich
bzw.	beziehungsweise
CA	Court of Appeals
Cir.	Circuit
CFR	Code of Federal Regulations
Co.	Company
d. h.	das heißt
DAI	Deutsches Aktieninstitut
DPR	Deutsche Prüfstelle für Rechnungslegung
Dr.Doktor	
DRS	Deutscher Rechnungslegungs Standard
DRSC	Deutsches Rechnungslegungs Standards Committee e. V.
Drucks.	Drucksache
DVFA	Deutsche Vereinigung für Finanzanalyse und Anlageberatung
E	Entwurf/Entscheidung
ECMH	efficient capital market hypothesis
EFRAG	European Financial Reporting Advisory Group
EG	Europäische Gemeinschaft
EITF	Emerging Issues Task Force
EL	Ergänzungslieferung
et al.	und andere
f.	folgende
FASB	Financial Accounting Standards Board
FCF	Free Cash Flow
FIN	FASB Interpretation No.
ff..	fortfolgende
FN	Fachnachrichten (IDW)
FN	Fußnote

FR	Federal Register
FRR	Financial Reporting Release (SEC)
GAAP	Generally Accepted Accounting Principles
GE	Geldeinheiten
Ges	Gesellschaft
gl. A.	gleicher Ansicht
GoB	Grundsätze ordnungmäßiger Buchführung (Grundsätze ordnungsmäßiger Bilanzierung)
HdJ	Handbuch des Jahresabschlusses in Einzeldarstellungen
HFA	Hauptfachausschuss
HGB	Handelsgesetzbuch
Hrsg.	Herausgeber
hrsg. v.	herausgegeben von
IAS	International Accounting Standard(s)
IASB	International Accounting Standards Board
IDW	Institut der Wirtschaftsprüfer
Inc.	Incorporation
i. d. F.	in diesem Fall
i. d. S.	in diesem Sinne
i. d. R.	in der Regel
IFAC	The International Federation of Accountants
IFRS	International Financial Reporting Standard(s)
insbes.	insbesondere
InsO	Insolvenzordnung
i. S. d.	im Sinne des/der
i. S. e.	im Sinne einer/eines
i. V. m.	in Verbindung mit
Jg.	Jahrgang

KonTraG	Gesetz zur Kontrolle und Transparenz im Unternehmensbereich (1998)
KWG	Kreditwesengesetz
MD&A	Management's Discussion & Analysis of Financial Condition and Results of Operations
m. E.	meines Erachtens
m. w. N.	mit weiteren Nachweisen
n. F.	neue Fassung
No.	Number
Nr.	Nummer
Par.	Paragraph
PIMS	Profit Impact of Market Strategies
PS	Prüfungsstandard
Rel.	Release
RFH	Reichsfinanzhof
RS	Rechnungslegungs-Standard
RStBl.	Reichssteuerblatt
Rz.	Randzeichen
S.	Seite
SA 1933	Securities Act of 1933
SAB	Staff Accounting Bulletin (SEC)
SEA 1934	Securities Exchange Act of 1934
SEC	Securities and Exchange Commission
SFAC	Statement of Financial Accounting Concepts (FASB)
SFAS	Statement of Financial Accounting Standards (FASB)
SG	Schmalenbach Gesellschaft
sog.	so genannt
SOP	Statement of Position (AcSEC)
Sp.	Spalte

SWOT-Analyse	Strengths-Weaknesses-Opportunities-Threads-Analyse
TUG	Gesetz zur Umsetzung der EU-Transparenzrichtlinie (2006)
u. a.	und andere
u. A.	und Anderen
vgl.	vergleiche
Vol.	Volume
v./vs.	versus
WpHG	Wertpapierhandelsgesetz
z. B.	zum Beispiel

Verzeichnis abgekürzt zitierter Zeitschriften

Acc.	Accountancy
Acc. Europe	Accounting in Europe
Acc. Rev.	The Accounting Review
Admin. L. Rev.	Administrative Law Review
A. Bus. L. J.	American Business Law Journal
A.E. Rev.	American Economic Review
AG	Die Aktiengesellschaft
BB	Der Betriebs-Berater
BetrAV	Betriebliche Altersversorgung
BFuP	Betriebswirtschaftliche Forschung und Praxis
Brooklyn L. Rev.	Brooklyn Law Review
Bus. Law.	The Business Lawyer
Con. Acc. Res.	Contemporary Accounting Research
DB	Der Betrieb
DBW	Die Betriebswirtschaft
DK	Der Konzern
DStR	Deutsches Steuerrecht
Duke L.J.	Duke Law Journal
Econ.	Econometrica
E. Pol.	Economic Policy
E. Pol. Rev.	Economic Policy Review
E.F.M.	European Financial Management
FAZ	Frankfurter Allgemeine Zeitung
FB	Finanz Betrieb
Fin. A. J.	Financial Analysts Journal
Fordham L. Rev.	Fordham Law Review

Harvard Bus. Rev.	Harvard Business Review
Harvard L. Rev.	Harvard Law Review
Intern. Fin. L. Rev.	International Financial Law Review
IRZ	Zeitschrift für internationale Rechnungslegung
J. Acc.	The Journal of Accountancy
J. Acc. Aud. Fin.	Journal of Accounting, Auditing & Finance
J. Acc. E..	Journal of Accounting and Economics
J. Acc. Res.	Journal of Accounting Research
J. A. Corp. Fin.	Journal of Applied Corporate Finance
J. B. & Fin.	Journal of Banking & Finance
J. Bus.	Journal of Business
J. Bus. Fin. Acc.	Journal of Business, Finance & Accounting
J. Corp. L.	Journal of Corporation Law
J. Fin.	Journal of Finance
J. Fin. Econ.	Journal of Financial Economics
JITE	Journal of Institutional and Theoretical Economics
J. Int. Fin. M. Acc.	Journal of International Financial Management and Accounting
J. M. Acc. Res.	Journal of Management Accounting Research
J. Pol. E.	Journal of Political Economy
KoR	Zeitschrift für kapitalmarktorientierte Rechnungslegung
N.D.L. Rev.	Notre Dame Law Review
N.Y.L.J.	New York Law Journal
N.Y.U. L. Rev.	New York University Law Review
Stanford J. L. Bus. Fin.	Stanford Journal of Law, Business & Finance
S.M. J.	Strategic Management Journal
StuB	Steuer- und Bilanzpraxis
StuW	Steuer und Wirtschaft

Tulane L. Rev.	Tulane Law Review
Va. L. Rev.	Virginia Law Review
WM	Wertpapier-Mitteilung
WPg	Die Wirtschaftsprüfung
W.U.L.Q.	Washington University Law Quarterly
ZBB	Zeitschrift für Bankrecht und Bankwirtschaft
ZfB	Zeitschrift für Betriebswirtschaft
ZfbF	Schmalenbachs Zeitschrift für betriebswirtschaftliche Forschung
ZfCM	Zeitschrift für Controlling und Management
ZfhF	Zeitschrift für handelswissenschaftliche Forschung
ZVglRWISS	Zeitschrift für vergleichende Rechtswissenschaften
ZGR	Zeitschrift für Unternehmens- und Gesellschaftsrecht
ZHR	Zeitschrift für das gesamte Handels- und Wirtschaftsrecht
ZIP	Zeitschrift für Wirtschaftsrecht und Insolvenzpraxis

Problemstellung

Die handelsrechtliche Normierung der Lageberichts-GoB erfuhr im Zuge des Bilanzrechtsreformgesetzes (BilReG) wichtige Änderungen. Den Hintergrund bilden europarechtliche Harmonisierungsbestrebungen, in deren Rahmen seit den 90er Jahren eine umfassende regulative Weiterbildung der deutschen Rechnungslegungsordnung erfolgt.[1] Im Mittelpunkt steht dabei, kennzeichnend für wirtschaftliche Veränderung des Finanzsystems, die Rechnungslegung[2] kapitalmarktorientierter Unternehmen im Sinne des § 2 Abs. 5 WpHG.[3] Erklärtes Ziel ist die „Stärkung der Unternehmensintegrität und des Anlegerschutzes"[4].

Einhergehend mit diesen institutionellen und wirtschaftlichen Veränderungen versteht die Literatur zum Lagebericht die materiell-ökonomische Bedeutung des § 289 HGB regelmäßig in unmittelbar kapitalmarktorientierter Betrachtungsweise.[5] Mit dieser interessieren den Adressaten sämtliche die Preisbildung am Markt bestimmenden Informationen als Grundlage der Konkretisierung seiner finanziellen Interessen aus der Veränderung von Marktpreisen:[6] Bei (angenommen)[7] mittelstrenger Informationseffi-

---

1 Vgl. WÜSTEMANN, JENS: Institutionenökonomik und internationale Rechnungslegungsordnungen. Tübingen 2002, hier S. 16 f.; grundlegend MOXTER, ADOLF: Grundwertungen in Bilanzrechtsordnungen – ein Vergleich von überkommenem deutschen Bilanzrecht und Jahresabschlußrichtlinie. In: Handelsbilanzen und Steuerbilanzen. Festschrift zum 70. Geburtstag von Prof. Dr. h. c. *Heinrich Beisse*, hrsg. v. *Wolfgang Dieter Budde*, *Adolf Moxter* und *Klaus Offerhaus*. Düsseldof 1997, S. 347–362, hier S. 347–349.

2 Vgl. zum Begriff der Rechnungslegung MOXTER, ADOLF: Betriebswirtschaftliche Gewinnermittlung. Tübingen 1984, hier S. 219.

3 Vgl. BMJ: Maßnahmenkatalog der Bundesregierung zur Stärkung der Unternehmensintegrität und des Anlegerschutzes. Berlin. 25. Februar 2003; vgl. auch HOMMELHOFF, PETER/MATTHEUS, DANIELA: BB-Gesetzgebungsreport: Verlässliche Rechnungslegung – Enforcement nach dem geplanten Bilanzkontrollgesetz. In: BB, 59. Jg. (2004), S. 93–100, hier S. 95; WÜSTEMANN, JENS/KIERZEK, SONJA: Das europäische Harmonisierungsprogramm zur Rechnungslegung: Endorsement und Enforcement von IFRS. In: BB, 61. Jg. (2006), S. 14–22, hier S. 15.

4 BMJ: Pressemitteilung: Bilanzrechtsreform und Bilanzkontrolle stärken Unternehmensintegrität und Anlegerschutz. Berlin. 21. April 2004, hier S. 1.

5 Vgl. zum Annahmenkranz der neoklassichen Modellwelt SCHMIDT, REINHARD H./ TERBERGER, EVA: Grundzüge der Investitions- und Finanzierungstheorie. 4. Aufl. Wiesbaden 1997, hier S. 57 f.; MERKT, HANNO: Unternehmenspublizität. Offenlegung von Unternehmensdaten als Korrelat der Marktteilnahme. Tübingen 2001, hier S. 208; HITZ, JÖRG-MARKUS: Rechnungslegung zum fair value. Konzeption und Entscheidungsnützlichkeit. Frankfurt am Main 2005, hier S. 175–177.

6 Vgl. FAMA, EUGEN: Capital Markets: A Review of Theory and Empirical Work. In: J. Fin, Vol. 25 (1970), S. 383–417, hier S. 383; SCHMIDT, REINHARD H./TERBERGER, EVA: Grundzüge der Investitions- und Finanzierungstheorie. A. a. O., hier S. 215; MÖLLS, SASCHA H./STRAUß, MICHAEL: Bewertungsrelevanz der Rechnungslegung – Stand und Implikationen der empirischen Forschung für Aktionäre und Regulierer. In: ZfB, 77. Jg. (2007), S. 955–997, hier S. 956.

7 Vgl. kritisch zur Informationseffizienz bspw. BÖCKING, HANS-JOACHIM: Zum Verhältnis von Rechnungslegung und Kapitalmarkt: Vom „financial accounting" zum „business reporting". In:

zienz sind neben intern verfügbaren Daten über die gegenwärtige Situation vor allem auch Angaben zur Planung sowie die damit verbundenen finanziellen Erwartungen des Rechnungslegenden aufzuzeigen.[8] Jedoch ist ein dergestalt undifferenziert aus ökonomisch starken Prämissen abgeleitetes Verständnis (auch)[9] in institutionenökonomischer Wertung nicht unproblematisch:[10] Auf theoretischer Ebene ist bspw. festzustellen, dass individuelle Konsumpräferenzen aufgrund der Annahme identischer Zinssätze sowohl für die Anlage als auch die Kreditaufnahme im Rahmen der Ausprägungen eines unvollkommenen Kapitalmarkts nur bedingt berücksichtigt werden können. Auf praktischer Ebene wiederum sind Informationssätze genuin zukunftsbezogener Informationsinteressen in einer Wettbewerbsordnung zu begrenzen.[11] Daneben besteht die Gefahr, dass eine zweckadäquate Ordnung konkretisierender Informationssätze aus haftungsrechtlichen Gründen hinter eine möglichst umfassende Informationsvermittlung zurücktritt.[12]

Von einer kapitalmarktorientierten Betrachtungsweise abstrahierend gründet die vorliegende Arbeit auf ökonomisch schwachen Prämissen.[13] Aus diesen folgt zunächst die Orientierung am Informationszweck der Rechnungslegung. Dessen materielle Umsetzung soll das Treffen interessewahrender Entscheidungen im Rahmen informationeller Grundwertungen erlauben.[14] Maßgeblich sind dabei individuelle Präferenzen sowie die Berücksichtigung komplementärer Institutionen sowohl bei der Bestimmung des

---

ZfbF-Sonderheft 40/1998, S. 7–53, hier S. 23 f.; HITZ, JÖRG-MARKUS: Rechnungslegung zum fair value. A. a. O., hier S. 179–181.

8 Vgl. zur Einbettung einer solchen Informationsexternalisierung in das System der Corporate Governance WÜSTEMANN, JENS: Institutionenökonomik und internationale Rechnungslegungsordnungen. A. a. O., hier S. 98 f.

9 Vgl. kritisch zu einem aus ökonomisch starken Prämissen abgeleiteten normativen Paradigma POLINSKY, MITCHELL, A.: Economic analysis as a potentially defective product: A buyer's guide to Posner's economic analysis of law. In: Harvard L. Rev., Vol. 87 (1974), S. 1655–1681; BALLWIESER, WOLFGANG: Entwicklung der Theorie der Rechnungslegung in den USA. In: ZfbF-Sonderheft 32/1993, S. 107–138, hier S. 113 f.

10 Vgl. FLEISCHER, HOLGER: Prognoseberichterstattung im Kapitalmarktrecht und Haftung für fehlerhafte Prognosen. In: AG, 51. Jg. (2006), S. 2–16, hier S. 14 f.; zum Grundsatz der Bestimmung informationeller Grundwertungen als Ausgangspunkt normativer Rechnungslegungstheorie vgl. WÜSTEMANN, JENS: Institutionenökonomik und internationale Rechnungslegungsordnungen. A. a. O., hier S. 124–128.

11 Vgl. KIRCHNER, CHRISTIAN: Der Wettbewerbsfaktor „Entscheidungsnützlichkeit von Rechnungslegungsinformationen“: eine institutionenökonomische Analyse. In: ZfbF- Sonderheft 45/2000, S. 41–68, hier S. 62.

12 Vgl. LOSS, LOUIS/SELIGMAN, JOEL: Fundamentals of Securities Regulation. 5th edition. New York, New York: Aspen Publishers, 2004, hier S. 579.

13 Vgl. zur Konkretisierung institutionenökonomischer Grundprinzipien WÜSTEMANN, JENS: Institutionenökonomik und internationale Rechnungslegungsordnungen. A. a. O., hier S. 7–54.

14 Vgl. zum Prinzip rationaler Entscheidungsorientierung WÜSTEMANN, JENS: Institutionenökonomik und internationale Rechnungslegungsordnungen. A. a. O., hier S. 19–22 (m. w. N.).

schutzwürdigen Adressaten als auch bei der Reichweite der Prognose.[15] Ausgehend von diesen institutionenökonomischen Grundprinzipien der Rechnungslegungstheorie zielt die Untersuchung auf die Ableitung eines zu Ausprägungen der deutschen Rechnungslegungsordnung komplementären Systems prinzipienbasierter Lageberichtsnormen.[16] Nicht berücksichtigt wird damit der als *best practice* zu bezeichnende *management commentary* des IASB.[17]

Ausgangspunkt und Kern der Untersuchung ist die typisierte Entscheidungssituation des in institutioneller Betrachtung komplementärer Normen als schutzwürdig erachteten Kleinaktionärs.[18] Bei diesem handelt es sich um jenen Kapitalgeber, der aufgrund seines geringen Einflusses keinen Zugang zu internen Informationskanälen hat.[19] Begründet wird diese Wertung mit komplementären Elementen der (effizienten) Finanzsystemen zugrunde liegenden Corporate Governance: Grundsätzlich wird diese durch Institutionen geprägt,[20] deren Funktionalität es den Hauptkapitalgebern erlaubt, sowohl den Kapitaleinsatz als auch eine adäquate Rendite zu sichern.[21] In diesem Sinne war es kennzeichnend für die in der Vergangenheit als klassische Ausprägung eines insider-

---

15 Vgl. zum Prinzip des methodologischen Individualismus und zum Prinzip der institutionellen Gestaltung WÜSTEMANN, JENS: Institutionenökonomik und internationale Rechnungslegungsordnungen. A. a. O., hier S. 33 f. und S. 50 f.

16 Vgl. zum Komplementaritätsparadigma WÜSTEMANN, JENS: Institutionenökonomik und internationale Rechnungslegungsordnungen. A. a. O., hier S. 96 f. (m. w. N.); zur Anwendung des Paradigams vgl. LEUZ, CHRISTIAN/WÜSTEMANN, JENS: The Role of Accounting in the German Financial System. In: The German Financial System, hrsg. v. *Jan Pieter Krahnen* und *Reinhard H. Schmidt*. New York, New York: Oxford University Press, 2004, S. 450–481, hier S. 452–455; HACKETHAL, ANDREAS/SCHMIDT, REINHARD H.: Finanzsystem und Komplementarität. In: Finanzmärkte im Umbruch, hrsg. v. *Hans-Hermann Francke* u. a. Berlin 2000 (Beihefte zu Kredit und Kapital, Heft 15), S. 53–102, hier S. 55.

17 Vgl. auch EFRAG: Re: Management Commentary – Discussion Paper. May 2006, hier S. 1; vgl. zu übernahmerechtlichen Angaben BAETGE, JÖRG/BRÜGGEMANN, BENEDIKT/HAENELT, TIMO: Erweiterte Offenlegungspflichten in der handelsrechtlichen Lageberichterstattung – Übernahmerechtliche Angaben und Erläuterungen nach § 315 Abs. 4 HGB und E-DRS 23. In: BB, 62. Jg. (2007), S. 1887–1893, *passim*.

18 Vgl. grundlegend MOXTER, ADOLF: Fundamentalgrundsätze ordnungsmäßiger Rechenschaft. In: Bilanzfragen. Eine Festschrift für Prof. Dr. *Ulrich Leffson*, hrsg. v. *Jörg Baetge*, *Adolf Moxter* und *Dieter Schneider*. Düsseldorf 1976, S. 87–100, hier S. 97; *derselbe*: Grundsätze ordnungsgemäßer Rechnungslegung. Düsseldorf 2003, hier S. 223.

19 Vgl. zur Notion des Unternehmens als *nexus of contracts* JENSEN, MICHAEL C./MECKLING WILHELM H.: Theory of the Firm: Managerial Behavior, Agency Costs, and Ownership Structure. In: J. Fin. Econ., Vol. 3 (1976), S. 305–360, hier S. 310; WÜSTEMANN, JENS: Institutionenökonomik und internationale Rechnungslegungsordnungen. A. a. O., hier S. 40 f.

20 Vgl. zur Unterscheidung typisierter Ausprägungen in Form einer externalisierten bzw. einer internalisierten Unternehmensverfassung WÜSTEMANN, JENS: Disclosure Regimes and Corporate Governance. A. a. O., hier S. 719 und S. 721.

21 Vgl. SHLEIFER, ANDREI/VISHNY, ROBERT W.: A survey of corporate governance. In: J. Fin., Vol. 52 (1997), S. 737–783, hier S. 737.

orientierten Finanzsystems beschriebene deutsche Rechnungslegungsordnung,[22] dass Aufsichtsratsmandate von Eigentümerfamilien, Bankvertretern und Vertretern wirtschaftlich verflochtener Unternehmen ausgeübt wurden.[23] Wie jüngere Entwicklungen zeigen, wird die Eigentümerstruktur von Publikumsgesellschaften jedoch zunehmend internationaler. Parallel ist ein Rückgang wirtschaftlicher Verflechtungen nationaler Banken zu beobachten. Gleichzeitig ändert sich insbesondere auch bei den Publikumsgesellschaften die Rolle der Banken: (Haus-)Banken,[24] die auch außerhalb von Aufsichtsratsmandaten als unmittelbare Fremdkapitalgeber Einfluss auf die Strategie des Unternehmens genommen haben, verstehen sich vermehrt als (bloße) Finanzintermediäre.[25] Als solche bleibt der Einfluss[26] der Banken bspw. aufgrund der Ausübung von Stimmrechten in Stellvertretung der Bankkunden jedoch weitgehend stabil. Auch die im Vergleich bspw. zu französischen Unternehmen relative Konstanz der Art der externen Unternehmensfinanzierung, das heißt die Bedeutung von Fremdkapital, trägt hierzu bei.[27] In der Gesamtschau folgt, dass die deutsche Rechnungslegung auch weiterhin als bankorientiert bezeichnet werden darf.[28] Geändert hat sich der Bedarf von

---

22 Vgl. WÜSTEMANN, JENS: Evaluation and Response to Risk in International Accounting and Audit Systems: Framework and German Experiences. In: J. Corp. L., Vol. 29 No. 2 (2004), S. 449–466, hier S. 455 f.; BERGLÖF, ERIK: A note on the typology of financial systems. In: Comparative corporate governance. Essays and materials, hrsg. v. *Klaus J. Hopt* u. a. Berlin u. a. 1997, S. 151–164, hier S. 159; TIROLE, JEAN: Corporate Governance. In: Econ. Vol. 69 (2001), S. 1–35, hier S. 8; ALFRED J./RUDOLPH, BERND: Zur Entwicklung der Kapitalstrukturen in Deutschland und in den Vereinigten Staaten von Amerika. Eine vergleichende empirische Untersuchung. In: ZfbF, 44. Jg. (1992), S. 1059–1079, hier S. 1076.

23 Vgl. HACKETHAL, ANDREAS/SCHMIDT, REINHARD H./TYRELL MARCEL: Corporate governance in Germany: Transition to a modern capital market-based system?. In: JITE, Vol. 159 (2003), S. 664–674, hier S. 671; WÜSTEMANN, JENS: Institutionenökonomik und internationale Rechnungslegungsordnungen. A. a. O., hier S. 95; HACKETHAL, ANDREAS: Banken, Unternehmensfinanzierung und Finanzsysteme. Frankfurt am Main 2000, hier S. 168.

24 Vgl. ELSAS, RALF/KRAHNEN, JAN PIETER: Collateral, Default Risk and Relationship Lending: An empirical study on financial contracting. Working Paper. Stand: November 2000. Johann Wolfgang Goethe-Universität, hier S. 5.

25 Vgl. DAI (Hrsg.): Kapitalmarkt und Mittelstand. Ergebnisse einer Umfrage bei nicht-börsennotierten Unternehmen. Heft 24 (2004), hier S. 42–44.

26 Vgl. BEBCHUK, LUCIAN A./ROE, MARK J.: A theory of path dependence in corporate governance and ownership. Working Paper No. 131. Columbia Law School. The Center of Law and Economic Studies. November 1999, hier S. 20–23, insbes. S. 22; FRANKS, JULIAN/MAYER, COLIN: Bank control, takeovers and corporate governance in Germany. In: J. B. & Fin., Vol. 22 (1998), S. 1385–1403, hier S. 1402.

27 Vgl. DEUTSCHE BUNDESBANK (Hrsg.): Monatsbericht Oktober 1999, hier S. 46.

28 Vgl. TERBERGER, EVA: The German financial system: Great institutional change and little effect? In: JITE, Vol. 159 (2003), S. 707–716, hier S. 715; SCHMIDT, REINHARD H./ HACKETHAL, ANDREAS/TYRELL MARCEL: Corporate governance in Germany: Transition to a modern capital market-based system?. Working Paper. Department of Finance. Johann Wolfgang Goethe-Universität. Frankfurt 2002, hier S. 1 und S. 24; *dieselben*: Disintermediation and the

Publikumsgesellschaften an Eigenkapital, was im Rahmen der Corporate Governance einen informationellen Schutz (auch)[29] derjenigen Kapitalgeber erforderlich macht,[30] die im Gegensatz zu Banken (u. a. gemäß § 18 KWG)[31] oder institutionellen Investoren keinen Zugang zu internen Informationskanälen haben.[32]

Die Entscheidungssituation dieser Adressaten besteht in der Abwägung von Investition oder Desinvestition.[33] Ihr Interesse gilt der (zukunftsbezogenen) Ertragskraft als Maß des individuell aus dem Unternehmen erwarteten Konsumniveaubeitrags.[34] Allerdings wird dieses Interesse aus Perspektive ökonomisch schwacher Prämissen nicht allein durch den Lagebericht konkretisiert.[35] Vielmehr folgt dessen für die Auslegung des § 289 HGB relevante Ausprägung und damit auch das zu konkretisierende Informationsniveau aus der schutzzweckadäquaten Rolle des Lageberichts im System komplementärer Institutionen der deutschen Rechnungslegungsordnung. In diesem Sinne er-

---

Role of Banks in Europe: An International Comparison. In: J. Fin. Intermed., Vol. 8 (1999), S. 36–67, hier S. 36 f.

29 Vgl. zur Rechenschaftslegung und dem daraus folgenden Schutz weiterer Adressatenkreise MOXTER, ADOLF: Betriebswirtschaftliche Gewinnermittlung. A. a. O., hier S. 222; zu möglichen Adressaten vgl. DÖLLERER, GEORG: Zweck der aktienrechtlichen Publizität. In: BB, 13. Jg. (1958), S. 1281–1284, *passim*.

30 Vgl. WÜSTEMANN, JENS: Disclosure Regimes and Corporate Governance. A. a. O., hier S. 722; MÖLLERS, THOMAS M. J.: Kapitalmarkttauglichkeit des deutschen Gesellschaftsrechts. Kritik am sachlichen und persönlichen Anwendungsbereich der Novellierung von AktG und HGB im Bereich von Rechnungslegung, Corporate Governance und Transparenz. In: AG, 44. Jg. (1999), S. 433–453, hier S. 439; zum institutionellen Schutz von Arbeitnehmern vgl. FRANKS, JULIAN/MAYER, COLIN: Capital markets and corporate control: a study of France, Germany and the UK. In: E. Pol. Rev., Vol. 4 (1990), S. 189–231, hier S. 205.

31 Vgl. RUDOLPH, BERND: Unternehmensfinanzierung und Corporate Governance – Entwicklungen und weiterer Anpassungsbedarf. In: BB, 58. Jg. (2003), S. 2053–2060, hier S. 2056.

32 Vgl. zu internen Informationskanälen WÜSTEMANN, JENS: Disclosure Regimes and Corporate Governance. A. a. O., hier S. 721; BASSEN, ALEXANDER: Einflussnahme institutioneller Anleger auf Corporate Governance und Unternehmensführung – Ergebnisse einer empirischen Untersuchung. In: ZBB, 14. Jg. (2002), S. 430–436, hier S. 430; vgl. auch LOEWENSTEIN, MARK J.: What can we learn from foreign systems?: Stakeholder protection in Germany and Japan. In: Tulane L. Rev., Vol. 76 (June 2002), S. 1673–1685, hier S. 1674.

33 Vgl. SCHANZE, ERICH: A Model of Shareholding. In: JITE, Vol. 159 (2003), S. 698–700, hier S. 700.

34 Zu weiteren Einblicksrechten bspw. im Rahmen der Hauptversammlung vgl. statt vieler FRANKEN, PAUL/HEINSIUS, THEODOR: Das Spannungsverhältnis der allgemeinen Publizität zum Auskunftsrecht des Aktionärs. In: Rechenschaftslegung im Wandel. Festschrift für *Wolfgang Dieter Budde*, hrsg. v. *Gerhart Förschle* u. a. München 1995, S. 213–242, hier S. 240; MOXTER, ADOLF: Verletzt das Auskunftsverweigerungsrecht des § 131 Abs. 3 Nr. 3 AktG die Eigentumsgarantie des Grundgesetzes? In: Unternehmensrechnung und -besteuerung: Grundfragen und Entwicklungen. Festschrift für *Dietrich Börner* zum 65. Geburtstag, hrsg. v. *Heribert Meffert* u. a. Wiesbaden 1998, S. 305–321, hier S. 315.

35 Vgl. zur Abgrenzung vom grundlegenden Zielstrominteresse und einem institutionenökonomisch sinnvollen Informationsverzicht bspw. im US-amerikanischen Wertpapierrecht WÜSTEMANN, JENS: Institutionenökonomik und internationale Rechnungslegungsordnungen. A. a. O., hier S. 154–156.

gänzt bspw. durch die Unternehmensverfassung oder durch die Ad-hoc-Publizität (§ 15 WpHG) wird der zweckadäquate Indikator der Adressateninteressen mit der aktuellen,[36] den Geschäftswert umfassenden Ertragskraft des Unternehmens abgebildet.[37] Gemäß handelsrechtlicher GoB ermittelt,[38] erlaubt diese einen entscheidungsrelevanten Abgleich individueller Erwartungen mit der Veränderung des Marktpreises.[39] Rechenschaftslegung meint in diesem Zusammenhang die Offenlegung vergangener Aktivitäten sowie deren erwarteten Auswirkung.[40] Dabei grundlegend für die Herausbildung nachhaltiger (individueller) Erwartungen ist die Vermittlung eines fundierten Verständnisses der wirtschaftlichen Lage des Unternehmens. Dieses erlaubt dem Adressaten aktuelle Veränderungen bedeutender Determinantenkonstellationen im Hinblick auf ihre langfristige Auswirkungen auf die Geschäftstätigkeit des Unternehmens zu beurteilen.[41]

Konkretisierende Informationssätze können in wirtschaftlicher Betrachtungsweise durch ein System interdependenter Prognosebasisprinzipien und Prognoseprinzipien bestimmt werden.[42] Zentrales Merkmal dieses Systems ist, neben der Ausrichtung von

---

36 Im Gegensatz zum US-amerikanischen Kapitalmarkt weisen empirische Studien darauf hin, dass die Angabe der Dividende im Kontext des deutschen Kapitalmarkts kein Indikator der wirtschaftlichen Lage des Unternehmens ist, die Angabe der Ertragskraft also nicht substituiert. Vgl. DA SILVA, LUIS CORREIA/GOERGEN, MARC/ RENNEBOOG, LUC: Dividend Policy and Corporate Governance. Oxford: University Press, 2004, hier S. 85 f. und S. 98.

37 Vgl. MOXTER, ADOLF: Zum Verhältnis von rechtlichen und betriebswirtschaftlichen Gewinnkonzeptionen. In: Perspektiven ökonomischen Denkens. Klassische und neue Ansätze des Managements. Festschrift für Herrn Univ.-Prof. Dr. Dr. h. c. *Rudolf Gümbel*, hrsg. v. *Herbert Woratschek*. Frankfurt am Main 1998, S. 217–226, hier S. 223 f.; SAUER, KNUT: Haftung für Falschinformation des Sekundärmarktes. Frankfurt am Main 2004, hier S. 106 und S. 276.

38 A. A., die § 289 HGB nicht zu den GoB zählend vgl. BALLWIESER, WOLFGANG: Zur Frage der Rechtsform-, Konzern- und Branchenunabhängigkeit der Grundsätze ordnungsmäßiger Buchführung. In: Rechenschaftslegung im Wandel. Festschrift für *Wolfgang Dieter Budde*, hrsg. v. *Gerhart Förschle* u. a. München 1995, S. 43–66, hier S. 50.

39 Vgl. MOXTER, ADOLF: Betriebswirtschaftliche Gewinnermittlung. A. a. O., hier S. 223.

40 Zahlungserwartungen aus Plänen bzw. die Angabe künftiger Gewinne ist allein unter ökonomisch starken (neoklassischen) Prämissen zielführend. Vgl. BALLWIESER, WOLFGANG: Adolf Moxter und der Shareholder Value-Ansatz. In: Bilanzrecht und Kapitalmarkt. Festschrift zum 65. Geburtstag von Professor Dr. Dr. h. c. Dr. h. c. *Adolf Moxter*, hrsg. v. *Wolfgang Ballwieser* u. a. Düsseldorf 1994, S. 1377−1407, hier S. 1380 f.; auf deren unter realen Bedingungen geringe Wesentlichkeit hinweisend vgl. MERKT, HANNO: Unternehmenspublizität. A. a. O., hier S. 454.

41 Vgl. MOXTER, ADOLF: Dysfunktionale Gewinnwarnungen. In: Kritisches zur Rechnungslegung und Unternehmensbesteuerung. Festschrift zur Vollendung des 65. Lebensjahres von *Theodor Siegel*, hrsg. v. *Dieter Schneider* u. a. Berlin 2005, S. 219–226, hier S. 220.

42 Vgl. insbes. MOXTER, ADOLF: Grundsätze ordnungsgemäßer Rechnungslegung. A. a. O., hier S. 253–265; WÜSTEMANN, JENS: Institutionenökonomik und internationale Rechnungslegungsordnungen. A. a. O., hier S. 75 und S. 84; WAGNER, FRANZ W.: Periodenabgrenzung als Prognoseverfahren – Konzeption und Anwendungsbereich der „einkommensapproximativen Bilanzierung“. In: Bilanzrecht und Kapitalmarkt. Festschrift zum 65. Geburtstag von Professor Dr. Dr. h. c. Dr. h. c. *Adolf Moxter*, hrsg. v. *Wolfgang Ballwieser* u. a. Düsseldorf 1994, S. 1175–

Informationsinhalten am Zielstrom, die schutzzweckadäquate Objektivierung in wirtschaftlicher Betrachtungsweise:[43] Erst die Zurückdrängung des Ermessens der Rechnungslegenden erlaubt die Ausfüllung der beschriebenen Aufgabe der Lageberichterstattung im System der deutschen Corporate Governance.[44] Dieser (grundlegenden) Anforderung wird im deutschen Rechnungslegungsrecht bereits auf Ebene der interdisziplinären Ermittlung materieller GoB entsprochen;[45] rechtsklar wird der Normzweck in Form eines heuristischen Zirkels als lückenloses System interdependenter Prinzipien konkretisiert.[46] In diesem Sinne wird im ersten Kapitel ein funktionales Verständnis von Prinzipien der Darstellung des „Geschäftsverlauf[s] einschließlich des Geschäftsergebnisses und [der] Lage der Kapitalgesellschaft“ (§ 289 Abs. 1 Satz 1

1197, hier *passim*; vgl. auch ENGELS, WOLFRAM: Betriebswirtschaftliche Bewertungslehre im Licht der Entscheidungstheorie. Köln und Opladen 1962, hier S. 136 und S. 185; IJIRI, YUJI: Theory of Accounting Measurement. A. a. O., hier S. 153.

43 Vgl. zur wirtschaftlichen Betrachtungsweise BEISSE, HEINRICH: Zum Verhältnis von Bilanzrecht und Betriebswirtschaftslehre. In: StuW, 61. Jg. (1984), S. 1–14, hier S. 1 f.; BÖCKING, HANS-JOACHIM: Betriebswirtschaftslehre und wirtschaftliche Betrachtungsweise im Bilanzrecht. In: Handelsbilanzen und Steuerbilanzen. Festschrift zum 70. Geburtstag von Prof. Dr. h. c. *Heinrich Beisse*, hrsg. v. *Wolfgang Dieter Budde*, *Adolf Moxter* und *Klaus Offerhaus*. Düsseldof 1997, S. 85–103, hier S. 87; zum Grundsatz der Bestimmung der dominierenden Ermittlungsmethode vgl. WÜSTEMANN, JENS: Institutionenökonomik und internationale Rechnungslegungsordnungen. A. a. O., hier S. 119–123; zur juristischen Normauslegung vgl. LARENZ, KARL: Methodenlehre der Rechtswissenschaft. 6. Aufl. Berlin u. a. 1991, hier S. 206–214; CANARIS, CLAUS-WILHELM: Systemdenken und Systembegriff in der Jurisprudenz. 2. Aufl. Berlin 1983, hier S. 53.

44 Vgl. BALL, RAY: Infrastructure Requirements in the Area of Accounting and Disclosure Policy. A. a. O., hier S. 8; ORDELHEIDE, DIETER: Kaufmännischer Periodengewinn als ökonomischer Gewinn. A. a. O., hier S. 299; LEUZ, CHRISTIAN/WÜSTE-MANN, JENS: The Role of Accounting in the German financial system. A. a. O., hier S. 452; zu einer Übersicht empirischer Studien vgl. BUSHMAN, ROBERT M./SMITH, ABBIE J.: Transparency, financial accounting information, and corporate governance. In: E. Pol. Rev., Vol. 9, No. 1 (2003), hier S. 71–73; zum Problem vgl. *ebenda*, hier S. 66.

45 Vgl. WÜSTEMANN, JENS: Disclosure Regimes and Corporate Governance. In: JITE, Vol. 159 (2003), S. 717–726, hier S. 722.

46 Vgl. BEISSE, HEINRICH: Zum neuen Bild des Bilanzrechtssystems. In: Bilanzrecht und Kapitalmarkt. Festschrift zum 65. Geburtstag von Professor Dr. Dr. h. c. Dr. h. c. *Adolf Moxter*, hrsg. v. *Wolfgang Ballwieser* u. a. Düsseldorf 1994, S. 3–31, hier S. 31; MOXTER, ADOLF: Zum Sinn und Zweck des handelsrechtlichen Jahresabschlusses nach neuem Recht. In: Bilanz- und Konzernrecht. Festschrift zum 65. Geburtstag von Dr. Dr. h. c. *Reinhard Goerdeler*, hrsg. v. *Hans Havermann*. Düsseldorf 1987, S. 361–374, hier S. 363 f.; *derselbe*: Zwölf Thesen zum Stand der Bilanztheorie. Frankfurt am Main 1985, nicht veröffentlicht, hier insbes. These 5; WÜSTEMANN, JENS: Institutionenökonomik und internationale Rechnungslegungsordnungen. A. a. O., hier S. 121 f.; vgl. auch IJIRI, YUJI: Theory of Accounting Measurement. Sarasota, Florida: American Accounting Association, 1975, hier S. 183; vgl. zur Abgrenzung normativer und positiver Bilanztheorie WÜSTEMANN, JENS/KIERZEK, SONJA: Normative Bilanztheorie und Grundsätze ordnungsmäßiger Gewinnrealisierung von Mehrkomponentenverträgen. In: ZfbF, 59. Jg. (2007), S. 882–913, hier S. 884.

HGB) herausgearbeitet.[47] Die entsprechende Konzeptionalisierung der Prognoseprinzipien erfolgt im zweiten Kapitel im Rahmen der Untersuchung der Beurteilung und Erläuterung der „voraussichtlichen Entwicklung" (§ 289 Abs. 1 Satz 4 HGB).[48]

Die Untersuchung einzelner Prinzipien erfolgt in drei Schritten:[49] Grundlegend werden in einem ersten Teil schutzzweckadäquate Ausprägungen des jeweiligen Prinzips herausgearbeitet. Sowohl die mit dem Prinzip verbundene Objektivierung als auch der systematische Zusammenhang von jahresabschluss- und lageberichtsbezogenen GoB werden aufgezeigt. Anschließende Ausführungen gelten der Analyse ausgewählter Literaturthesen. Deren (wohlverstandene) Zweckadäquanz wird anhand der Kriterien der Entscheidungsrelevanz und/oder der Nachvollziehbarkeit erörtert, bevor deren Bezug zum System zweckadäquater Prinzipien beurteilt wird. Im dritten Teil der Untersuchung einzelner Prinzipien wird auf jeweils vergleichbare Regelungen im SEC-Recht eingegangen. Dabei werden insbesondere systematische Unterschiede aufgezeigt. Gleichzeitig werden ausgewählte Probleme dieses grundsätzlich aus ökonomisch starken Prämissen abgeleiteten Informationssystems dargestellt. Schließlich mündet die Untersuchung in einen Ausblick, in dessen Rahmen die Rolle des prinzipienbasierten Lageberichts im kapitalmarktrechtlichen Informationssystem skizziert wird; sie schließt mit einer als Thesen formulierten Zusammenfassung.

---

47 Die abzubildende Zielgröße bezeichnet *Moxter* als Letztjahrsgewinn. Vgl. MOXTER, ADOLF: Grundsätze ordnungsmäßiger Unternehmensbewertung. 2. Aufl. Wiesbaden 1983, hier S. 107.

48 Zielgröße sind dann die „durchschnittlichen künftigen Ausschüttungsmöglichkeiten". Vgl. MOXTER, ADOLF: Zum Verhältnis von handelsrechtlichen Grundsätzen ordnungsmäßiger Bilanzierung und True-and-fair-view-Gebot bei Kapitalgesellschaften. In: Rechenschaftslegung im Wandel. Festschrift für *Wolfgang Dieter Budde*, hrsg. v. *Gerhart Förschle* u. a. München 1995, S. 419–429, hier S. 425; *derselbe*: Zum Sinn und Zweck des handelsrechtlichen Jahresabschlusses nach neuem Recht. A. a. O., hier S. 370; *derselbe*: Der Kochsche Plangewinn und die Konzeption des objektivierten Plangewinns. In: Unternehmenstheorie und Unternehmensplanung. *Helmut Koch* zum 60. Geburtstag, hrsg. v. *Jörg Baetge* u. a. Wiesbaden 1979, S. 181–190, hier insbes. S. 186 f.

49 Vgl. zur Vergütung von Organmitgliedern DRSC (Hrsg.): E-DRS 22. Berichterstattung über die Vergütung der Organmitglieder. 6. März 2007; BÖCKING, HANS-JOACHIM/STEIN, THOMAS: Der Konzernlagebericht als ein Instrument einer wertorientierten Unternehmensberichterstattung – Neue Anforderungsprofile für Vorstände, Aufsichtsräte und Abschlussprüfer im Sinne einer gesetzlichen Konkretisierung der Corporate Governance. In: DK, 4. Jg. (2006), S. 753–762, hier S. 753–756.

Erstes Kapitel: Prognosebasisprinzipien

A. Prinzip der Analyse von Geschäftsverlauf und Lage

I. Prinzipienbildung

1. Normative Aussage in wirtschaftlicher Betrachtungsweise

Das Prinzip der Analyse von Geschäftsverlauf und Lage (§ 289 Abs. 1 Satz 2 HGB) konkretisiert den Schutzzweck in ursachenbezogener Erläuterung der Prognosebasis.

Gegenstand der Analyse der Lage sind preis- und mengenrelevante Determinanten der Geschäftstätigkeit in ihrer am Abschlussstichtag gegebenen Ausprägung. Unterjährige abweichende Ausprägungen dieser Determinanten sind im Rahmen der Analyse des Geschäftsverlaufs zu erläutern. Neben diesen leistungswirtschaftlichen Determinanten bilden auch finanzielle Risiken (§ 289 Abs. 2 Nr. 2 HGB) ein Element der Lageanalyse.

2. Materiell-ökonomische Ausprägung

a) Analyse preis- und mengenrelevanter Determinanten

aa) Gegenwartsbezogene Analyse der Lage

aaa) Kennzeichnend für die materiell-ökonomische Bedeutung der Analyse von Geschäftsverlauf und Lage ist deren Gegenwartsbezug.[50] Ziel ist die Darstellung der Situation des Unternehmens am Abschlussstichtag.[51]

bbb) In ökonomisch als sinnvoll erachteter Ausprägung sind entsprechend zustandsrelevante Ereignisse eindeutig bestimmbar:[52] Es handelt sich um jene, preis- und men-

---

[50] Vgl. zur Bedeutung des Abschlussstichtagsprinzips MOXTER, ADOLF: Grundsätze ordnungsmäßiger Buchführung. In: Handwörterbuch der Rechnungslegung und Prüfung, hrsg. v. *Wolfgang Ballwieser*, *Adolf G. Coenenberg* und *Klaus v. Wysocki*. 3. Aufl. Stuttgart 2002, Sp. 1041–1052, hier Sp. 1043.

[51] Ebenso ELLROTT, HELMUT: Kommentierung zu § 289 HGB. In: Beck'scher Bilanz-Kommentar. Handels- und Steuerrecht – §§ 238 bis 339 HGB –, hrsg. v. *Helmut Ellrott* u. a. 6. Aufl. München 2006, hier Rz. 15; WITTEN, VOLKER: Zur Erstellung und Prüfung des Lageberichts. In: Die deutsche Rechnungslegung und Wirtschaftsprüfung im Umbruch. Festschrift für *Wilhelm Theodor Strobel* zum 70. Geburtstag, hrsg. v. *Carl-Christian Freidank*. München 2001, S. 341–362, hier S. 348; SIEBEN, GÜNTER: Offene Fragen bei der Erstellung und Prüfung des Lageberichts. In: Bilanz- und Konzernrecht. Festschrift zum 65. Geburtstag von Dr. Dr. h. c. *Reinhard Goerdeler*, hrsg. v. *Hans Havermann*. Düsseldorf 1987, S. 581–600, hier S. 585; MAUL, KARL-HEINZ: Der Lagebericht nach der 4. EG-Richtlinie und dem Entwurf des Bilanzrichtlinie-Gesetzes. In: WPg, 37. Jg. (1984), S. 187–193, hier S. 190.

[52] Vgl. BALL, RAY: Infrastructure Requirements in the Area of Accounting and Disclosure Policy. A. a. O., hier S. 10; MOXTER, ADOLF: Zum Verhältnis von rechtlichen und betriebswirtschaftli-

genspezifischen Determinanten zugrunde liegenden Ereignisse oder Ereignisfolgen, die sowohl den Periodenertrag als auch den zu dessen Generierung durchschnittlich erforderlichen Periodenaufwand bestimmen.[53] Mit dem bilanziell ermittelten Ergebnis ist das so verstandene Geschäftsergebnis nur zufällig identisch.[54]

Abgrenzungsprobleme bzgl. am Abschlussstichtag relevanter Ereignisse können aus der Tatsache folgen, dass jedem Ereignis unterschiedlich konkretisierte Ursachen zugrunde liegen. Die Beurteilung der potenziell informationspflichtigen Ausprägung preis- und mengenspezifischer Determinanten liegt damit zunächst ausschließlich im Ermessen des Rechnungslegenden. Will man dieses zurückdrängen, so ist die Abgrenzung nicht zustandsrelevanter Ereignisse schutzzweckadäquat zu objektivieren. Dabei wird, Gewinnermittlungs- und Informations-GoB als komplementäre Elemente des handelsrechtlichen Informationssystems verstehend,[55] die gesellschaftsrechtlich eingebettete und durch handelsrechtliche Gewinnermittlungs-GoB konzipierte Ereigniskonzeption zur Tugend:[56] Zustandsrelevant sind jene Ereignisse, die bilanziell abgebildeten Geschäftsvorfällen unter der Annahme zugrunde liegen, die Geschäftsvorfälle würden am Abschlussstichtag bzw. an den zu diesem Zeitpunkt gegebenen Geschäftsbedingungen erfasst.[57] In wirtschaftlicher Betrachtungsweise denke man an das Realisationsprinzip in Verbindung mit dem nur die Erfassung realisierter Vermögensänderungen zulassenden Anschaffungskostenprinzip:[58] Der Gewinn muss zum ei-

---

chen Gewinnkonzeptionen. In: Perspektiven ökonomischen Denkens. Klassische und neue Ansätze des Managements. Festschrift für Herrn Univ.-Prof. Dr. Dr. h. c. *Rudolf Gümbel*, hrsg. v. *Herbert Woratschek*. Frankfurt am Main 1998, S. 217–226, hier S. 220 f.

53 Vgl. MOXTER, ADOLF: Grundsätze ordnungsgemäßer Rechnungslegung. A. a. O., hier S. 253; vgl. auch WAGNER, FRANZ W.: Periodenabgrenzung als Prognoseverfahren – Konzeption und Anwendungsbereich der „einkommensapproximativen Bilanzierung“. A. a. O., hier insbes. S. 1185 f.

54 Vgl. unten S. 68.

55 Vgl. MOXTER, ADOLF: Grundsätze ordnungsgemäßer Rechnungslegung. A. a. O., hier S. 1 und S. 6; WÜSTEMANN, JENS: Institutionenökonomik und internationale Rechnungslegungsordnungen. A. a. O., hier S. 23 und S. 76 ff.

56 Vgl. WÜSTEMANN, JENS: Generally Accepted Accounting Principles. Zur Bedeutung und Systembildung der Rechnungslegungsregeln der USA. Berlin 1999, hier S. 165.

57 Vgl. auch ORDELHEIDE, DIETER: Bilanzen in der Investitionsplanung und -kontrolle. Zur Berücksichtigung von Kommunikationsrisiken und -kosten bei der Entwicklung der finanziellen Zielfunktion der Unternehmung. In: Aktuelle Fragen der Finanzwirtschaft und der Unternehmensbesteuerung: Festschrift für *Erich Loitlsberger* zum 70. Geburtstag, hrsg. v. *Dieter Rückle*. Wien 1991, S. 507–534, hier S. 516; COENENBERG, ADOLF G.: Gewinnbegriff und Bilanzierung. In: ZfbF, 20. Jg. (1968), S. 442–469, hier S. 464.

58 Vgl. MOXTER, ADOLF: Zum Sinn und Zweck des handelsrechtlichen Jahresabschlusses nach neuem Recht. A. a. O., hier S. 370; *derselbe*: Zum Verhältnis von rechtlichen und betriebswirtschaftlichen Gewinnkonzeptionen. A. a. O., hier S. 223 f.; *derselbe*: Betriebswirtschaftliche Gewinnermittlung. A. a. O., 158 f.; BALLWIESER, WOLFGANG/KUHNER, CHRISTOPH: Accounting Standards and Economic Stability. Köln 1994, hier S. 127 f.

nen „so gut wie sicher[.]“[59] sein. Zum anderen erfolgt eine objektivierte Zuordnung leistungswirtschaftlicher Aufwendungen und Erträge;[60] bspw. wird auch der Zeitpunkt der Erfassung von Rückstellungen in funktionalem Verständnis durch das (Netto-)Realisationsprinzip gemäß der umsatzbezogenen Zuordenbarkeit erwarteter Auszahlungen zu realisierten Erträgen bestimmt.[61] In Konsequenz wird, durch Gliederung und Erläuterung des bilanziell ermittelten Ergebnisses, eine Ereigniskonzeption konkretisiert, die sich sowohl durch die (in objektivierter Ausprägung) umsatzbezogene Zuordnung von Aufwendungen und Erträgen als auch die Abgrenzung von, nach objektiver Wertung, am Abschlussstichtag noch nicht genügend konkretisierten Ereignissen auszeichnet.[62]

ccc) Die Bedeutung einer so konzipierten Prognosebasis liegt darin, dass die Unsicherheitsrepräsentation durch die Rechtsprechung normiert ist: „Geschäftsvorfälle bilden [...] reale[.] Ereignisse ab“[63]. Gleichzeitig erlaubt dies eine für das funktionale Verständnis der Prognosebasisprinzipien grundlegende Abgrenzung des (originären) Geschäftswerts.[64] In indirekter Prognoseorientierung stellt das daraus ermittelte bzw.

---

59 BFH-Beschluss vom 11. Dezember 1985, I B 49/85, BFH/NV 1986, 595; MOXTER, ADOLF: Bilanzrechtsprechung. 5. Aufl. Tübingen 1999, hier S. 49 (m. w. N.).

60 Vgl. MOXTER, ADOLF: Das „matching principle“: Zur Integration eines internationalen Rechnungslegungs-Grundsatzes in das deutsche Recht. In: Internationale Wirtschaftsprüfung. Festschrift zum 65. Geburtstag von Professor Dr. Dr. h. c. *Hans Havermann*, hrsg. v. *Josef Lanfermann*. Düsseldorf 1995, S. 487–504, hier S. 501 f.; HOMMEL, MICHAEL/SCHMIDT, REINHARD M./WÜSTEMANN, JENS: *Adolf Moxter* und die Grundsätze ordnungsgemäßer Rechnungslegung – Kontinuität und Zukunft eines Forschungsleitbildes. In: Wirtschaftsprüfung und Zeitgeist. Prof. Dr. Dr. h. c. mult. *Adolf Moxter* zum 75. Geburtstag. WPg (Sonderheft 2004), S. 84–98, hier S. 90.

61 Vgl. MOXTER, ADOLF: Rückstellungen nach IAS: Abweichungen vom geltenden deutschen Bilanzrecht. In: BB, 54. Jg. (1999), S. 519–525, hier S. 521 f. (m. w. N.); WEINDEL, MARC: Passivierungszeitpunkt – Beispiel Entsorgung von Kernbrennelementen. In: Bilanzierung *case by case*. Lösungen nach HGB und IAS/IFRS, hrsg. v. *Jens Wüstemann*. Heidelberg 2004, S. 112–134, hier S. 117 f.

62 Im Sinne des (zentralen) Abschlussstichtagsprinzip tritt das ex post „bei angemessen waltender Sorgfalt Wissbare[.]“ hinter das Konstrukt, den „Kenntnisstand auf die am Bilanzstichtag – *objektiv* – bestehenden Verhältnisse zu beziehen“, zurück. Vgl. WÜSTEMANN, JENS: Fall 3: Gewinnrealisierung – Beispiel phasengleiche Dividendenvereinnahmung. In: Bilanzierung *case by case*. Lösungen nach HGB und IAS/IFRS, hrsg. v. *Jens Wüstemann*. Heidelberg 2004, S. 59–73, hier S. 61; BFH-Urteil vom 28. März 2000, VIII R 77/96. In: DStR, 41. Jg. (2000), S. 1178–1178, hier S. 1178 (Hervorhebung im Original); vgl. insbes. auch HOMMEL, MICHAEL/BERNDT, THOMAS: Wertaufhellung und funktionales Abschlussstichtagsprinzip. In: DStR, 38. Jg. (2000), S. 1745–1752, hier S. 1746; MOXTER, ADOLF: Unterschiede im Wertaufhellungsverständnis zwischen den handelsrechtlichen GoB und den IAS/IFRS. In: BB, 58. Jg. (2003), S. 2559–2564, hier S. 2561; *derselbe*: Grundsätze ordnunggemäßer Rechnungslegung. A. a. O., hier S. 17.

63 ORDELHEIDE, DIETER: Kaufmännischer Periodengewinn als ökonomischer Gewinn. In: Unternehmungserfolg. Planung – Ermittlung – Kontrolle. Walther Busse von Colbe zum 60. Geburtstag, hrsg. v. *Michel Domsch* u. a. Wiesbaden 1988, S. 275–302, hier S. 285.

64 Vgl. zur Definition des (originären) Geschäftswerts unten S. 111.

erläuterte Geschäftsergebnis den bei Konstanz der Geschäftsbedingungen künftig durchschnittlich jeweils am Periodenende verfügbaren Konsumniveaubeitrag dar.[65]

bb) Lagebezogene Analyse des Geschäftsverlaufs

aaa) Der Zusammenhang von Geschäftsverlauf und Lage kann unbestritten als eng bezeichnet werden.[66] Im Sinne des Prinzips der Analyse von Geschäftsverlauf und Lage ergänzen sich diese beiden Elemente einer ursachenbezogenen Darstellung der Prognosebasis wie folgt: Neben der gegenwartsbezogenen Analyse der Lage des Unternehmens ist die unterjährige Entwicklung preis- und mengenrelevanter Determinanten im Rahmen der Analyse des Geschäftsverlaufs zu erläutern.[67] Von Relevanz sind damit insbesondere auch jene unterjährigen Ereignisse und Ereignisfolgen, die eine von den gegenwartsbezogen beschriebenen Lagedeterminanten abweichende Ausprägung des Geschäftsergebnisses begründet haben.[68]

bbb) Konzeptionell bedeutet dies eine Objektivierung insofern, als die zukunftsbezogene Einschätzung der Wiederkehrvermutung, wie sie im Rahmen einer trendorientierten Analyse der vergangenen Geschäftstätigkeit gefordert wird, dem Prinzip fremd ist. Auch die Wesentlichkeit interessierender Ereignisse oder Ereignisfolgen ist in gegenwartsbezogener Ausprägung durch die objektiv nachweisbare relative Auswirkung auf bilanziell erfasste Aufwendungen und Erträge zu begründen; das Netz zentraler Determinanten der vergangenen Geschäftstätigkeit ist stichtagsbezogen als Lage und Geschäftsverlauf aufzuzeigen.

---

65 Vgl. unten S. 46.

66 Vgl. stellvertretend ADLER/DÜRING/SCHMALTZ: Kommentierung zu § 289 HGB. In: Rechnungslegung und Prüfung der Unternehmen. Kommentar zum HGB, AktG, GmbHG, PublG nach den Vorschriften des Bilanzrichtlinien-Gesetzes, bearb. v. *Karl-Heinz Forster* u. a. Stuttgart 1995, hier Rz. 84; ELLROTT, HELMUT: Kommentierung zu § 289 HGB. 6. Aufl. A. a. O., hier Rz. 15.

67 Vgl. zu einem primär am Vergleich mit der Veränderung gegenüber dem Vorjahr orientierten Verständnis SELCHERT, FRIEDRICH W./GREINERT, MARKUS: B 510. Aufstellung des Lageberichts. In: Beck'sches Handbuch der Rechnungslegung. Band II, hrsg. v. *Edgar Castan* u. a. München. (Loseblatt; Juli 2002), hier Rz. 65 f.; MOXTER, ADOLF: Bilanzlehre Band II: Einführung in das neue Bilanzrecht. 3. Aufl. Wiesbaden 1986, hier S. 108; ADLER/DÜRING/SCHMALTZ: Kommentierung zu § 289 HGB. A. a. O., hier Rz. 69.

68 Vgl. auch KROMMES, WERNER: Handbuch Jahresabschlussprüfung. Ziele. Technik. Nachweise – Wegweiser zum sicheren Prüfungsurteil. Wiesbaden 2005, hier S. 376; BALLWIESER, WOLFGANG: Unternehmensbewertung und Komplexitätsreduktion. 3. Aufl. Wiesbaden 1993, hier S. 52; die Bedeutung eines solchen Verständnisses für die Rechenschaftslegung betonend vgl. MOXTER, ADOLF: Rechnungslegungskonzeptionen im Widerstreit, In: Beiträge zu den Wirtschaftswissenschaften. Verleihung der Ehrendoktorwürde der Wirtschaftswissenschaftlichen Fakultät der Universität Leipzig an Professor Dr. Dr. h.c. mult. *Adolf Moxter* am 2. Dezember 1999, hrsg. v. PWC. Leipzig 2000, S. 61–66, hier S. 64 und S. 66.

b) Leistungswirtschaftliche Determinanten

aa) Analyse der Lage

aaa) Um dem Adressaten eine Beurteilung der Situation des Unternehmens am Abschlussstichtag zu ermöglichen, sind im Rahmen der Analyse der Lage wesentliche,[69] insbesondere marktbezogen unternehmensspezifische Zustände zu erläutern. Die entsprechenden Determinanten sollten dabei sowohl durch marktspezifisch als auch sachlich geordnete Informationssätze konkretisiert werden.

bbb) Die marktspezifische Ordnung von Informationssätzen, das heißt die Abgrenzung relevanter (Absatz-)Märkte, entscheidet sich im Rahmen systematisch verstandener GoB entsprechend der „Aufgliederung der Umsatzerlöse nach Tätigkeitsbereichen sowie nach geographisch bestimmten Märkten“ gemäß § 285 Nr. 4 HGB.[70] Abzugrenzen sind i. S. d. Literatur bzgl. ihrer Risikoexposition jeweils homogene Geschäftsbereiche.[71] Damit soll, für determinantenspezifische Informationssätze gemäß dem Prinzip der Analyse von Geschäftsverlauf und Lage strukturgebend, im Ansatz eine „Abschätzung der Umsatz- und damit auch der Ertragsrisiken“[72] ermöglicht werden. Entsprechendes gilt für eine Aufgliederung nach Tätigkeitsbereichen, also der Isolierung wirtschaftlich zusammengehörender Produkte, Produktgruppen oder Dienstleistungen.[73]

---

[69] Vgl. ADLER/DÜRING/SCHMALTZ: Kommentierung zu § 289 HGB. A. a. O., hier Rz. 41.

[70] Ähnlich ADLER/DÜRING/SCHMALTZ: Kommentierung zu § 289 HGB. A. a. O., hier Rz. 70; wohl i. S. d. *Value Reporting* a. A. DRS 15 (Lageberichterstattung), hier Rz. 30 f.; ebenfalls eine darüber hinausgehende Segmentierung fordert der inzwischen aufgehobene IDW: Aufstellung des Lageberichts (IDW RS HFA 1; Stand 26.6.1998). In: WPg, 51. Jg. (1998), S. 653–662, hier S. 654 (Rz. 10) und S. 662 (Anhang B Nr. 4).

[71] Vgl. KRAWITZ, NORBERT: Zur Erweiterung der deutschen Segmentberichterstattung unter Berücksichtigung internationaler Entwicklungen. In: Jahresabschluss und Jahresabschlussprüfung – Probleme, Perspektiven, internationale Einflüsse. Festschrift zum 60. Geburtstag von *Jörg Baetge*, hrsg. v. *Thomas R. Fischer* und *Reinhold Hömberg*. Düsseldorf 1997, S. 551–589, hier S. 558; SELCHERT, FRIEDRICH W.: Die Aufgliederung der Umsatzerlöse gemäß § 285 Nr. 4 HGB. In: BB, 41. Jg. (1986), S. 560–565, hier S. 561 f.; Niehus, Rudolf J.: Rechnungslegung und Prüfung der GmbH nach neuem Recht. Kommentar zu den die GmbH betreffenden Vorschriften des Regierungsentwurfs eines Bilanzrichtlinien-Gesetzes vom 12.02.1982. Berlin/New York 1982, hier S. 541 f.; DÖRNER, DIETRICH/WIRTH, THOMAS: Kommentierung zu den §§ 284–288 HGB. In: Handbuch der Rechnungslegung. Einzelabschluss. Kommentar zur Bilanzierung und Prüfung. Band 3, hrsg. v. *Karl-Heinz Küting* und *Claus-Peter Weber*. 5. Aufl. Stuttgart. (Loseblatt; März 2004), hier Rz. 178.

[72] FLURY, CORNELIA: Gewinnerläuterungsprinzipien. Frankfurt am Main 1999, hier S. 103; MOTTA, MASSIMO: Competition Policy. Theory and Practice. New York, New York: Cambridge University Press, 2004, hier S. 102.

[73] Vgl. NIEHUS, RUDOLF J.: Rechnungslegung und Prüfung der GmbH nach neuem Recht. Kommentar zu den die GmbH betreffenden Vorschriften des Regierungsentwurfs eines Bilanzrichtlinien-Gesetzes vom 12.02.1982. Berlin/New York 1982, hier S. 541; FORSTER, KARL-HEINZ: Anhang, Lagebericht, Prüfung und Publizität im Regierungsentwurf eines Bilanzrichtlinien-

Zwar ist bspw. das Marktpotenzial als Abgrenzungskriterium in Abhängigkeit von Determinanten wie lokaler Konkurrenz, Substitutionsprodukten oder auch dem Produktalter vom Rechnungslegenden subjektiv zu beurteilen. Das resultierende Ermessen wird in systematischem Verständnis lageberichtsspezifischer Informations-GoB jedoch nivelliert: Ausgehend vom Normzweck gilt das Ziel der Analyse nicht der Beurteilung der voraussichtlichen Entwicklung durch den Adressaten, sondern der Nachvollziehbarkeit der vom Rechnungslegenden vorgenommenen Beurteilung durch den Adressaten. Derart systematisch eingebettet ist eine (schein-)objektivierende Segmentierung anhand von Quellen potenzieller Chancen und Risiken weder erforderlich[74] noch im Sinne des Prinzips der Analyse von Geschäftsverlauf und Lage.[75]

ccc) Auf sachlicher Ebene lässt sich die Gesamtheit potenziell informationspflichtiger Determinanten mit *Porter* strukturieren: Ökonomisch sinnvoll werden im Rahmen der Wettbewerbsanalyse genau jene preis- und mengenrelevanten Determinanten geordnet erfasst, die sowohl das Geschäftsergebnis als auch das Risiko der Geschäftstätigkeit begründen. Konkret „bestimmen sich die Regeln des Wettbewerbs nach [...] dem Markteintritt neuer Konkurrenten, der Gefahr von Ersatzprodukten, der Verhandlungsstärke der Lieferanten und der Rivalität unter den vorhandenen Wettbewerbern."[76] Gemäß dem Prinzip der Analyse von Geschäftsverlauf und Lage interessiert dabei weniger eine branchenspezifische Analyse als vielmehr eine unternehmensspezifische Analyse der (auch branchenabhängigen) Lage. Gegenstand einer so strukturierten Analyse ist die Stellung des Unternehmens auf Absatz-, Produktions- und Beschaffungsmärkten.

Entsprechende Informationssätze umfassen neben einer „Beschreibung der jeweiligen Absatzmärkte, der wesentlichen Wettbewerber [sowie] möglicher Marktzutrittsbeschränkungen" auch potenzielle Chancen und Risiken im (jeweiligen) Markt. Dabei handelt es sich in wirtschaftlicher Betrachtungsweise um im oben skizzierten Sinne

---

Gesetzes. In: DB, 35. Jg. (1982), S. 1577–1582 und S. 1631–1635, hier S. 1631; DÖRNER, DIETRICH/WIRTH, THOMAS: Kommentierung zu den §§ 284–288 HGB. A. a. O., hier Rz. 180.

74 A. A. BÖCKING, HANS-JOACHIM: Segmentberichterstattung - Ein Baustein zur Kontrolle und Transparenz im Unternehmensbereich! In: Reform des Aktienrechts, der Rechnungslegung und Prüfung, hrsg. v. *Dietrich Dörner* u. a. Stuttgart 1999, S. 509–538, hier S. 533; zur Bestimmung eines *reportable segment* vgl. ALVAREZ, MANUEL: Segmentberichterstattung und Segmentanalyse. Wiesbaden 2004, hier S. 93.

75 Vgl. zum *management appraoch* und *risk and reward approach* ALVAREZ, MANUEL: Segmentberichterstattung und Segmentanalyse. A. a. O., hier S. 87–93.

76 PORTER, MICHAEL E.: Wettbewerbsvorteile. Spitzenleistungen erreichen und behaupten. 6. Aufl. Frankfurt/New York 2000, hier S. 29; MACHARZINA, KLAUS: Unternehmensführung. Das internationale Managementwissen. Konzepte – Methoden – Praxis. 4. Aufl. Wiesbaden 2003, hier S. 271; MOTTA, MASSIMO: Competition Policy. A. a. O., hier S. 117.

gegenwartsbezogene Determinanten. Zu erörtern wären bspw. „Umsatzauswirkungen der Kundenstruktur, insbesondere einer möglichen Abhängigkeit von Großkunden“[77]. Deren Bedeutung für die Lage des Unternehmens ist aufzuzeigen. Im Falle von Oligopolen ist zusätzlich die Auswirkung dispositiver Maßnahmen auf die Marktverhältnisse in die Analyse einzubeziehen. Daneben interessiert auch der Einfluss makroökonomischer Determinanten auf die Geschäftstätigkeit, also bspw. „auf Einflüsse [...], die sich aus der gesamtwirtschaftlichen Konjunkturlage bzw. aus einer besonderen Branchenkonjunktur“[78] ergeben.[79]

bb) Analyse des Geschäftsverlaufs

aaa) Als Teil der unterjährigen Entwicklung der preis- und mengenrelevanten Determinanten interessieren, in lagebezogener Analyse des Geschäftsverlaufs, aus der Menge unterjähriger Ereignisse und Ereignisfolgen insbesondere jene, die von den Zuständen am Abschlussstichtag (wesentlich) abweichen. Darunter fallen sowohl nachhaltige, im Verlauf des Geschäftsjahrs eingetretene Ereignisse oder Ereignisfolgen als auch ungewöhnliche oder unregelmäßig auftretende Ereignisse. Anhand deren zweckadäquaten Erläuterung soll der Adressat die Auswirkung entsprechender Ereignisse auf die am Abschlussstichtag vorliegende Ausprägung preis- und mengenrelevanter Determinanten nachvollziehen können.

bbb) Soweit von den gegenwartsbezogenen Zuständen am Abschlussstichtag abweichend ist, bspw. Umsatzerlöse betreffend, die (tendenzielle) Entwicklung von Absatzpreisen und -mengen anzugeben. Dabei sollte zwischen den gemäß § 285 Nr. 4 HGB differenzierten Märkten unterschieden werden:[80] Mengenentwicklungen sind aufgrund ihres Gefährdungspotenzials insbesondere dann von Interesse, wenn sich relevante Märkte durch weitgehend homogene Produkte charakterisieren; dies gilt umso mehr bei einer gleichzeitig zu beobachtenden heterogenen Entwicklung der Branchen-

---

[77] MOXTER, ADOLF: Grundsätze ordnungsgemäßer Rechnungslegung. A. a. O., hier S. 244 (beide Zitate).

[78] MOXTER, ADOLF: Grundsätze ordnungsgemäßer Rechnungslegung. A. a. O., hier S. 244; Branchenkonjunktur meint die Entwicklung speziell auf den für die Branche relevanten Absatz- und Faktormärkten. Ähnlich KRUMBHOLZ, MARCUS: Die Qualität publizierter Lageberichte - Ein empirischer Befund zur Unternehmenspublizität -. Düsseldorf 1994, hier S. 77.

[79] Vgl. KRUMBHOLZ, MARCUS: Die Qualität publizierter Lageberichte. A. a. O., hier S. 71; ADLER/DÜRING/SCHMALTZ: Kommentierung zu § 289 HGB. A. a. O., hier Rz. 68

[80] Insofern ähnlich KRUMBHOLZ, MARCUS: Die Qualität publizierter Lageberichte. A. a. O., hier S. 99; IDW RS HFA 1. A. a. O., hier S. 660 (Anhang A Nr. 2).

preise.[81] Auch die sich auf Preise und Mengen auswirkende Veränderung von Währungsparitäten kann ein für das Verständnis der Lage relevantes (leistungswirtschaftliches) Ereignis darstellen;[82] man denke bspw. an unterschiedliche Entwicklungen der Devisenkurse auf Beschaffungs- und Absatzmärkten eines Unternehmens.[83] Eine unmittelbare Angabe von Preisen und Mengen verbietet sich aus wettbewerbsschädigenden Gründen, speziell im Oligopol darüber hinaus auch aufgrund kartellrechtlicher Überlegungen.[84]

ccc) Neben dieser marktbezogenen Ausprägung der Analyse des Geschäftsverlaufs ist auch auf unternehmensintern begründete Ereignisse oder Ereignisfolgen einzugehen.[85] Dabei sind im Sinne der Wesentlichkeit weniger produkt- oder funktionsbereichsspezifische (Detail-)Angaben als vielmehr die Erläuterung risikostrukturverändernder Sachverhalte auf Unternehmensebene von Interesse.[86] Entsprechende Informationssätze können sich bspw. auf wesentliche Veränderungen des Konsolidierungskreises oder des Produktsortiments beziehen.[87]

Von besonderer Relevanz ist die Erläuterung der im vergangenen Geschäftsjahr getätigten Investitionen und Desinvestitionen,[88] da eine gegenwartsbezogene Beurteilung

---

81 Vgl. zum ökonomischen Hintergrund HIRSHLEIFER, JACK/GLAZER, AMIHAI/HIRSHLEIFER, DAVID: Price Theory and Applications. Decisions, Markets, and Information. 7th edition. New York, New York: Cambridge University Press, 2005, hier S. 293.

82 Vgl. ADLER/DÜRING/SCHMALTZ: Kommentierung zu § 289 HGB. A. a. O., hier Rz. 68; OXELHEIM, LARS: Macroeconomic Variables and Corporate Performance. In: Fin. A. J., Vol. 59 (2003), S. 36–50, hier S. 36.

83 Vgl. CHOI, FREDERICK D.S./ MEEK, GARY K.: International Accounting. 5th edition. Upper Saddle River, New Jersey: Perason Education, 2005, hier S. 185; in Bezug auf die Lageberichterstattung vgl. ADLER/DÜRING/SCHMALTZ: Kommentierung zu § 289 HGB. A. a. O., hier Rz. 68; ähnlich, allerdings zukunftsbezogen vgl. SELCH, BARBARA: Der Lagebericht. Risikoberichterstattung und Aufstellung nach IDW RS HFA 1. Wiesbaden 2003, hier S. 75; ELLROTT, HELMUT: Kommentierung zu § 289 HGB. In: Beck'scher Bilanz-Kommentar. Handels- und Steuerrecht – §§ 238 bis 339 HGB –, hrsg. v. *Axel Berger* u. a. 5. Aufl. München 2003, hier Rz. 28.

84 Vgl. zum ökonomischen Hintergrund HIRSHLEIFER, JACK/GLAZER, AMIHAI/HIRSHLEIFER, DAVID: Price Theory and Applications. A. a. O., hier S. 300.

85 Vgl. auch PORTER, MICHAEL E.: Wettbewerbsvorteile. A. a. O., hier S. 56 ff. und S. 67.

86 Ähnlich ELLROTT, HELMUT: Kommentierung zu § 289 HGB. 6. Aufl. A. a. O., hier Rz. 17 f.; zur Analyse struktureller Ausprägungen im Sinne der *Porter'schen* Analyse der Wertkette vgl. WELGE, MARTIN K./AL-LAHAM, ANDREAS: Strategisches Management. Grundlagen – Prozess – Implementierung. 4. Aufl. Wiesbaden 2003, hier S. 255.

87 Vgl. SELCHERT, FRIEDRICH W./GREINERT, MARKUS: B 510. Aufstellung des Lageberichts. A. a. O., hier Rz. 24.

88 Vgl. zum Manipulationspotenzial MOXTER, ADOLF: Windfalls. In: Information und Produktion. Beiträge zur Unternehmenstheorie und Unternehmensplanung. Festschrift zum 60. Geburtstag von Prof. Dr. *Waldemar Wittmann*, hsg. v. *Siegmar Stöppler*. Stuttgart 1985, hier S. 233–242, S. 238 f.; *derselbe*: Der Einfluß von Publizitätsvorschriften auf das unternehmerische Verhalten. A. a. O., hier S. 101; GIBBS, PHILIP A.: Determinants of Corporate Restructuring: The Relative Impor-

der Lage faktisch nur in Kenntnis wesentlicher Veränderungen der (effektiven)[89] Vermögenslage entscheidungsrelevant sein kann;[90] man denke bspw. an den Einfluss von Veränderungen der Produktionskapazität,[91] aber auch der Veränderung investiver Ausgaben für Werbung, Personal[92] oder den Bereich Forschung und Entwicklung[93] auf die aktuelle Wettbewerbssituation.[94] Diese dispositiv begründeten Veränderungen das Kapitals – Erfolgspotenziale abgrenzend sind hier nur unterjährige Veränderungen angesprochen – sind ebenso wie durch äußere Umstände begründete Veränderungen in ihrer Bedeutung für die Lage des Unternehmens darzustellen;[95] deren Einfluss auf das Geschäftsergebnis sollte aufgezeigt werden.[96]

Entsprechendes gilt für nicht dispositiv begründete, aber unternehmensbezogene Ereignisse. In Bezug auf Arbeitnehmerbelange kann es sich bspw. um einen mit Produktionsausfällen einhergehenden Streik handeln. Interessierende Umweltbelange können bspw. im Rahmen der Aluminiumherstellung aus dem Einfluss von Wetterbedingungen auf die Energiekosten resultieren.[97]

---

tance of Corporate Governance, Takeover Threat, and Free Cash Flow. In: S.M. J., Vol. 14 (1993), S. 51–68, hier S. 65.

89 Vgl. zur effektiven Vermögenslage WÜSTEMANN, JENS: Institutionenökonomik und internationale Rechnungslegungsordnungen. A. a. O., hier S. 59.

90 Soweit die Investitionstätigkeit in Bezug auf Leistungsindikatoren von Relevanz ist, sollte auf den Anlagespiegel (§ 268 Abs. 2 Satz 1 HGB) Bezug genommen werden. Vgl. zu dessen Aufbau ZÜNDORF, HORST: Der Anlagespiegel im Konzernabschluß. Stuttgart 1990, hier S. 2 f.

91 Vgl. stellvertretend ADLER/DÜRING/SCHMALTZ: Kommentierung zu § 289 HGB. A. a. O., hier Rz. 71 f.

92 Vgl. ZIMMERER, CARL: Aufwendungen, die das Vermögen mehren, Aufwendungen, die zu niedrig bilanziert werden. In: Internationale Wirtschaftsprüfung. Festschrift zum 65. Geburtstag von Professor Dr. Dr. h. c. *Hans Havermann*, hrsg. v. *Josef Lanfermann*. Düsseldorf 1995, S. 845–861, hier S. 853; ADLER/DÜRING/SCHMALTZ: Kommentierung zu § 289 HGB. A. a. O., hier Rz. 71.

93 Zu den Grenzen einer unabhängig von § 289 Abs. 3 HGB gemäß § 289 Abs. 2 Nr. 3 HGB geforderten Erläuterung des Bereichs Forschung und Entwicklung vgl. insbes. SELCHERT, FRIEDRICH W./GREINERT, MARKUS: B 510. Aufstellung des Lageberichts. A. a. O., hier Rz. 113.

94 Vgl. auch ZIMMERER, CARL: Aufwendungen, die das Vermögen mehren, Aufwendungen, die zu niedrig bilanziert werden. A. a. O., hier S. 848.

95 Vgl. BUSSE VON COLBE, WALTHER: Aufbau und Informationsgehalt von Kapitalflußrechnungen. In: ZfB, (Erg.h.1), 36. Jg. (1966), S. 82–114, S. 105; DÜCK-RATH, MARIJKE: Unternehmensbewertung mit Hilfe von DCF-Methoden und ausgewählten Realoptionsansätzen. Frankfur am Main 2005, hier S. 48.

96 Vgl. WÜSTEMANN, JENS: Institutionenökonomik und internationale Rechnungslegungsordnungen. A. a. O., hier S. 76 (m. w. N.).

97 Vgl. SELCHERT, FRIEDRICH W./GREINERT, MARKUS: B 510. Aufstellung des Lageberichts. A. a. O., hier Rz. 37–41; ADLER/DÜRING/SCHMALTZ: Kommentierung zu § 289 HGB. A. a. O., hier Rz. 71; ELLROTT, HELMUT: Kommentierung zu § 289 HGB. 6. Aufl. A. a. O., hier Rz. 18.

cc) Erläuterung makroökonomischer Determinanten: inflationäre Auswirkungen

aaa) Neben mikroökonomischen Determinanten wird die Lage auch durch den Einfluss makroökonomische Determinanten geprägt. Stellvertretend interessieren im Folgenden inflationär begründete Preisänderungen leistungswirtschaftlicher Aufwendungen und Erträge.[98] Als grundlegendes Problem inflatorischer Auswirkungen identifiziert *Sieben* aus Perspektive der bilanzrechtlichen Nominalkapitalerhaltung die zeitliche Interdependenz leistungswirtschaftlicher Erträge und die Wiederbeschaffung der zu deren Generierung erforderlichen Anlagen, Rohstoffe etc.[99] *Koch* zeigt unterschiedliche Bewertungsverfahren zur Erfassung inflationärer Auswirkungen auf.[100]

bbb) Leitet man die Art der Berücksichtigung inflationärer Auswirkungen in wirtschaftlicher Betrachtungsweise konzis aus dem Normzweck ab, so wird deren Abbildung durch die Prognosebasisprinzipien bestimmt. Gegenüberzustellen sind dann Aufwendungen und Erträge, die sich in ihrer Preis- und Mengenbasis (tendenziell) entsprechen.[101] Dabei handelt es sich im Sinne des Prinzips der Analyse von Geschäftsverlauf und Lage um die am Abschlussstichtag gegebenen Zustände.[102] Unterjährige, durch die Inflation begründete Preisentwicklungen sind damit ebenso wie durch mikroökonomische Determinanten verursachte Abweichungen im Rahmen der Analyse

---

98 Vgl. stellvertretend ADERS, CHRISTIAN: Unternehmensbewertung bei Preisinstabilität und Inflation. Frankfurt am Main 1998, hier S. 9; FRANKE, GÜNTER/HAX, HERBERT: Finanzwirtschaft des Unternehmens und Kapitalmarkt. A. a. O., hier S. 215.

99 Vgl. SIEBEN, GÜNTER: Offene Fragen bei der Erstellung und Prüfung des Lageberichts. A. a. O., hier S. 594; ORDELHEIDE, DIETER: Kaufmännischer Periodengewinn als ökonomischer Gewinn. A. a. O., hier S. 294; vgl. auch GRIFFIN, PAUL. A./CASTANIAS, RICHARD. P.: Accounting for the translation of foreign currencies: The effects of Statement 52 on equity analysts. Stamford, CT: FASB, 1987; AYRES, FRANCES L./RODGERS, JACCI: Further evidence on the impact of SFAS 52 on analysts' earnings forecasts. In: J. Int. Fin. M. Acc., Vol. 5 (June 1994), S. 120–141, hier S. 120 f.

100 Vgl. KOCH, HELMUT: Lageberichterstattung und inflationäre Preissteigerungen. In: Jahresabschluss und Jahresabschlussprüfung – Probleme, Perspektiven, internationale Einflüsse. Festschrift zum 60. Geburtstag von *Jörg Baetge*, hrsg. v. *Thomas R. Fischer* und *Reinhold Hömberg*. Düsseldorf 1997, S. 215–237, hier S. 220.

101 Vgl. MOXTER, ADOLF: Betriebswirtschaftliche Gewinnermittlung. A. a. O., hier S. 185 f.

102 Zur Tageswertbilanzierung vgl. SCHMIDT, FRITZ: Die organische Tageswertbilanz. 3. Aufl. Wiesbaden 1929, hier S. 148; REVSINE, LAWRENCE: Inflation Accounting for Debt. In: Fin. A. J., Vol. 37 (1981), S. 20–29; HALLER, AXEL: Wertschöpfungsrechnung. Ein Instrument zur Steigerung der Aussagefähigkeit von Unternehmensabschlüssen im internationalen Kontext. Stuttgart 1997, hier S. 474; COENENBERG, ADOLF G.: Inflationsbereinigte Rechnungslegung – Diskussionsstand in Deutschland. In: AG, 20. Jg. (1975), S. 113–130, hier S. 115; vgl. auch SALAS, VICENTE/WHINSTON, ANDREW B.: A Theoretical Basis for Inflation Accounting. In: Quantitative Planning and Control. Essays in Honor of *William Wager Cooper* on the Occasion of His 65th Birthday, edited by *Yuji Ijiri* and *Andrew B. Whinston*. New York, New York: Academic Press, 1979, S. 269–290, hier S. 280 und S. 283.

des Geschäftsverlaufs zu erläutern.[103] Ergänzend ist die funktionale Abhängigkeit einzelner Ergebniskomponenten von diesen Preisentwicklungen gemäß dem Prinzip der Erläuterung des Geschäftsergebnisses aufzuzeigen.

Dabei zielen entsprechende Ausführungen in wirtschaftlicher Betrachtungsweise nicht auf die Bereinigung realisierter Aufwendungen und Erträge als extrapolierbare Größen. Das zentrale Charakteristikum der in dieser Arbeit aufgezeigten Konzeption ist die Trägheitsprojektion leistungswirtschaftlicher Aufwendungen und Erträge. Daraus folgt, dass weniger ein stichtagsbezogener Scheingewinn als vielmehr der positive oder negative Grad der Überwälzbarkeit inflationärer Auswirkungen interessiert: Die Abbildung der Ertragskraft erfordert keine statische Darstellung einer Finanzierungslücke, sondern eine prognoseorientierte, durch die Prognosebasis objektivierte Darstellung der voraussichtlichen Entwicklung (tendenziell) umsatzproportionaler Aufwendungen und Erträge.[104]

Mithin zeichnet diese Konzeption eine Kapitalerhaltung im neoklassischen Sinne des ökonomischen Gewinns und keine vermögensorientierte Substanzerhaltung nach.[105] Entsprechend umfasst die in dieser Arbeit aufgezeigte Heuristik des ökonomischen Gewinns in zukunftsbezogener Ausprägung auch das makroökonomische *exposure*.[106] Dieses, und im Rahmen der Prognoseprinzipien damit auch die erwartete inflationäre Auswirkung, ist auf aggregierter Ebene aufzuzeigen.[107]

c) Finanzwirtschaftliche Determinanten

aa) Zusammenhang mit leistungswirtschaftlichen Determinanten

aaa) In wirtschaftlicher Betrachtungsweise werden auch die gemäß § 289 Abs. 2 Nr. 2 HGB geforderten Informationen mit der *Moxter'schen* finanzplanorientierten Rechnungslegung gelesen: Eine schutzzweckadäquate Abbildung der (zukunftsbezogenen) Ertragskraft erfolgt in externer Rechnungslegung vereinfachungs- und objektivierungsbedingt anhand durchschnittlich zahlungsgleicher Aufwendungen und Erträge

---

103 Vgl. auch SELCHERT, FRIEDRICH W.: Die MD&A – ein Vorbild für den Lagebericht?. In: Internationale Rechnungslegung. Festschrift für Prof. Dr. *Claus-Peter Weber*, hrsg. v. *Karlheinz Küting* und *Günther Langebucher*. Stuttgart 1999, S. 219–237, hier S. 230.

104 Vgl. unten S. 96–99.

105 Kritisch zur Substanzerhaltung vgl. KOCH, HELMUT: Lageberichterstattung und inflationäre Preissteigerungen. A. a O., hier S. 221.

106 Vgl. MOXTER, ADOLF: Betriebswirtschaftliche Gewinnermittlung. A. a. O., hier S. 186 f.

107 Vgl. auch MOXTER, ADOLF: Valuation of a Going Concern. In: Handbook of German Business Management, hrsg. v. *Erwin Grochla* u. a. Bd. 2. Stuttgart 1990, Sp. 1433–2444, hier Sp. 2441.

des Leistungsbereichs.[108] Diese periodisierten Zahlungen bilden zwar das zentrale Element der Liquiditätslage des Unternehmens ab.[109] Da von tatsächlichen Zahlungsströmen abstrahierend,[110] ist aber explizit auch das der Geschäftstätigkeit inhärente Insolvenzrisiko zu berücksichtigen.[111] Gemäß § 289 Abs. 2 Nr. 2 b) HGB kann sich dieses aus einem an der Überschuldung (§ 19 Abs. 2 InsO) orientierten Preisänderungsrisiko und dem Ausfallrisiko von Finanzinstrumenten[112] sowie hinsichtlich dem Liquiditätsrisiko und der Risiken aus Zahlungsstromschwankungen aus der Zahlungsunfähigkeit (§ 17 Abs. 2 Satz 1 InsO) zusammensetzen.[113]

bbb) So verstanden ist nicht *nur* auf die Risiken von Finanzinstrumenten einzugehen.[114] Vielmehr ist, auch dem Wortlaut entsprechend, zur zweckadäquaten Darstellung des Insolvenzrisikos auf Finanzrisiken „jeweils in Bezug auf die Verwendung von Finanzinstrumenten“ einzugehen.[115] Dies gilt unabhängig davon, ob entsprechende Informationen durch die Fülle der gemäß IFRS 7 geforderten Angaben grundsätzlich abgedeckt sind, auch wenn der (handelsrechtliche) Lagebericht einen nach IFRS erstellten Abschluss ergänzt.[116]

---

108 Vgl. MOXTER, ADOLF: Betriebswirtschaftliche Gewinnermittlung. A. a. O., 158 f.

109 Vgl. MOXTER, ADOLF: Grundsätze ordnungsgemäßer Rechnungslegung. A. a. O., hier S. 246; HACHMEISTER, DIRK: Der Discounted Cash Flow als Maß der Unternehmenswertsteigerung. A. a. O., hier S. 60 f.

110 Vgl. MOXTER, ADOLF: Grundsätze ordnungsgemäßer Rechnungslegung. A. a. O., hier S. 235; zum ökonomischen Risiko künftiger Zahlungen vgl. FRANKE, GÜNTER/HAX, HERBERT: Finanzwirtschaft des Unternehmens und Kapitalmarkt. A. a. O., hier S. 589.

111 Vgl. MOXTER, ADOLF: Grundsätze ordnungsgemäßer Rechnungslegung. A. a. O., hier S. 264; diesbezüglich ähnlich BUCHHEIM, REGINE/KNORR, LIESEL: Der Lagebericht nach DRS 15 und internationale Entwicklungen. In: WPg, 59. Jg. (2006), S. 413–425, hier S. 421; vgl. auch MOXTER, ADOLF: Der Einfluß von Publizitätsvorschriften auf das unternehmerische Verhalten. A. a. O., hier S. 212–223.

112 Vgl. zum Begriff Finanzinstrument BT-Drucks. 15/3419, hier S. 30; IAS 32.11; IAS 39.9; BÖCKING, HANS-JOACHIM: Zum Verhältnis von neuem Lagebericht, Anhang und IFRS. Ein Beitrag zur Berichterstattung über die Finanzinstrumente und die Finanzlage nach Bilanzrechtsreformgesetz. In: BB, 60. Jg. (2005), S. 5–8, hier S. 7.

113 Vgl. zum Insolvenztatbestand der Überschuldung und der Zahlungsunfähigkeit HOMMEL, MICHAEL: Überschuldungsmessung nach neuem Insolvenzrecht: Probleme und Lösungsmöglichkeiten. In: ZfB, 68. Jg. (1998), S. 297–321, hier S. 308; GROß, PAUL J.: Die Wahrung, Einschätzung und Beurteilung des „*Going-Concern*“ in den Pflichten- und Verantwortungsrahmen von Unternehmensführung und Abschlussprüfung (Teil 1). In: WPg, 57. Jg. (2004), S. 1357–1374, hier S. 1362–1264.

114 In Orientierung an IFRS 7 a. A. MÜßIG, ANKE: Bilanzielle Risikovorsorge und außerbilanzielle Risikoberichterstattung. Das Verhältnis von Lagebericht und *Management Commentary* zum Jahresabschluss nach HGB und IFRS. Frankfurt am Main 2006, hier S. 192 ff.; BUCHHEIM, REGINE/KNORR, LIESEL: Der Lagebericht nach DRS 15 und internationale Entwicklungen. A. a. O., hier S. 421.

115 Vgl. auch DRS 15 (Lageberichterstattung), hier Rz. 75.

116 A. A. BUCHHEIM, REGINE/KNORR, LIESEL: Der Lagebericht nach DRS 15 und internationale Entwicklungen. A. a. O., hier S. 421; KAJÜTER, PETER: Berichterstattung über Chancen

Grundsätzlich sind Finanzrisiken zu erläutern, „sofern dies für die Beurteilung der Lage oder der voraussichtlichen Entwicklung von Belang“ (§ 289 Abs. 2 Nr. 2 b) HGB) ist. In oben skizzierter Lesart handelt es sich dabei um ein Wesentlichkeitskriterium im positiven Sinne:[117] Finanzrisiken sind – ihrer Bedeutung für die Unternehmensfortführung gemäß – zu erläutern, wenn die Lage oder die voraussichtliche Entwicklung ohne deren Kenntnis anders zu beurteilen wäre; man denke bspw. an ein ertragreiches, aufgrund umfangreicher Investitionen jedoch finanziell angespanntes Unternehmen.

In der Sache unbestritten impliziert das funktionale Verständnis der Norm auch, dass Finanzrisiken unabhängig von einer etwaigen bilanziellen Erfassung ihres Ursprungs informationspflichtig sein können.[118] Es ist Aufgabe des im Finanzbereich angesiedelten Risikomangements, das finanzielle Gleichgewicht des Unternehmens bei untenehmensspezifischer Risikoexposition sicherzustellen.[119]

bb) Ausprägung finanzwirtschaftlicher Determinanten

aaa) Risikomanagement

(a) Gemäß § 289 Abs. 2 Nr. 2 a) HGB ist auf die Ziele und Methoden des Risikomanagements einzugehen.[120] In funktionalem Verständnis zielt diese Norm auf die Be-

---

und Risiken im Lagebericht. Auswirkungen des Referentenentwurfs für das Bilanzrechtsreformgesetz. In: BB, 59. Jg. (2004), S. 427–434, hier S. 432.

117 Unbestimmt GREINERT, MARKUS: Weitergehende Anforderungen an den Konzernlagebericht durch E-DRS 20 sowie das Bilanzrechtsreformgesetz. In: KoR, 4. Jg. (2004), S. 51–60, hier S. 54; a. A. ELLROTT, HELMUT: Kommentierung zu § 289 HGB. 6. Aufl. A. a. O., hier Rz. 67.

118 Ebenso ELLROTT, HELMUT: Kommentierung zu § 289 HGB. 6. Aufl. A. a. O., hier Rz. 66; entsprechende Angaben unter nicht finanzielle Leistungsindikatoren subsumierend vgl. WOLF, KLAUS: Neuerungen im (Konzern-)Lagebericht durch das Bilanzrechtsreformgesetz (BilReG) – Anforderungen und ihre praktische Umsetzung. In: DStR, 43. Jg. (2005), S. 438–442, hier S. 439.

119 Vgl. FRANKE, GÜNTER/HAX, HERBERT: Finanzwirtschaft des Unternehmens und Kapitalmarkt. A. a. O., hier S. 582.

120 Ob „eingehen“ eine geringere Informationsintensität als „erläutern“ begründet, erscheint zumindest im Hinblick auf den Wortlaut fraglich; hier wird die Meinung vertreten, dass der Sachverhalt auf den einzugehen ist, durchaus einer „Erläuterung“ entsprechend abgebildet werden sollte. Damit wird „eingehen“ hier als Aufforderung, den entsprechenden Sachverhalt in den gemäß § 289 Abs. 1 HGB systematisch zu bestimmenden Gesamtkontext einzubeziehen, verstanden. Gl. A. MÜßIG, ANKE: Bilanzielle Risikovorsorge und außerbilanzielle Risikoberichterstattung. A. a. O., hier S. 196; a. A. KAJÜTER, PETER: Berichterstattung über Chancen und Risiken im Lagebericht. A. a. O., hier S. 432.

antwortung der Frage, *welche* finanziellen Risiken *wie* erfasst bzw. gemanagt werden.[121]

Explizit genannt sind auch die „Methoden zur Absicherung aller wichtigen Arten von Transaktionen, die im Rahmen der Bilanzierung von Sicherungsgeschäften erfasst werden“ (§ 289 Abs. 2 Nr. 2 a) HGB), zu erläutern. Dabei bezeichnen Transaktionen in ökonomischem Verständnis die Menge leistungs- und finanzwirtschaftlich begründeter Geschäftsvorfälle.[122] Als Sicherungsgeschäfte kommen Versicherungsverträge, Derivate sowie andere Arten kompensierender Sicherungsinstrumente in Frage. Die Methoden „im Rahmen der Bilanzierung“ zu erläutern, verweist auf die (ökonomische) Sicherungsbeziehung, unabhängig davon, ob diese gemäß handelsrechtlicher GoB als Micro-Hedge kompensierend bewertet werden dürfen.[123]

(b) Die Ziele und Methoden des Risikomanagements sind sinnentsprechend so zu erläutern, dass der Adressat die gemäß § 289 Abs. 2 Nr. 2 b) HGB geforderten Ausführungen zu Finanzrisiken nachvollziehen kann. Im Hinblick auf die Ziele sollte die konkrete Ausrichtung des Risikomanagement bspw. auf die Minimierung eines Währungsrisikos angegeben werden.[124] Der Zusammenhang von Ziel und (leistungswirtschaftlichem) Geschäftsrisiko sollte aufgezeigt werden. Bspw. kann die genannte Zielsetzung durch Beschaffungs- und Absatzmärkte verschiedener Währungskreise begründet sein. Im Rahmen der Erläuterung der Methoden des Risikomanagements sollten die grundlegenden Prozesse skizziert werden. Zentral ist dabei die Art der Risikoanalyse und -bewertung. Um die gemäß § 289 Abs. 2 Nr. 2 b) HGB erläuterten Risiken zu verstehen, ist der Adressat in diesem Zusammenhang darüber in Kenntnis zu

---

121 Vgl. zu möglichen Zielen des Risikomanagement SCHARPF, PAUL: Risikomanagement- und Überwachungssystem im Finanzbereich. In: Reform des Aktienrechts, der Rechnungslegung und der Prüfung, hrsg. v. *Dietrich Dörner* u. a. 2. Aufl. Stuttgart 2003, S. 377–402, hier S. 390.

122 Vgl. zu Beispielen FRANKE, GÜNTER/HAX, HERBERT: Finanzwirtschaft des Unternehmens und Kapitalmarkt. A. a. O., hier S. 595.

123 Vgl. zur kompensierenden Bewertung MOXTER, ADOLF: Grundsätze ordnungsgemäßer Rechnungslegung. A. a. O., hier S. 29 f.; HAHNE, KLAUS D.: Kompensatorische Bewertung in der Steuerbilanz. Analyse des BFH-Gerichtsbescheids vom 19. 3. 2002. In: BB, 58. Jg. (2003), S. 1943–1947, hier S. 1946; KUHNER, CHRISTOPH: Kommentierung zu § 246 HGB. In: Bilanzrecht. Kommentar, hrsg. v. *Jörg Baetge*, *Hans-Jürgen Kirsch* und *Stefan Thiele*. Bonn. (Loseblatt; September 2002), hier Rz. 863; zur Bilanzierung von zentral auf Konzernebene gemanagten Sicherungsbeziehungen vgl. WÜSTEMANN, JENS/DUHR, ANDREAS: Steuerung der Fremdwährungsrisiken von Tochterunternehmen im Konzern – Finanzcontrolling vs. Bilanzierung nach HGB und IAS/IFRS. In: BB, 58. Jg. (2003), S. 2501–2508, hier S. 2505 (m. w. N.); zur Ausnahme von Sicherungsbeziehungen an die Rechtsfolgen geknüpft sind vgl. BISCHOF, JANNIS: Macrohedges in Bankbilanzen nach GoB und IFRS. Düsseldorf 2006, hier S. 67 f.

124 A. A. ELLROTT, HELMUT: Kommentierung zu § 289 HGB. 6. Aufl. A. a. O., hier Rz. 71.

setzen, wie Interdependenzen zwischen einzelnen Risiken erfasst werden. Anzugeben ist auch, ob die Risiken zentral oder dezentral gesteuert werden.

Im Rahmen der Erläuterung von Sicherungsbeziehungen sollte deutlich werden, ob die Absicherung in Form von Micro-Hedges, Makro-Hedges[125] oder Portfolio-Hedges[126] erfolgt. Dabei sind die zugrunde liegenden „wichtigen Arten von Transaktionen" zu nennen. In Bezug auf die Form der Absicherung sollten Umfang und Art der zu Sicherungsbeziehungen zusammengefassten Grundgeschäfte und Sicherungsgeschäfte aufgezeigt werden.[127]

(c) Über die angeführten Angaben hinaus wird der These, dass eine Dritten zugängliche Beschreibung des Risikomanagements geeignet ist, „das Verständnis der Risikolage [...] für den Adressaten zu verbessern"[128], hier nur bedingt gefolgt:[129] Eine umfassende Erläuterung von Risikomanagementprozessen, also bspw. von Kriterien der Risikoidentifikation, -analyse oder -steuerung, ist in isolierter Betrachtung nur dann als entscheidungserheblich zu bezeichnen, wenn es möglich wäre auf die verbleibenden Risiken zu schließen. Im Hinblick auf den erforderlichen Detailgrad und der Komplexität solcher Angaben erscheint dies nicht unproblematisch. Aus institutionenökonomischer Perspektive ist eine detaillierte, Dritten zugängliche Offenlegung dieser Angaben substituierbar:[130] Gemäß § 317 Abs. 4 HGB hat der Abschlussprüfer (zumin-

---

125 Bei einem Makro-Hedge werden mehrere Grund- und Sicherungsgeschäfte derselben Risikoart „gleichzeitig abgesichert, ohne dass die einzelnen Geschäfte einander zugeordnet werden können". Vgl. SCHARPF, PAUL/LUZ, GÜNTHER: Risikomanagement, Bilanzierung und Aufsicht von Finanzderivaten. 2. Aufl. Stuttgart 2000, hier S. 296.

126 Portfolio-Hedges „gehen über die bezüglich einer Risikoart homogene Zusammenfassung von Geschäften hinaus." Vgl. BALLWIESER, WOLFGANG: Kommentierung zu § 252 HGB. In: Münchener Kommentar zum Handelsgesetzbuch. Band 4. Drittes Buch. Handelsbücher §§ 238–342 a HGB, hrsg. v. *Karsten Schmidt*. München 2001, hier Rn. 28.

127 Vgl. auch BARCKOW, ANDREAS: Die Bilanzierung von derivativen Finanzinstrumenten und Sicherungsbeziehungen: Eine Gegenüberstellung des deutschen Bilanzrechts mit SFAS 133 und IAS 32/39. Düsseldorf 2004, hier S. 26 ff.

128 DÖRNER, DIETRICH/BISCHOF, STEFAN: Risikoberichterstattung nach DRS 5. In: Reform des Aktienrechts, der Rechnungslegung und der Prüfung, hrsg. v. *Dietrich Dörner* u. a. 2. Aufl. Stuttgart 2003, S. 617–648, hier S. 640.

129 Wohl a. A. MÜßIG, ANKE: Bilanzielle Risikovorsorge und außerbilanzielle Risikoberichterstattung. A. a. O., hier S. 190 f. (m. w. N.); WEBER, CLAUS-PETER: Risikoberichterstattung nach E-DRS 5. In: BB, 56. Jg. (2001), S. 140–144, hier S. 144; KAJÜTER, PETER: Berichterstattung über Chancen und Risiken im Lagebericht. A. a. O., hier S. 431; vgl. auch IFRS 7.34; IFRS 7.B8.

130 Vgl. WÜSTEMANN, JENS: Institutionenökonomik und internationale Rechnungslegungsordnungen. A. a. O., hier S. 89

dest) bei börsennotierten Aktiengesellschaften zu beurteilen, ob das „Überwachungssystem seine Aufgaben erfüllen kann".[131]

Auch von der Literatur grundsätzlich geforderte Angaben zur Hedge-Effektivität[132] werden in Bezug auf die Entscheidungsrelevanz sowie Nachvollziehbarkeit der Information kritisch beurteilt: Zwar ist unbestritten, dass das verbleibende Risiko einzelner Sicherungsbeziehungen von Interesse sein kann. Um aber entscheidungserheblich zu sein, ist aufgrund der komplexen Struktur originärer und derivativer Finanzinstrumente jedoch ergänzend auch eine Beurteilung des daraus resultierenden Gesamtrisikos ebenso erforderlich wie eine Angabe des Teils finanzieller Risiken, der im Rahmen von Sicherungsbeziehungen erfasst wird.[133] Mithin wird hier die Auffassung vertreten, dass Angaben zur Hedge-Effektivität wenn überhaupt, dann nur unter Bezugnahme auf die gemäß § 289 Abs. 2 Nr. 2 b) HGB normierten Informationspflichten zu fordern wären.

Tatsächlich ist im Hinblick auf die Erläuterung von Finanzrisiken (§ 289 Abs. 2 Nr. 2 b) HGB) jedoch von dem eben skizzierten Umfang potenziell entscheidungserheblicher Angaben grundsätzlich abzusehen: Lediglich „sofern dies für die Beurteilung der Lage oder der voraussichtlichen Entwicklung von Belang ist", sind die genannten Risiken zu erläutern.

bbb) Insolvenzrisiko

(a) Finanzrisiken sind in funktionalem Verständnis der Norm, wie aufgezeigt, hinsichtlich des Insolvenzrisikos zu erläutern. Dabei folgt aus dem systematischen Zusammenhang von leistungs- und finanzwirtschaftlichen Zahlungsströmen, dass das einschränkende Wesentlichkeitskriterium der Erläuterung finanzieller Risiken durch die vom Abschlussprüfer zu testierende Prognose der voraussichtlichen leistungswirt-

---

[131] Vgl. CLEMM, HERMANN: Der Abschlußprüfer als Krisenwarner und der Aufsichtsrat – Anmerkungen zu einem – wieder einmal – aktuellen Thema –. In: Internationale Wirtschaftsprüfung. Festschrift zum 65. Geburtstag von Prof. Dr. Dr. h. c. *Hans Havermann*, hrsg. v. *Josef Lanfermann*. Düsseldorf 1995, S. 83–108, hier S. 100 ff.; BÖCKING, HANS-JOACHIM/MÜßIG, ANKE: Neue Herausforderungen für den Konzernlagebericht durch das Transparenz- und Publizitätsgesetz sowie den Deutschen Corporate Governance Kodex? – Zugleich ein Ausschnitt aus dem gegenwärtigen Anforderungsprofil an Vorstand, Aufsichtrat und Abschlussprüfer – . In: DK, 3. Jg. (2003), S. 38–50, hier S. 46 f.; zur Frage der Reichweite einer Beurteilung von Unternehmen und Management im Rahmen der Prüfung des Lageberichts vgl. KROMMES, WERNER: Handbuch Jahresabschlussprüfung. A. a. O., hier S. 376.

[132] Vgl. ELLROTT, HELMUT: Kommentierung zu § 289 HGB. 6. Aufl. A. a. O., hier Rz. 74.

[133] Vgl. KAWALLER, IRA G.: What Analysts Need to Know about Accounting for Derivatives. A. a. O., hier S. 26–28.

schaftlichen Entwicklung normiert wird: Derart institutionell eingebettet ist auf Finanzrisiken insbesondere auch dann einzugehen, wenn der im Lagebericht leistungswirtschaftlich skizzierten Fortführungsprognose (wesentliche) finanzielle Risiken inhärent sind.[134]

Konkret unterscheidet § 289 Abs. 2 Nr. 2 b) HGB „Preisänderungs-, Ausfall- und Liquiditätsrisiken sowie die Risiken aus Zahlungsstromschwankungen". Sinnentsprechend verstanden können Preisänderungsrisiken im Sinne der Überschuldung wertorientiert oder im Sinne der Zahlungsunfähigkeit zahlungsstromorientiert dargestellt werden.[135] Auf Risiken aus Zahlungsstromschwankungen einzugehen liest sich in diesem Zusammenhang als explizite Forderung, das durch Preisänderungen begründete finanzielle Risiko auch zahlungsstromorientiert zu erläutern. Daneben kann das Risiko aus Zahlungsstromschwankungen bspw. im Falle von Forderungen auch aus Ausfallrisiken[136] oder im Falle bspw. von *Futures* aus Liquiditätsrisiken resultieren.[137] Preisänderungs-, Ausfall- und Liquiditätsrisiken bilden damit einzelne Risikokategorien ab. Im Rahmen der Erläuterung von Risiken aus Zahlungsstrom*schwankungen* sind diese in ihrer interdependenten Auswirkung auf die Zahlungsfähigkeit des Unternehmens darzustellen.[138]

---

134 Vgl. zur Bedeutung einer systematisch eingebetteten Information Dritter über finanzielle Risiken HOMMEL, MICHAEL: Überschuldungsmessung nach neuem Insolvenzrecht: Probleme und Lösungsmöglichkeiten. A. a. O., hier S. 307.

135 Vgl. PRAHL, REINHARD/NAUMANN, THOMAS K.: Financial Instruments, Abt. II/10. In: Handbuch des Jahresabschlusses (HdJ), hrsg. v. Klaus v. Wysocki u. a. Köln. (Loseblatt; August 2000), hier Rz. 51; FRANKE, GÜNTER/HAX, HERBERT: Finanzwirtschaft des Unternehmens und Kapitalmarkt. A. a. O., hier S. 595.

136 Vgl. zur Bestimmung von Ausfallrisiken gemäß IAS 39 FISCHER, PETRA/SITTMANN-HAURY, CAROLINE: Risikovorsorge im Kreditgeschäft nach IAS 39. In: IRZ, 1. Jg. (2006), S. 217–241, hier S. 218–223.

137 Vgl. PRAHL, REINHARD/NAUMANN, THOMAS K.: Financial Instruments. A. a. O., hier Rz. 52 und Rz. 56; SCHARPF, PAUL: Finanzrisiken. A. a. O., hier S. 256; zur Relevanz des aus *employee stock options* resultierenden Liqiditätsrisikos vgl. CICCOTELLO, CONRAD S./GRANT, TERRY C./GRANT, GERRY H.: Impact of Employee Stock Options on Cash Flow. In: Fin. A. J., Vol. 60 (March/April 2004), S. 39–46, hier S. 42–44.

138 Vgl. auch DRSC: Deutscher Rechnungslegungsstandard Nr. 5–10 (DRS 5–10). Risikoberichterstattung von Kredit- und Finanzdienstleistungsinstituten. August 2005, hier Rz. 23–44; die genannten Risiken nicht wie gezeigt, sondern mit IAS 32.43 strukturierend a. A. ELLROTT, HELMUT: Kommentierung zu § 289 HGB. 6. Aufl. A. a. O., hier Rz. 78; MÜßIG, ANKE: Bilanzielle Risikovorsorge und außerbilanzielle Risikoberichterstattung. A. a. O., hier S. 194 f.

Grundsätzlich sind lediglich nicht konkret in Form von Micro-Hedges gesicherte Finanzrisiken aufzuzeigen;[139] nicht die Erläuterung von Finanzinstrumenten, sondern die Risikoexposition des Unternehmens steht im Vordergrund.

(b) Eine sinnentsprechende Erläuterung muss darauf abzielen, dem Adressaten wesentliche Determinanten finanzieller Risiken sowie deren jeweilige Relevanz nachvollziehbar aufzuzeigen.

Konkret sind sowohl leistungs- und finanzwirtschaftliche als auch unternehmensextern und -intern begründete Ursachen (wesentlicher) finanzieller Risiken zu erläutern. Dabei sollte zunächst jeweils auf wertbezogene Preisänderungsrisiken, Ausfallrisiken und Liquiditätsrisiken eingegangen werden. Auch die Art und der Umfang zugrunde liegender originärer und derivativer Finanzinstrumente sollten aufgezeigt werden. In funktionalem Verständnis der Risiken aus Zahlungsstromschwankungen wird wichtig, darauf aufbauend die aggregierte Bedeutung finanzieller Risiken für die Zahlungsfähigkeit des Unternehmens aufzuzeigen, „sofern dies für die Beurteilung der Lage oder der voraussichtlichen Entwicklung von Belang ist“ (§ 289 Abs. 2 Nr. 2 b) HGB). Außerdem sind konkrete Maßnahmen und mögliche Probleme der Risikoreduzierung anzugeben. Auf die Erläuterung von Zielen und Methoden des Risikomanagements sollte Bezug genommen werden.

Sofern von Belang, sind im Falle von Währungsrisiken die zentralen Währungen und deren (leistungswirtschaftliche) Bedeutung anzugeben;[140] „in Bezug auf Finanzinstrumente“ (§ 289 Abs. 2 Nr. 2 b) HGB) ist der Umfang von Fremdwährungsverbindlichkeiten und -forderungen oder/und bspw. Art und Einfluss von Devisenterminkontrakten auf das Preisänderungsrisiko zu skizzieren.

(c) Im Gegensatz zu der skizzierten Erläuterung beschränken Teile der Literatur Finanzrisiken auf die Erläuterung der Sensitivität zentraler Ein- und Auszahlungen gegenüber einer positiven und negativen Veränderung einzelner Parameter.[141] Eine sol-

---

139 Wohl a. A. MÜßIG, ANKE: Bilanzielle Risikovorsorge und außerbilanzielle Risikoberichterstattung. A. a. O., hier S. 197 f.

140 Vgl. zum sog. *competitive exposure* SHAPIRO, ALAN C.: Foundations of Multinational Financial Management. 4th edition. Needham Heights, Massachusetts: Allyn and Bacon, 2002, hier S. 250; FRANKE, GÜNTER/HAX, HERBERT: Finanzwirtschaft des Unternehmens und Kapitalmarkt. A. a. O., hier S. 595.

141 Ebenfalls auf die Sensitivitätsanalyse hinweisend vgl. DRS 5-10 (Risikoberichterstattung von Kredit- und Finanzdienstleistungsinstituten), hier Rz. 36; vgl. auch IFRS 7.IG35; IFRS 7.B17; IFRS 7.BC64; IFRS 7.B24; IFRS 7.IG34; OXELHEIM, LARS: Macroeconomic Variables and Corporate Performance. A. a. O., hier S. 39; KAWALLER, IRA G.: What Analysts Need to Know about Accounting for Derivatives. A. a. O., hier S. 26.

che Bandbreitenanalyse erlaubt, ökonomisch durchaus sinnvoll, eine mehrwertige Abbildung der ungewissen Auswirkung makroökonomischer Determinanten.[142] Eben aufgrund dessen, dass künftigen Ausprägungen keine begründbare Glaubwürdigkeit zugeordnet werden kann, ist eine solche Forderung jedoch nicht unproblematisch.

Alternativ zu einer Darstellung der Sensitivität als Element der oben angeführten Erläuterungen zeigt *Scholz* in Bezug auf Risiken aus Zahlungsstromschwankungen ein Bewertungsverfahren auf, das einer „ökonomisch sinnvollen“[143] Analyse des aus Preisänderungen resultierenden Risikos entspricht:[144] Aufbauend auf einer Zinsbindungsbilanz und unter Berücksichtigung von Options- oder Termingeschäften wird im Sinne einer zinsfristenkongruenten Refinanzierung eine (imaginär) stichtagsbezogene Liquiditätsbelastung berechnet.[145]

(d) Unbestritten ist die Relevanz, die der Vermittlung von Informationen über finanzielle Risiken an externe Adressaten im Zweifelsfall beizumessen ist.[146] Entsprechend sollte mit zunehmender Kritikalität des Insolvenzrisikos auch eine differenziertere Erläuterung der Risiken sowie möglicher Gegenmaßnahmen erfolgen. Entscheidend ist, auch für das Finanzmanagement kleinerer Unternehmen, die mit einer Sensitivitätsanalyse der zugrunde liegenden Zusammenhänge überfordert sein könnten,[147] die adressatenorientierte Verdichtung vorhandener Informationen.

---

142 Vgl. zum Aufbau einer Sensitivitätsanalyse FRANKE, GÜNTER/HAX, HERBERT: Finanzwirtschaft des Unternehmens und Kapitalmarkt. A. a. O., hier S. 259.

143 KUHNER, CHRISTOPH: Geschäftszweckgebundene Bewertungskonzeptionen in der externen Rechnungslegung von Unternehmen. A. a. O., hier S. 137.

144 Vgl. SCHOLZ, WALTER: Die Steuerung von Zinsänderungsrisiken und ihre Berücksichtigung im Jahresabschluß von Kreditinstrumenten. In: Bilanzstrukturmanagement von Kreditinstituten, hrsg. v. *Henner Schierenbeck* und *Hans Wielens*. Frankfurt am Main 1982, S. 119–136, hier S. 132 ff.

145 Vgl. auch KUHNER, CHRISTOPH: Geschäftszweckgebundene Bewertungskonzeptionen in der externen Rechnungslegung von Unternehmen. A. a. O., hier S. 135 f.

146 Vgl. stellvertretend KAJÜTER, PETER: Berichterstattung über Chancen und Risiken im Lagebericht. A. a. O., hier S. 431; MOXTER, ADOLF: Grundsätze ordnungsgemäßer Rechnungslegung. A. a. O., hier S. 264.

147 Vgl. IDW: IDW Stellungnahme. Exposure Draft ED 7 – Financial Instruments: Disclosures. In: WPg, 57. Jg. (2004), S. 1347–1350, hier S. 1348; vgl. auch DRSC: Stellungnahme des DRSC zum ED 7 – Financial Instruments: Disclosures. Im Internet unter: http://www.standardsetter.de/drsc/docs/comments/own/cl_ed7_ 181004_final. pdf (zuletzt besucht am 8. Januar 2008).

II. Kritische Würdigung zentraler Literaturthesen zur Prognoserelevanz und Nachvollziehbarkeit

1. Analyse von Erfolgspotenzialen

a) Erfolgspotenziale sind jene Faktoren, die das „letztendlich mögliche und erreichbare Maß an ökonomischer Effizienz bestimmen“[148]; es handelt sich um jene rein wirtschaftlichen Vorteile,[149] die als Element des Geschäftswerts die Fähigkeit des Unternehmens, künftige Erträge zu erwirtschaften, begründen. In bilanzrechtlicher Terminologie handelt es sich dabei um sog. stille (Zwangs-)Reserven, die der Objektivierung geschuldet sind.[150]

Entsprechende Faktoren sind sowohl in vermögens- als auch gewinnorientierter Ausprägung darstellbar: Vermögensorientiert sind materielle und immaterielle Ressourcen zu erläutern;[151] mit der wohl herrschenden Meinung handelt es sich um das Aggregat unternehmensspezifisch bestehender und umweltspezifisch erwarteter Ausprägungen. Das *DRSC* empfiehlt die Vermittlung solcher Informationen auf freiwilliger Basis.[152] Daneben kann die Konkretisierung von Erfolgspotenzialen auch im Rahmen einer Analyse von Stärken und Schwächen bzw. Chancen und Risiken erfolgen.[153] In diesem Fall werden Erfolgspotenziale durch Erfolgsfaktoren konkretisiert.[154] Dabei sind diese

---

[148] GÄLWEILER, ALOYS: Unternehmensplanung – Grundlagen und Praxis. 2. Aufl. Frankfurt am Main 1986, hier S. 133.

[149] Aus bilanzrechtlicher Perspektive bezeichnen rein wirtschaftliche Vorteile „ein Gut“, dass sich „so ins Allgemeine verflüchtigt, dass es nur als Steigerung des good will des ganzen Unternehmens in die Erscheinung tritt.“ So RFH-Urteil vom 21. Oktober 1931, VI A 2002/29, RFHE 30, 142, RStBl. 1932, 305; MOXTER, ADOLF: Bilanzrechtsprechung. A. a. O., hier S. 11.

[150] Vgl. COENENBERG, ADOLF G.: Jahresabschluss und Jahresabschlussanalyse. A. a. O., hier S. 297; BUSSE VON COLBE, WALTHER: Möglichkeiten und Grenzen der Bildung und Auflösung von stillen Rücklagen nach den neuen Rechnungslegungsvorschriften. In: Elemente erfolgreicher Unternehmenspolitik in mittelständischen Unternehmen, hrsg. v. *Sönke Albers* u. a. Stuttgart 1989, S. 249–265, hier S. 250 f.; SEICHT, GERHARD: Stille Rücklagen I – allgemein –. In: Handwörterbuch unbestimmter Rechtsbegriffe, hrsg. v. *Ulrich Leffson, Dieter Rückle* und *Bernhard Großfeld*. Köln 1986, S. 281–286, hier S. 283; KÜTING, KARLHEINZ: Stille Rücklagen – ein betriebswirtschaftliches Phänomen. In: BB, 50. Jg. (1995). Beilage 15 zu Heft 38, S. 1–15, hier S. 3 f.; HOMMEL, MICHAEL: Bilanzierung immaterieller Anlagewerte. Stuttgart 1998, hier S. 33; *derselbe*: Internationale Bilanzrechtskonzeptionen und immaterielle Vermögensgegenstände. In: ZfbF, 49. Jg. (1997), S. 345–368, hier S. 358.

[151] Vgl. AK „Immaterielle Werte im Rechnungswesen“ SG: Freiwillige externe Berichterstattung über immaterielle Werte. In: DB, 56. Jg. (2003), S. 1233–1237, hier S. 1234.

[152] Vgl. DRS 15 (Lageberichterstattung), hier Rz. 116 f.; LANGECKER, ALEXANDER/ MÜHLBERGER, MELANIE: Berichterstattung über immaterielle Vermögenswerte im Konzernabschluss: Vergleichende Gegenüberstellung von DRS 12, IAS 38 und IAS 38 rev. In: KoR, 3. Jg. (2003), S. 109–133.

[153] Vgl. WELGE, MARTIN K./AL-LAHAM, ANDREAS: Strategisches Management. A. a. O., hier S. 187–189.

[154] Vgl. BREID, VOLKER: Erfolgspotentialrechnung. Stuttgart 1994, hier S. 37.

nicht zu verwechseln mit der Analyse preis- und mengenrelevanter Determinanten: Wird bspw. eine Zunahme der Umsatzmenge (annahmegemäß) durch erhöhten Werbeaufwand oder zusätzliche Serviceleistungen begründet, so erlauben das Kundenpotenzial konkretisierende Angaben zu Erfolgsfaktoren[155] ein differenzierteres Verständnis der Bedeutung veränderter Werbeaufwendungen des Unternehmens.[156] Aufzuzeigen wäre deren Auswirkung bspw. auf die Kundenzufriedenheit, die durchschnittliche Dauer der Kundenbeziehung oder die Veränderung der Kundenzahl sowie der Kundenstruktur. Gemäß *DRSC* ist eine solche Erläuterung verpflichtender Bestandteil der Lageberichterstattung.[157]

b) Im Rahmen sog. Value-Reporting-Systeme folgt die systematische Darstellung von Erfolgspotenzialen einem aus ökonomisch starken Prämissen undifferenziert abgeleiteten Informationsinteresse.[158] Ziel ist regelmäßig eine dem Shareholder-Value-Konzept in unmittelbarer Orientierung am neoklassischen Paradigma eigene Abbildung des Werts eines Unternehmens am Kapitalmarkt.[159]

c) In isolierter Betrachtung wird die Entscheidungsrelevanz vermögensorientiert dargestellter Erfolgspotenziale relativ gering sein: Als Bestandsgrößen ohne konkretisierende künftig erwartete Aufwendungen und Erträge abgebildet, sind diese aufgrund der Komplexität dynamischer Wettbewerbsbedingungen wohl kaum in einer Form beschreib- oder abgrenzbar, dass der „Geschäftswert aus seinen angeblichen Bestimmungsgründen"[160] nachvollziehbar beurteilt werden könnte.[161] Unbestreitbar ist je-

---

155 Vgl. zu Erfolgsfaktoren aus Perspektive der strategischen Planung GÄLWEILER, ALOYS: Unternehmensplanung. A. a. O., hier S. 325; MACHARZINA, KLAUS: Unternehmensführung. A. a. O., hier S. 249 f. und S. 328.

156 Vgl. BERNDT, THOMAS: Informationelle Rechnungslegung – Zur Ausweitung des Informationsumfangs am Beispiel von Intellectual Property Statements. In: DK, 1. Jg. (2003), S. 823–833, hier S. 831; WELGE, MARTIN K./AL-LAHAM, ANDREAS: Strategisches Management. A. a. O., hier S. 259.

157 Vgl. DRS 15 (Lageberichterstattung), hier Rz. 29 ff.; STREIM, HANNES: Zum Stellenwert des Lageberichts im System der handelsrechtlichen Rechnungslegung. In: Unternehmenstheorie und Besteuerung. *Dieter Schneider* zum 60. Geburtstag, hrsg. v. *Rainer Elschen* u. a. Wiesbaden 1995, S. 703–721, hier S. 720 f.

158 Vgl. zur Einpreisung bloßer Wertpotentiale in den Marktwert des Eigenkapitals unter neoklassischen Prämissen HIRSHLEIFER, JACK/RILEY, JOHN G.: The analytics of uncertainty and information. A. a. O., hier S. 138; SCHMIDT, REINHARD H./TERBERGER, EVA: Grundzüge der Investitions- und Finanzierungstheorie. A. a. O., hier S. 58; kritisch BALLWIESER, WOLFGANG: Adolf Moxter und der Shareholder Value-Ansatz. A. a. O., hier S. 1380 f.

159 Vgl. stellvertretend PWC (Hrsg.): Value Reporting™ Forecast 2002. Bringing information out into the open. 2001, hier S. 12 f.

160 ENGELS, WOLFRAM: Betriebswirtschaftliche Bewertungslehre im Licht der Entscheidungstheorie. Köln und Opladen 1962, hier S. 182.

161 Vgl. zum Problem KÜTING, KARLHEINZ/KOCH, CHRISTIAN: Der Goodwill in der deutschen Bilanzierungspraxis. In: StuB, 5. Jg. (2003), 49–54, hier S. 50 (m. w. N.).

doch, dass entsprechende Angaben als Grundlage einer Prognose künftig erwarteter Aufwendungen und Erträge durchaus entscheidungserheblich sein können. Voraussetzung wäre jedoch eine differenzierte Erläuterung der einzelnen Wettbewerbsvorteile. In kapitalmarktorientierter Betrachtungsweise wird man diese bejahen.

d) Die (zurückhaltende) Empfehlung einer Darstellung vermögensorientierter Erfolgspotenziale kann mit den informationellen Grundwertungen der deutschen Rechnungslegungsordnung erklärt werden.[162] Diese konkretisierend äußerte das Bundesverfassungsgericht (BVerfG), dass der „Schutzbereich der Eigentumsgarantie [...] auch das Recht des Aktionärs, über die Angelegenheiten seiner Gesellschaft informiert zu werden“[163], umfasse.[164] Grenzen der Eigentumsgarantie wurden im Streitfall in Bezug auf die umstrittene Erläuterung stiller Reserven konstituiert: Es handele sich um „Mittel zur Unternehmenssicherung und Konkursvorsorge“; zentral sei der durch stille Reserven begründete Schutz „gegen allgemeine wirtschaftliche Risiken, für die sonst keine Vorsorge getroffen werden kann“[165].

Mit dem funktionalen Verständnis der Prognosebasisprinzipien ist eine Darstellung vermögensorientierter Erfolgspotenziale bzw. der aktuellen, den Geschäftswert umfassenden wirtschaftlichen Lage im Rahmen der „Analyse des Geschäftsverlaufs und der Lage“ (§ 289 Abs. 1 Satz 2 HGB) nicht vereinbar: Der Einbezug bloßer Erwartungen bedeutet eine in Bezug auf die Erfüllung des Schutzzwecks informationeller Rechnungslegung problematische Entobjektivierung. Grundlegend ist aber, dass entsprechende Angaben, vereinbar mit der beschriebenen informationellen Grundwertung, im System lageberichtsspezifischer Informations-GoB durch eine gewinnorientierte Erläuterung des Geschäftswerts im Sinne der Prognoseprinzipien substituiert werden.[166]

---

[162] Vgl. auch FINK, CHRISTIAN: Management Commentary: Eine Diskussionsgrundlage zur internationalen Lageberichterstattung. In: KoR, 6. Jg. (2006), S. 141–152, hier S. 149.

[163] Beschluss des Bundesverfassungsgerichts vom 20. September 1999 – 1 BvR 168/93. In: ZIP, 30 Jg. (1999), S. 1801, hier Abs. 19.

[164] Vgl. WÜSTEMANN, JENS: Institutionenökonomik und internationale Rechnungsle-gungsordnungen. A. a. O., hier S. 126–128.

[165] Beschluss des Bundesverfassungsgerichts vom 20. September 1999 – 1 BvR 168/93. A. a. O., hier Abs. 25 (beide Zitate).

[166] Vgl. auch REIFSCHNEIDER, CHRISTINA: Informationeller Anlegerschutz. Ökonomische Analyse der Konkretisierung und Durchsetzung sekundärmarktbezogener Informationspflichten in Deutschland und den USA. Wiesbaden 2007, hier S. 83.

2. Abweichungsanalyse

a) Neben der Analyse von Erfolgspotenzialen fordern Teile der Literatur eine Ex-Post-Analyse der Ursachen einer Abweichung von geplanter und tatsächlicher Entwicklung.[167] Unterschiede im Umfang der Analyse resultieren aus der jeweiligen zeitlichen Einbettung in die Lageberichterstattung: Während das *DRSC* eine periodische Abweichungsanalyse in Bezug auf eine zweijährige Prognose der künftigen Entwicklung vorsieht, also auch veränderte Erwartungen der kommenden Periode in die Abweichungsanalyse einbezieht, verstehen *Böcking/Stein* diese einperiodisch retrospektiv.

b) Von Relevanz ist eine Abweichungsanalyse vor dem Hintergrund einer Prognose der geplanten künftigen Entwicklung. Sofern diese offen gelegt wird, erfordert die Ungewissheit der Zukunft in der Regel eine Anpassung geplanter Maßnahmen an sich verändernde Umweltbedingungen und eine entsprechende Information der Adressaten.[168] Kritisch im Hinblick auf die Durchsetzung dieser Angaben ist dabei nicht nur, dass die Darstellung der künftigen Entwicklung im Ermessen des Rechnungslegenden steht, sondern auch, dass dessen Managementqualität über die Erläuterung von Planabweichungen unmittelbar ersichtlich wird.

c) Richtig ist zweifellos, dass eine Abweichungsanalyse eine disziplinierende Wirkung auf die Prognosequalität des Rechnungslegenden haben kann.[169] Ebenso kann sich deren Erläuterung positiv auf die Nachvollziehbarkeit veränderter Erwartungen auswirken. Entsprechende Informationen werden damit unmittelbar entscheidungserheblich.[170]

Voraussetzung hierfür ist allerdings die Objektivierung der Abweichungsanalyse selbst. Nur wenn es gelingt, den Rechnungslegenden zu einer detaillierten Analyse anzuhalten, besteht die Möglichkeit, dass der Adressat zwischen unsicherheits- und sorgfaltsbedingten Fehleinschätzungen unterscheiden kann. Diese Anforderung ist nicht unproblematisch: Da die künftige Entwicklung *per se* nicht wissbar ist, wird selbst bei gutem Willen faktisch kaum zwischen möglichen Ursachen einer fehlerhaften Progno-

---

167 Vgl. DRS 15 (Lageberichterstattung), hier Rz. 33; BÖCKING, HANS-JOACHIM/STEIN, THOMAS: Der Konzernlagebericht als ein Instrument einer wertorientierten Unternehmensberichterstattung. A. a. O., hier S. 756.

168 Vgl. zum Konzept der flexiblen Planung LAUX, HELMUT: Entscheidungstheorie. 7. Aufl. Berlin/Heidelberg 2007, hier S. 283.

169 BÖCKING, HANS-JOACHIM/STEIN, THOMAS: Der Konzernlagebericht als ein Instrument einer wertorientierten Unternehmensberichterstattung. A. a. O., hier S. 754 und S. 762.

170 Vgl. zur Problematik einer regelungsunscharfen Abweichungsanalyse im SEC-Recht WÜSTEMANN, JENS: Institutionenökonomik und internationale Rechnungslegungsordnungen. A. a. O., hier S. 154–156.

se unterschieden werden können. Dass vor diesem Hintergrund eine disziplinierende Wirkung von der Abweichungsanalyse ausgehen kann, erscheint fraglich. Zielführender, auch im Hinblick auf nachvollziehbare Aussagen zur Prognosequalität, ist wohl eher die ex ante erfolgende Plausibilitätsbeurteilung einer ordnungsmäßigen Prognoseerstellung.[171]

d) Grundsätzlich von Bedeutung bleibt die Abweichungsanalyse jedoch im Hinblick auf die ihr zugedachte Aufgabe im System der Corporate Governance, also der Beurteilung der Qualität des Managements. Der These, dass diese anhand konkreter Maßnahmen im Lagebericht zu analysieren sei, wird hier allerdings nicht gefolgt. Tatsächlich ist die Kontrolle bzw. Überwachung des Rechnungslegenden im institutionellen Rahmen der deutschen Rechnungslegungsordnung Aufgabe des vom Abschussprüfer unterstützten Aufsichtsrats:[172] Diesem sind „Informationen über das Erreichen angekündigter Ziele“[173] (§ 90 Abs. 1 S. 1 Nr. 1 und Nr. 2 AktG) zugänglich zu machen.

Gleichzeitig sprechen in wirtschaftlicher Betrachtungsweise gute Gründe für eine Einblicksbeschränkung in Bezug auf die Angabe geplanter Maßnahmen.[174] Der konzeptionell erforderliche Ausgangspunkt einer Abweichungsanalyse im obigen Sinne fällt damit weg.[175] Es besteht jedoch eine Alternative zur Beurteilung der Qualität des Managements: Anhand eines (periodischen) Vergleichs der Veränderung des jeweils am Abschlussstichtags bestehenden, indirekt prognoseorientierten Letztjahrsgewinns und des direkt prognoseorientierten Geschäftswerts kann der Adressat beurteilen,[176] inwiefern das Management anhand (bereits) initiierter Maßnahmen auf erwartete (nicht beeinflussbare) Umweltentwicklungen vorbereitet ist und somit Einfluss auf die optimale Gestaltung der künftigen Geschäftstätigkeit nimmt. Aufgrund der Vorlaufzeit strategi-

---

171 Ebenso FLEISCHER, HOLGER: Prognoseberichterstattung im Kapitalmarktrecht und Haftung für fehlerhafte Prognosen. A. a. O., hier S. 11; SPINDLER, GERALD: Prognosen im Gesellschaftsrecht. In: AG, 51. Jg. (2006), S. 677–689, hier S. 679 f.

172 Vgl. HENNRICHS, JOACHIM: Prognosen im Bilanzrecht. In: AG, 51. Jg. (2006), S. 698–706, hier S. 699; MOXTER, ADOLF: Grundsätze ordnungsgemäßer Rechnungslegung. A. a. O., hier S. 253; WÜSTEMANN, JENS: Evaluation and Response to Risk in International Accounting and Audit Systems: Framework and German Experiences. A. a. O., hier S. 456; KOCH, CHRISTOPHER: Die öffentlich-rechtliche Stellung des Wirtschaftsprüfers im internationalen Kontext (insbesondere EU). In: DK, 3. Jg. (2005), S. 723–733, hier S. 726 f.; BISCHOF, JANNIS: Zweckmäßigkeit erfolgsunabhängiger Aufsichtsratsvergütung. In: BB, 61. Jg. (2006), S. 2627–2633, hier S. 2629–2631.

173 BT-Drucks. 14/8769, hier S. 13.

174 Vgl. EWERT, RALF/WAGENHOFER, ALFRED: Unternehmenspublizität und Konkurrenzwirkungen. In: ZfB, 62. Jg. (1992), S. 297–324, hier S. 301; vgl. unten S. 140–143.

175 Ebenfalls ablehnend RÜCKLE, DIETER: Externe Prognosen und Prognoseprüfung. A. a. O., hier S. 69; STREIM, HANNES: Zum Stellenwert des Lageberichts im System der handelsrechtlichen Rechnungslegung. A. a. O., hier S. 720 f.

176 Vgl. unten S. 46 f. und S. 85 f.

scher Dispositionen können wesentliche Abweichungen von der erwarteten Geschäftstätigkeit aus nicht vorhergesehenen Umweltentwicklungen resultieren, wobei diese sowohl wettbewerbsseitig als auch nachfrageseitig verursacht sein können. In beiden Fällen zeigen positive bzw. negative Abweichungen Stärken bzw. Schwächen der Wettbewerbsposition auf. Voraussetzung für die Beurteilung der Qualität des Managements ist die Zurückdrängung des Ermessens bei der Erläuterung des Geschäftswerts.[177]

Auch der Gesetzgeber fordert keine Abweichungsanalyse. Vielmehr sollen „über die Bilanzrichtlinie hinausgehende Vorgaben" – hier die Angabe der zugrunde liegenden Annahmen im Rahmen der voraussichtlichen Entwicklung – dazu beitragen, „dem Investor Soll-Ist-Vergleiche zu ermöglichen"[178]; mithin ist die Formulierung im Gesetzesentwurf zum BilReG vor dem Hintergrund komplementärer Institutionen und ökonomisch sinnvoller Einblicksgrenzen wohl bewusst vorsichtig gewählt.[179]

3. Trendorientierte Analyse

a) Im Rahmen einer trendorientierten Analyse gilt es in der Vergangenheit wirksame Ursache-Wirkungs-Zusammenhänge von Determinanten und Ergebnis (tendenziell) abzubilden. Dabei setzt die Analyse nicht im Sinne einer Entwicklung an den wesentlichen, gegenwartsbezogen relevanten Determinanten ausgewiesener Ergebnisgrößen an. Kennzeichnend für die Bestimmung von Trends sind vielmehr aus der Menge potenziell prognoserelevanter Determinanten zu extrahierende Gesetzmäßigkeiten. In diesem Sinne fordert bspw. das *DRSC* als Element der „Analyse von Geschäftsverlauf und Lage" (§ 289 Abs. 1 Satz 2 HGB) „insbesondere die zugrunde liegenden Trends herauszuarbeiten"[180]; „[g]egenläufige Trends [seien; Anm. d. Verf.] durch Aufschlüsselung aggregierter Größen darzustellen, sofern diese Trends einen maßgeblichen Einfluss auf das Ergebnis hatten."[181]

---

177 Vgl. unten S. 90.

178 BT-Drucks. 15/3419 vom 24.06.2004, hier S. 30 (beide Zitate).

179 Ebenso IDW (Hrsg.): WP Handbuch 2006. Wirtschaftsprüfung, Rechnungslegung, Beratung. Band I. 13. Aufl. Düsseldorf 2006, hier Rz. F 876.

180 DRS 15 (Lageberichterstattung), hier Rz. 50; vorsichtiger ELLROTT, HELMUT: Kommentierung zu § 289 HGB. 6. Aufl. A. a. O., hier Rz. 27.

181 DRS 15 (Lageberichterstattung), hier Rz. 52.

b) Mit *Ellrott* zielt diese Form der Analyse von Ergebnisgrößen darauf ab, „eine möglichst aussagekräftige Ergebnisprojektion zu gestatten."[182] *Kitch* zeigt auf, dass eine solche Disaggregation an der Informationseffizienz des Kapitalmarkts orientiert ist:[183] Sofern diese, wie im US-amerikanischen Wertpapierrecht, im Rahmen einer (lediglich) indirekten Prognose erfolgt, soll die Summe professioneller Einschätzungen eine effiziente Preisbildung ermöglichen.[184] Fordert man derartige Informationen in Orientierung an demselben, aus ökonomisch starken Prämissen abgeleiteten Informationsinteresse dagegen als Element der Lageberichterstattung, so konstruiert man eine Art doppelten Boden: Im Hinblick auf den weniger entwickelten deutschen Kapitalmarkt sollen entsprechende Angaben (wohl) die von denselben Autoren geforderte Erläuterung der *künftigen* Entwicklung plausibilisieren. Die implizite Zielsetzung könnte darin bestehen, den Adressaten letztlich nicht nur in die Lage zu versetzen, die Erwartungen des Rechnungslegenden zu verstehen. Darüber hinaus soll er die künftige Entwicklung auch eigenständig beurteilen können.

Eingebettet ist die Ermittlung von Trends prognoserelevanter Determinantenkonstellationen regelmäßig in eine umfassende Analyse externer Chancen und Risiken sowie interner Steuerungsgrößen.[185]

c) Die Aufbereitung des Ergebnisses im Sinne einer trendorientierten Analyse, also die Darstellung gegenläufiger Trends von Determinanten und deren Auswirkung auf das Ergebnis, ist unbestreitbar im Interesse des schutzwürdigen Adressaten. Tatsächlich erfordert eine zweckadäquate Ergebnisanalyse neben einer Ausrichtung am Interesse des Adressaten jedoch aus guten Gründen auch eine Objektivierung der entsprechenden Informationspflicht.[186]

Leitet man potenziell informationspflichtige Informationssätze allein anhand des Kriteriums der Isolation prognoserelevanter Trends ab, so bürdet man dem Rechnungslegenden eine intersubjektiv kaum nachvollziehbare Entscheidung auf: Die unbestritten wichtige Prognoserelevanz dergestalt einzufordern, ist einer Orientierung am Kriteri-

---

[182] ELLROTT, HELMUT: Kommentierung zu § 289 HGB. 6. Aufl. A. a. O., hier Rz. 27; DRS 15 (Lageberichterstattung), hier Rz. 50 i. V. m. Rz. 89; Richtlinie 2003/51/EG des Europäischen Parlaments und des Rates vom 18. Juni 2003. Modernisierungsrichtlinie. L 178/16 vom 17.7.2003, hier Artikel 46 Abs. 1.

[183] Vgl. KITCH, EDMUND W.: The Theory and Practice of Securities Disclosure. In: Brooklyn L. Rev., Vol. 61 (1995), S. 763–826, hier S. 789 f.

[184] Vgl. LOSS, LOUIS/SELIGMAN, JOEL: Fundamentals of Securities Regulation. 5th edition. A. a. O., hier S. 157.

[185] Vgl. DRS 15 (Lageberichterstattung), hier Rz. 29.

[186] Vgl. oben S. 7.

um der Wiederkehrvermutung gleichzusetzen. Da insofern nicht nur die Trends, sondern auch die abzugrenzenden, annahmegemäß nicht wiederkehrenden Determinanten in unmittelbar prognoseorientierter Wertung zu erläutern sind, würde die Einschätzung der Zukunft zum tragenden Element dieses Teils der (gegenwartsbezogenen)[187] „Analyse von Geschäftsverlauf und Lage" (§ 289 Abs. 1 Satz 2 HGB).

So konzipiert besteht die im Folgenden beschriebene Problematik: Da vergangene Aufwendungen und Erträge durch komplexe gegenläufige Preis- und Mengenänderungen begründet werden, sind die aggregierten, in der Gewinn- und Verlustrechnung abgebildeten Größen „kaum repräsentativ für die Zukunft."[188] Diese Größen anhand der Isolierung prognoserelevanter Trends entscheidungsrelevant aufbereiten zu wollen, bedeutet jedoch zunächst keine Lösung, sondern eine Verlagerung der Problematik hin auf die Frage, welcher Detailgrad der „Aufschlüsselung aggregierter Größen"[189] die Zukunft erwartungsgemäß richtig abbildet. Bei der Beantwortung dieser Frage anhand des genannten Kriteriums sieht sich der Rechnungslegende faktisch der kaum objektiv lösbaren Aufgabe gegenüber, aus den komplexen gegenläufigen Trends jene herauszufiltern, von denen er annimmt, dass sie ein (bestenfalls dichtes) Netz prognoserelevanter Information darstellen. Erschwerend kommt hinzu, dass aufgrund der fehlenden systematischen Verankerung der zu analysierenden Trends ex post immer detailliertere Angaben eingefordert werden können.[190]

d) Hinsichtlich der Würdigung der Prinzipienkonformität einer trendorientierten Analyse ist vorsichtig zu differenzieren: Wie ausgeführt ist diese rein sachlich betrachtet ein zentrales Element einer schutzzweckadäquaten Lageberichterstattung. Nicht vereinbar mit dem Schutzzweck ist jedoch deren konzeptionelle Einbettung. Das undifferenziert aus ökonomisch starken Prämissen abgeleitete Kriterium der Wiederkehrvermutung ist aus genannten Gründen ungeeignet, eine hinreichend objektivierte Aufbereitung eines sowohl prognoserelevanten als auch nachvollziehbaren Geschäftsergebnisses einzufordern.

---

[187] Diesbezüglich ebenso ELLROTT, HELMUT: Kommentierung zu § 289 HGB. 6. Aufl. A. a. O., hier Rz. 17.

[188] MOXTER, ADOLF: Grundsätze ordnungsmäßiger Unternehmensbewertung. 1. Aufl. Wiesbaden 1976, hier S. 130.

[189] DRS 15 (Lageberichterstattung), hier Rz. 52.

[190] So in Bezug auf die Frage des Detailgrads einer entscheidungsrelevanten Segmentierung argumentierend vgl. KITCH, EDMUND W.: The Theory and Practice of Securities Disclosure. A. a. O., hier S. 790.

Bezieht man neben ökonomischen Überlegungen auch die Interdependenz handelsrechtlicher GoB in die Betrachtung ein,[191] so bedeutet die trend-orientierte Analyse eine (nicht wünschenswerte) Loslösung von handelsrechtlich systematisierten Rechnungslegungsregeln.[192] Der somit prinzipienbasierten Objektivierung ist eine trendorientierte Analyse fremd: Kennzeichnend für die Konkretisierung der „Analyse des Geschäftsverlaufs und der Lage“ (§ 289 Abs. 1 Satz 2 HGB) in wirtschaftlicher Betrachtungsweise ist der Gegenwartsbezug der Prognosebasisprinzipien;[193] gemäß dem Prinzip der Erläuterung des Geschäftsergebnisses sind (finanzielle) Leistungsindikatoren im Sinne der oben genannten Entwicklungen zu erläutern. Dabei wird die insbesondere in indirekter Prognoseorientierung bedeutsame trendorientierte Analyse durch die gemäß der Prognoseprinzipien konkretisierte Beurteilung der künftigen Entwicklung durch den Rechnungslegenden substituiert.

III. Kritischer Vergleich mit der Darstellung von Geschäftsverlauf und Lage nach SEC-Recht

1. Trendorientierte Analyse ergebnisrelevanter Determinanten gemäß item 303

a) Dem Prinzip der Darstellung von Gechäftsverlauf und Lage vergleichbare Informationssätze werden sowohl in einzelnen US-GAAP[194] als auch gemäß *item* 101 und *item* 303 der *regulation* S-K gefordert.

---

[191] Vgl. BEISSE, HEINRICH: Zum neuen Bild des Bilanzrechtssystems. A. a. O., hier S. 26; WÜSTEMANN, JENS: Institutionenökonomik und internationale Rechnungslegungsordnungen. A. a. O., hier S. 75.

[192] Vgl. zum Problem regelungsunscharfer Normen im SEC-Recht WÜSTEMANN, JENS: Generally Accepted Accounting Principles. A. a. O., hier S. 166; *derselbe*: Institutionenökonomik und internationale Rechnungslegungsordnungen. A. a. O., hier S. 151 f.

[193] Vgl. zum Problem einer anders konzipierten Prognosebasis HAGEST, JOACHIM/KELLINGHUSEN, GEORG: Zur Problematik der Prognoseprüfung und der Entwicklung von Grundsätzen ordnungsmäßiger Prognosebildung, In: WPg, 30. Jg. (1977), S. 405–415, hier S. 413; QUICK, REINER/KAYADELEN, ENGIN: Zur Aussagefähigkeit von Prognosen in Emissionsprospekten am Neuen Markt. In: WPg, 55. Jg. (2002), S. 949–955, hier S. 950; aus der internationalen Diskussion vgl. bspw. WIELGOS V. COMMONWEALTH EDISON COMPANY, 892 F.2d 509, 514 (1989); zur Konkurrenzwirkungen der Unternehmenspublizität EWERT, RALF/WAGENHOFER, ALFRED: Unternehmenspublizität und Konkurrenzwirkungen. A. a. O., hier S. 299–302; FLEISCHER, HOLGER: Prognoseberichterstattung im Kapitalmarktrecht und Haftung für fehlerhafte Prognosen. In: AG, 51. Jg. (2006), S. 2–16, hier S. 12; MOXTER, ADOLF: Der Einfluß von Publizitätsvorschriften auf das unternehmerische Verhalten. A. a. O., hier S. 19–28, insbes. S. 25.

[194] Vgl. bspw. FASB: SFAS No. 131. Disclosures about Segments of an Enterprise and Related Information. 1997, hier Par. 39.

b) Zeitraumbezogen fordert *item* 101 die allgemeine Entwicklung der Geschäfte des Unternehmens während der vergangenen fünf Geschäftsjahre zu beschreiben.[195] Daneben ist auf die ausgeübte und geplante Geschäftstätigkeit einzugehen.[196] Zustandsbezogen wird des Weiteren konkret bspw. eine Beschreibung der branchenspezifischen Wettbewerbsbedingungen, differenziert nach einzelnen Märkten und ergänzt um Angaben zur Anzahl der Wettbewerber, gefordert. In diesem Zusammenhang ist auch die Wettbewerbsposition des Unternehmens zu beschreiben.[197] Relativiert werden diese doch sehr spezifischen Informationspflichten durch ihre systematische Einbettung: Entsprechende Ausführungen sollen lediglich in Bezug auf die allgemeine Geschäftstätigkeit des Unternehmens (*business in general*) erfolgen.[198]

c) Weitere unmittelbar in Bezug auf das Ergebnis zu erläuternde Determinanten folgen aus der gemäß *item* 303 konstituierten Systematik:[199] Eingangs soll zusammenfassend ein wertender Überblick über wesentliche Chancen, Herausforderungen und Risiken (im Sinne subjektiver Glaubwürdigkeiten) gegeben werden. Grundlage für diese Angaben sind die wesentlichen Trends und Unsicherheiten, an denen der Rechnungslegende seine Aktivitäten kurz- und langfristig orientiert. Darauf aufbauend sind auch die Maßnahmen zur Nutzung bzw. Bewältigung der Chancen, Herausforderungen und Risiken anzugeben.[200] Kennzeichnend für die *management's discussion and analysis* (MD&A) ist jedoch insbesondere die im Folgenden als Element der *financial condition* interessierende Analyse der *results of operations*.[201]

Hintergrund deren Analyse bildet eine als *quality of earnings* bezeichnete Problematik[202]: Es ist Ausdruck der Informationsfunktion des gemäß US-GAAP ermittelten Gewinns, in Orientierung an der Informationsfunktion vermehrt zukunftsbezogene

---

195 Vgl. 17 C.F.R. § 229.101 (*item* 101, *regulation* S-K) (a).

196 Vgl. 17 C.F.R. § 229.101 (c)(1).

197 Vgl. 17 C.F.R. § 229.101 (c)(1)(i)(x).

198 Vgl. 17 C.F.R. § 229.101 (1).

199 Vgl. 17 C.F.R. § 229.303 (*item* 303, *regulation* S-K), instruction to Par. 303 (a) Nr. 4.

200 Vgl. SEC: Release Nos. 33-8350, 34-48960, FR-72. Commission Guidance Regarding Management's Discussion and Analysis of Financial Condition and Results of Operations. December 19, 2003, hier S. 1.

201 Vgl. 17 C.F.R. § 229.303 (a), hier Satz 2; SEC: Release Nos. 33-8056, 34-45321, FR-61. Commission Statement about Management's Discussion and Analysis of Financial Condition and Results of Operations. January 22, 2002, hier S. 3; zum (wertpapierrechtlichen) Umfang der *results of operations* im Sinne des *income from continuing operations* vgl. DEXHEIMER, SIGRID: Gewinnerläuterungsgrundsätze nach US-GAAP und SEC-Recht. System der Informationsregelungen der US-amerikanischen Kapitalmarktordnung im Vergleich mit den handelsrechtlichen Grundsätzen ordnungsgemäßer Rechnungslegung, Düsseldorf 2004, hier S. 174–179.

202 Zum Hintergrund des *earnings management* und der daraus gefolgerten Notwendigkeit die *quality of earnings* zu analysieren vgl. IFAC (Hrsg.): Quality of earnings: A Case Study Collection. New York, New York: AICPA, 2003, hier S. 3.

Einschätzungen zu quantifizieren. Aufgrund der damit einhergehenden Regelungsunschärfen kann eine nicht mehrwertig analysierte Gewinngröße jedoch nur bedingt ihrer Zielsetzung, Indikator künftiger Gewinne (*predictive value*)[203] zu sein, gerecht werden.[204] Erst die Erläuterung von Schätzungen[205] sowie von Determinanten, die in prognoseorientierter Betrachtung nicht notwendigerweise indikativ für künftige *operating results* sind,[206] erlaubt ein prognoserelevantes Verständnis des bilanziell ermittelten Gewinns; entsprechend bezeichnet *Solomons* die *quality of earnings* als „expression [that] generally refers to the durability and stability of earnings."[207]

Konkret sind sowohl sämtliche ungewöhnlichen oder selten einwirkenden Ereignisse oder Geschäftsvorfälle als auch sämtliche wesentlichen makroökonomischen Veränderungen zu erläutern.[208] Gleichzeitig sind jene Determinanten aufzuzeigen, die einen wesentlichen positiven oder negativen Einfluss auf Komponenten des *income from continuing operations* hatten.[209] Dabei impliziert die Zielsetzung, dass der konzeptionelle Schwerpunkt nicht in einer gegenwartsbezogenen Darstellung der Situation des Unternehmens auf relevanten Märkten zu finden ist. Im Gegensatz zum Prinzip der Analyse von Geschäftsverlauf und Lage ist vielmehr die Abgrenzung und damit die Erläuterung von Determinanten, die sich durch ihre (relativ) geringe Wiederkehrvermutung auszeichnen maßgeblich.

---

203 Vgl. SOLOMONS, DAVID: Making Accounting Policy. The Quest for Credibility in Financial Reporting. New York, New York: Oxford University Press, 1986, hier S. 252.

204 Vgl. SEC: Release Nos. 33-8056, 34-45321, FR-61. A. a. O., hier S. 2; SEC: Release Nos. 33-8350, 34-48960, FR-72. A. a. O., hier S. 2.

205 Vgl. unten S. 101.

206 Vgl. 17 C.F.R. § 229.303, instruction to Par. 303 (a) Nr. 3, hier Satz 1.

207 SOLOMONS, DAVID: Making Accounting Policy. The Quest for Credibility in Financial Reporting. A. a. O., hier S. 141. Gemäß *Wolk/Tearney* bezeichnet der Begriff *quality of income* die Korrelation von *accounting income* und *cash flow*: „The higher the correlation between accounting income and cash flows, the better the quality of earnings. The quality-of-earnings concept reflects an awareness that accounting income comprises many noncash accruals and deferrals and that it does not necessarily give a good indication of liquidity." Vgl. WOLK, HARRY I./TEARNEY, MICHAEL. G./DODD, JAMES L.: Accounting Theory. A Conceptual and Institutional Approach. 5th edition.Cincinnati, Ohio: South-Western College Publishing, 2000, hier S. 442.

208 Vgl. 17 C.F.R. § 229.303 (a)(3)(i), hier Satz 1; Deren Erläuterung ist mithin auch deswegen erforderlich, weil die wertpapierrechtliche Erfolgsspaltung im Gegensatz zu den US-GAAP keinen gesonderten Ausweis von *unusual items*, das heißt auf *unusual* oder *infrequent* Sachverhalten basierende Ergebniselemente vorsieht. Zu entsprechenden Informationspflichten vgl. APB: APBO No. 30. Reporting the Results of Operations. 1973, par. 26; zur Bedeutung einer Abgrenzung solcher *windfalls* – man wird hierzu auch *uncertainties* in vergangenheitsorientierter Ausprägung zählen – als Element einer Abbildung der stichtagsbezogenen Ertragssituation vgl. insbes. MOXTER, ADOLF: Betriebswirtschaftliche Gewinnermittlung. A. a. O., S. 63 und S. 197; *derselbe*: Windfalls. A. a. O., hier S. 239; MOXTER, ADOLF: Rechnungslegungsmythen. In: BB, 55. Jg. (2000), S. 2143–2149, hier S. 2144.

209 Vgl. 17 C.F.R. § 229.303 (a)(3)(ii), hier Satz 1.

Hinsichtlich der Abbildung eines Indikators künftiger Gewinne von zentraler Bedeutung, fordert *item* 303 die Extraktion sämtlicher bekannter Trends und Unsicherheiten,[210] die einen positiven oder negativen Einfluss auf Komponenten des *income from continuing operations* hatten,[211] also eine trendorientierte Analyse preis- und mengenrelevanter Determinanten.[212] Aus konzeptioneller Perspektive basiert diese Analyse auf der eben beschriebenen Aufbereitung der *results of operations*; bildlich gesprochen wird das bereinigte Ergebnis mehrwertig anhand (wesentlicher) Trends und Unsicherheiten aufgefächert.[213] Ebenfalls aus konzeptioneller Perspektive argumentierend, ist die beschriebene Analysestruktur der gemäß US-GAAP konkretisierten Ereigniskonzeption geschuldet: Der Analysegegenstand zeichnet sich im Gegensatz zu den handelsrechtlichen GoB u. a. auch durch den Einbezug (lediglich) erwarteter Ereignisse und Trends aus.

2. Ereigniskonzeption gemäß US-GAAP

a) Der gemäß US-GAAP ermittelt Gewinn (*net income*) zeichnet sich durch eine gegenüber handelsrechtlichen Gewinnermittlungs-GoB verschieden konzipierte Ereigniskonzeption aus: Grundlegend sind unterschiedliche Wertungen[214] in Bezug auf das *realization principle* sowie korrespondierende Bewertungsnormen.[215]

Hintergrund dieser Ausprägungen ist der informationelle Regelungszweck: Aus dem formalen Aufbau des SEC-Rechts folgt,[216] dass die (sachverhaltsspezifische) Ausprägung bilanzieller Normen im weiten Sinne den Ausgangspunkt einer „full and fair disclosure of the character of securities sold in interstate and foreign commerce and

---

[210] Vgl. grundlegend zu dem sowohl subjektive Glaubwürdigkeiten (Schätzungen) als auch nicht zuordenbare Wahrscheinlichkeiten (Ungewissheiten) umfassenden Unsicherheitsbegriff KNIGHT, FRANK H.: Risk, Uncertainty and Profit. Boston 1921. Wiederabdruck 7. Aufl. Londen 1948, hier S. 226 und S. 232; WÜSTEMANN, JENS: Institutionenökonomik und internationale Rechnungslegungsordnungen. A. a. O., hier S. 9 f.

[211] Vgl. 17 C.F.R. § 229.303 (a)(3)(ii), hier Satz 1.

[212] Zu Informationspflichten in Bezug auf das *earnings management* vgl. unten S. 101.

[213] Vgl. unten S. 129–132.

[214] Vgl. zur qualitativen Unterscheidung von Fachnorm und Rechtsnorm WÜSTEMANN, JENS: Generally Accepted Accounting Principles. A. a. O., hier insbes. S. 101.

[215] Vgl. BALLWIESER, WOLFGANG/KUHNER, CHRISTOPH: Accounting Standards and Economic Stability. A. a. O., hier S. 172 f.

[216] Vgl. KRIPKE, HOMER: The SEC and corporate disclosure. Regulation in search of a purpose. New York, New York: Harcourt Brace Jovanovich, 1979, hier S. 191.

through the mails"[217] bildet. Konkreter, am Ziel der Vermittlung entscheidungsnützlicher Information orientiert,[218] formuliert das *FASB*:

> „Financial reporting should provide information to help present and potential investors and creditors and other users in assessing the amounts, timing, and uncertainty of prospective cash receipts from dividends or interest and the proceeds from the sale, redemption, or maturity of securities or loans"[219].

In Konsequenz der formulierten Regelungszwecke tritt eine objektivierte Reinvermögenserhaltung hinter das Leitbild einer Abbildung der Periodenleistung im entobjektivierten Sinne des *matching principles*.[220] Bspw. erlaubt eine weite Asset-Definition[221] Aufwendungen des Kerngeschäfts (*expenses*)[222] leistungsspezifisch(er) zuzuordnen; unter restriktiven Bedingungen[223] sind bspw. auch Ausgaben für Werbekampagnen als *deferred charges* aktivierbar.[224] Korrespondierenden Erträgen des Kerngeschäfts (*revenues*)[225] zugeordnet ist insbesondere die *percentage-of-completion-method* Ausdruck der gemäß US-GAAP konkretisierten Ereigniskonzeption; der Zeitpunkt der Gewinnrealisierung ist gegenüber handelsrechtlichen Gewinnermittlungs-GoB flexibler gestaltet:[226] Als realisiert oder realisierbar gelten Gewinne,[227] soweit sie „Geld oder geldna-

---

217 Präambel des 15 U.S. code, § 77a-77aa = SA 1933; vgl. auch SELIGMAN, JOEL: GÖTTERDÄMMERUNG for the Securities Act? In: W.U.L.Q, Vol. 75, No. 2 (1997), S. 887–898, hier S. 897 f.

218 Vgl. FASB: SFAC No. 1. Objectives of Financial Reporting by Business Enterprises. 1978, hier Par. 25; FASB: SFAC No. 5. Recognition and Measurement in Financial Statements of Business Enterprises. 1984, hier Par. 15.

219 FASB: SFAC No. 1. A. a. O., hier Par. 37.

220 Vgl. *ebenda*, hier Par. 43–45; WÜSTEMANN, JENS: Generally Accepted Accounting Principles. A. a. O., hier S. 129 und S. 155; WÜSTEMANN, JENS/BISCHOF, JANNIS/ KIERZEK, SONJA: Internationale Gläubigerschutzkonzeptionen. In: BB, 62. Jg. (2007). BB-Special Nr. 5/Heft 17, S. 13–19, hier S. 17; SCHILDBACH, THOMAS: Pensionsverpflichtungen nach US-GAAP/IAS versus HGB/GoB und die Informationsfunktion des Jahresabschlusses. In: ZfB, 69. Jg. (1999), S. 957–977, hier S. 959; a. A. FEY, GERD: Adressatenorientierte US-Rechnungslegung: Vom „Financial Reporting" zum „Business Reporting"? In: Internationale Grundsätze für Rechnungslegung und Prüfung, hrsg. v. *Konrad W. Kubin* u. a. Düsseldorf 2001, S. 31–67, hier S. 39.

221 Vgl. FASB: SFAC No. 6. A. a. O., hier Par. 25 f.; vgl. auch KUHNER, CHRISTOPHER/ HITZ, JÖRG-MAKRUS: Erweiterung des US-amerikanischen *conceptual framework* um Grundsätze der Barwertermittlung – Inhalt und Bedeutung des Statement of Financial Accounting Concepts No. 7 – In: WPg, 53. Jg. (2000), S. 889–911, hier S. 897.

222 Vgl. *ebenda*, hier Par. 80.

223 Vgl. AICPA: SOP 93-7. Reporting on Advertising Costs. December 1993, hier Par. 26.

224 Vgl. PATON, W. A./LITTLETON, A. C.: An Introduction to Corporate Accounting Standards. American Accounting Association Monograph No. 3. Ann Arbor, Michigan: American Accounting Association, 1965, hier S. 25.

225 Vgl. FASB: SFAC No. 6. A. a. O., hier Par. 78.

226 Vgl. KUHLEWIND, ANDREAS-MARKUS: Grundlagen einer Bilanzrechtstheorie in den USA. Frankfurt am Main 1997, hier S. 114 f.; vgl. auch AICPA SOP 81-1. Accounting for Performance of Construction-Type and Certain Production-Type Contracts. July 1981, hier Par. 23.

227 Vgl. FASB: SFAC No. 5. A. a. O., hier Par. 83 (a).

he Forderungen darstellen“[228] und verdient (*earned*) sind; für *revenues* sei Letzteres gegeben, wenn der Rechnungslegende „has substantially accomplished what it must do to be entitled to the benefits“[229]. Erfolgswirksam sind damit nicht durch bestimmte Ereignisse objektivierte Erträge, sondern aus Perspektive des Abschlussstichtags auch Erträge, denen positive Schätzungen bzw. die Antizipation der Auswirkung und Eintrittswahrscheinlichkeit künftiger Ereignisse zugrunde liegen.[230] Auch die zu Beginn des Geschäftsjahrs prospektiv ermittelten und als *expense*[231] ausgewiesenen Pensionsaufwendungen (*net periodic pension cost*) zeichnet die Antizipation künftiger Trends aus:[232] Greift man nur die Komponente des Dienstzeitaufwands (*service cost*), das heißt der periodenspezifisch erdienten Pensionsansprüche aktiver Arbeitnehmer heraus,[233] so geht in dessen versicherungsmathematische Berechnung nicht nur eine Trendannahme bzgl. der Leistungsverteilung der Arbeitnehmer über die (erwartete) Beschäftigungsdauer ein.[234] Um Wahrscheinlichkeit, Eintrittszeitpunkt und Dauer der Pensionsansprüche zu bestimmen, sind zusätzlich u. a. Annahmen bzgl. der Fluktuation zu treffen; ebenso sind künftig erwartete Gehaltsentwicklungen unter Einbeziehung von „Inflation, Produktivität, Dienstalter, Karriereentwicklung etc.“[235] zu schätzen.[236]

---

228 WÜSTEMANN, JENS: Generally Accepted Accounting Principles. A. a. O., hier S. 150.

229 FASB: SFAC No. 5. A. a. O., hier Par. 83 (b).

230 Die konzeptionellen Vorschläge des vom FASB und IASB gemeinsam initiirten Revenue-Recognition-Projekts orientieren sich zwar an sukzessiv eintretenden Ereignissen. Dabei wird jedoch bereits das Ereignis „Vertragsabschluss“ als den Zufluss eines Teils des Gesamtbetrags konkretisierend verstanden. Vgl. WÜSTEMANN, JENS/KIERZEK, SONJA: Revenue Recognition under IFRS Revisited: Conceptual Models, Current Proposals and Practical Consequences. In: Acc. Europe, Vol. 2 (2005), S. 69–106, hier insbes. S. 91 f.; WÜSTEMANN, JENS/KIERZEK, SONJA: Ertragsvereinnahmung im neuen Referenzrahmen von IASB und FASB – internationaler Abschied vom Realisationsprinzip?. In: BB, 60. Jg. (2005), S. 427–434, hier S. 428 f.

231 Vgl. FASB: SFAS No. 87. Employers’ Accounting for Pensions. 1985, hier Par. 20.

232 Vgl. SCHILDBACH, THOMAS: Pensionsverpflichtungen nach US-GAAP/IAS versus HGB/GoB und die Informationsfunktion des Jahresabschlusses. A. a. O., hier S. 961; PLANERT, SUSANNE: Bilanzierung von Pensionsverpflichtungen. A. a. O., hier S. 128 f.

233 Vgl. FASB: SFAS No. 87. A. a. O., hier Par. 21.

234 Im Gegensatz zu der vorherigen Regelung (APB Opinion No. 8) ist in die Berechnung der Pensionsverpflichtung nicht das aktuelle, sondern das künftig erwartete Lohnniveau einzubeziehen. Dies impliziert, dass bereits in der Bilanzierung eine Vermengung künftiger und vergangener Sachverhalte erfolgt: Das künftige Lohnniveau wird sowohl durch künftige Unweltzustände als auch durch Entscheidungen des künftigen Managements bestimmt. Vgl. auch WOLK, HARRY I./TEARNEY, MICHAEL. G./DODD, JAMES L.: Accounting Theory. A. a. O., hier S. 215.

235 PLANERT, SUSANNE: Bilanzierung von Pensionsverpflichtungen. A. a. O., hier S. 126.

236 Vgl. FASB: SFAS No. 87. A. a. O., hier Par. 46; PETERSEN, JOCHEN: Rechnungslegung für Pensionsverpflichtungen nach HGB, US-GAAP und IAS. Düsseldorf 2002, hier S. 86; Entsprechende, allein umweltzustandsbezogene (Trägheits-)Projektionen sehen auch IAS 19.73 (b) und IAS 19.84 vor. Die Feststellung, dass keine „Budgets oder Prognosen“ (IAS 1.121) anzugeben sind, ist vor diesem Hintergrund verständlich, wenn man zwischen einer Trägheitsprojektion und

b) In der Gesamtschau weisen die ausgewählten Sachverhalte eine gegenüber handelsrechtlichen Gewinnanspruchsermittlungs-GoB weniger objektivierte Ereigniskonzeption auf: Während das handelsrechtliche Abschlussstichtagsprinzip eine Prognoseorientierung im Sinne der bei künftig konstanten Geschäftsbedingungen wiederkehrenden Determinantenausprägungen konzipiert,[237] fließen in die Ermittlung des US-GAAP-Gewinns vermehrt Schätzungen ein. Dabei ist (hier) im Hinblick auf die Abbildung prognoserelevanter Aufwendungen und Erträge weniger die mit der weiten Asset-Definition einhergehende Aktivierung bloßer (nicht greifbarer) (Wettbewerbs-) Vorteile bzw. des so verstandenen (originären) Geschäftswerts von Bedeutung.[238] Aus gewinnorientierter Perspektive interessiert vielmehr die unmittelbare Auswirkung von Schätzungen in prognoserelevanten Aufwendungen und Erträgen. Deren Einbeziehung bspw. in Pensionsaufwendungen oder Umsatzerträge kann zwar als Versuch einer Lösung der unbestritten problematischen Periodenabgrenzung verstanden werden. Im Hinblick auf die angestrebte Prognoserelevanz ist dieser Ansatz jedoch nur bedingt geeignet, eine individuell nachvollziehbare Information zu vermitteln.[239] Ursächlich ist zweierlei: Zum einen kommt es zu einer in Bezug auf Rechenschaftspflichten kritisch zu würdigenden Vermengung von im objektivierten Sinne eingetretenen Ereignissen und bloßen Hoffnungen. Zum anderen erlauben Schätzungen dem Rechnungslegenden in erhöhtem Maße gestaltend Einfluss zu nehmen: In Bezug auf die *percentage-of-completion method* sprechen *Metcalf u. a.*, angesichts der erforderlichen Schätzungen durchaus verständlich,[240] gar von „creative accounting“[241].[242] Erst eine Aufschlüsse-

---

einer sowohl künftige Umweltzustände als auch Dispositionen umfassenden Prognose unterscheidet.

237 Vgl. unten S. 47; kritisch zu angedachten Änderungen im Rahmen des Referentenentwurf eines Bilanzrechtsmodernisierungsgesetzes WÜSTEMANN, JENS: Aus den Fugen: Referentenentwurf eines Bilanzrechtsmodernisierungsgesetzes. In: BB, 62. Jg. (2007), S. 1, hier S. 1.

238 Selbst die weite Asset-Definition im Falle des *intangible asset – deferred pension cost* durchbrechend vgl. FASB: SFAS No. 87. A. a. O., hier Par. 160; PLANERT, SUSANNE: Bilanzierung von Pensionsverpflichtungen. A. a. O., hier S. 205.

239 Vgl. WÜSTEMANN, JENS: Generally Accepted Accounting Principles. A. a. O., hier S. 123 und S. 165; MOXTER, ADOLF: Standort Deutschland: Zur Überlegenheit des deutschen Rechnungslegungsrechts. In: Standort Deutschland. Grundsatzfragen und aktuelle Perspektiven für die Besteuerung, die Prüfung und das Controlling. *Anton Heigl* zum 65. Geburtstag, hrsg. v. *Volker Peemöller* und *Peter Uecker*. Berlin 1995, S. 31–41, hier S. 38.

240 Vgl. GRAU, ANDREAS: Gewinnrealisierung nach International Accounting Standards. Wiesbaden 2002, hier S. 163 f.

241 METCALF, LEE u. a.: The Accounting Establishment: A Staff Study prepared by the Subcommittee on Reports. Accounting and Management of the Committee on Government Operations (Auszüge). In: J. Acc., März (1977), S. 104–120, hier S. 119.

242 Vgl. zum Problem MOXTER, ADOLF: Gewinnrealisierung nach den IAS/IFRS: Erosion des HGB-Realisationsprinzips. In: ZfvglR, 103. Jg. (2004), S. 268–280, hier S. 268 ff.; WÜSTEMANN, JENS: Generally Accepted Accounting Principles. A. a. O., hier S. 105 f.

lung einzelner Annahmen sowie deren erwarteten Auswirkung könnte die unternehmensspezifische Ausprägung komplexer Bilanzierungsmethoden für den externen Adressaten tatsächlich verständlich machen.[243] Bspw. sind bezüglich Periodenaufwendungen zwar umfangreiche Erläuterungen vorgesehen: Unter anderem sind bilanziell nicht erfasste *gains/losses* aufzuzeigen;[244] allein der quantitative Einfluss subjektiver Schätzungen bleibt trotz Aufschlüsselung einzelner Elemente und Angabe der Annahmen verborgen.[245]

c) Richtig ist, dass auch im Rahmen (stichtagsbezogener) handelsrechtlicher Gewinnanspruchsermittlungs-GoB zukunftsbezogene Annahmen in Bewertung und Ansatz eingehen – man denke nur an Abschreibungen und Rückstellungen.[246] Für entsprechende Bilanzierungsfragen gibt es aber „eine sie konkretisierende Rechtsprechung, die den Spielraum qualitativ einengt"[247].

3. Implikationen einer trendorientierten Analyse

a) Rechtsunsicherheit bzgl. einer ergebnisrelevanten Erläuterung der gegenwärtigen Wettbewerbssituation

aa) Die im Folgenden beschriebene Problematik der Rechtsunsicherheit gründet auf der mit einer trendorientierten Analyse einhergehenden unmittelbar prognoseorientierten Betrachtungsweise: Mangels einer gegenwartsbezogen objektivierten Darstellung von Geschäftsverlauf und Lage am Abschlussstichtag ist sowohl der Zurückdrängung aperiodischer Ereignisse wie auch der Beurteilung von Trends das zukunftsbezogene Kriterium der Wiederkehrvermutung zugrunde zu legen.

bb) Dem Streitfall *Wielgos v. Commonwealth Edison Co.* liegt der Sachverhalt einer Veränderung der strategischen Ausrichtung der Branche weg von einer Preis- hin zu

---

[243] Vgl. WÜSTEMANN, JENS: Generally Accepted Accounting Principles. A. a. O., hier S. 152.

[244] Vgl. FASB: SFAS No. 132. Employers' Disclosure about Pensions and Other Postretirement Benefits. 1998, hier Par. 5 (c); zur *delayed recognition* von *gains/losses* der *plan assets* vgl. PLANERT, SUSANNE: Bilanzierung von Pensionsverpflichtungen. A. a. O., hier S. 132.

[245] Vgl. auch PLANERT, SUSANNE: Bilanzierung von Pensionsverpflichtungen. A. a. O., hier S. 121 f.

[246] Vgl. MOXTER, ADOLF: Grundsätze ordnungsgemäßer Rechnungslegung. A. a. O., hier S. 245 f.

[247] WÜSTEMANN, JENS: Generally Accepted Accounting Principles. A. a. O., hier S. 105; DUHR, ANDREAS: Grundsätze ordnungsmäßiger Geschäftswertbilanzierung. Objektivierungskonzeptionen des Geschäftswerts nach HGB, IFRS und U.S.GAAP. Düsseldorf 2006, hier S. 46.

einer Werbestrategie zugrunde.[248] Dieser Sachverhalt wurde als nicht informationspflichtig eingestuft. Problematisch an einer solchen Wertung,[249] so *Cunningham*, sei, dass *item* 303 eine Analyse vergangener Trends vorsehen würde. In indirekter Prognoseorientierung zukunftsbezogen als Unsicherheit (*uncertainty*) verstanden,[250] gelte: „SEC interpretations of this Item make it clear that *past events* may produce known *uncertainties* that, if reasonably expected to have material effects, must be disclosed."[251] *Coffee* hingegen befürwortet eine solche Rechtsprechung.[252] Interessant ist die Begründung: Eine Ausweitung der Informationspflicht auf öffentlich zugängliche Informationen würde aufgrund der Unsicherheit der künftigen Auswirkung dieser Determinanten auf den Gewinn jegliche begründbare Eingrenzung relevanter Informationen missen lassen. Zu betonen ist, dass *Coffee* die Erläuterung solcher Sachverhalte nicht grundsätzlich, sondern eben (nur) dann ablehnt, [253] wenn deren Wesentlichkeit – wie im Falle von *item* 303 – anhand (zukunftsbezogener) Schätzungen zu bestimmen ist; angesichts der grundsätzlich unbestrittenen Relevanz einer solchen Information genügt es aus Perspektive ökonomisch starker Prämissen, diesen Sachverhalt gemäß *item* 101 zustandsbezogen zu erläutern.

---

[248] Vgl. WIELGOS V. COMMONWEALTH EDISON COMPANY, 892 F.2d 509, 514 (1989); HANON V. DATAPRODUTS CORP., 976 F.2d 497, 505 (9th Cir. 1992); WRIGHT V. IBM CORP., 796 F. Supp. 1120 (N.D. Ill. 1992); In re RAC MORTGAGE INC. CORP. Sec. Litigation, 765 F. Supp. 860, 864 (D. Md. 1991); Aus Perspektive der Theorie effizienter Kapitalmärkte ist eine öffentlich bekannte Tatsache bei semistrenger Informationseffizienz bereits eingepreist. Entsprechend wären öffentlich zugängliche Informationen nicht informationspflichtig. Diese Argument ist bekannt als die die *truth on the market defense*: „The defense requires a company to show that the omitted facts had already been transmitted to the public with a degree of intensity and credibility sufficient to effectively counterbalance any misleading impression created by the insider's one-sided representations." Vgl. BARNES, DALE E./BAGLEY CONSTANCE E.: Case Study: Great expectations: Risk Management through Risk Disclosure. In: Stanford J. L. Bus. Fin., Vol. 1 (1994), S. 155–190, hier S. 179.

[249] Vgl. CUNNINGHAM, LAWRENCE A.: "Firm-Specific" information and the federal securities laws: a doctrinal, etymological, and theoretical critique. In: Tulane L. Rev., Vol. 68 (June 1994), S. 1409–1455, hier S. 1438; BARNES, DALE E./BAGLEY CONSTANCE E.: Case Study: Great expectations: Risk Management through Risk Disclosure. A. a. O., hier S. 178.

[250] Vgl. zum Begriff der Unsicherheit oben S. 39 (Fn. 210).

[251] CUNNINGHAM, LAWRENCE A.: "Firm-Specific" information and the federal securities laws: a doctrinal, etymological, and theoretical critique. A. a. O., hier S. 1426 (Hervorhebung nicht im Original).

[252] Vgl. COFFEE, JOHN C. Jr.: Companies' Projections Pose Problems. In: Nat. L.J., Febr. 8 (1993). Zitiert nach CUNNINGHAM, LAWRENCE A.: "Firm-Specific" information and the federal securities laws: a doctrinal, etymological, and theoretical critique. In: Tulane L. Rev.,Vol. 68 (June 1994), S. 1409–1455., hier S. 22; a. A. BARNES, DALE E./BAGLEY CONSTANCE E.: Case Study: Great expectations: Risk Management through Risk Disclosure. A. a. O., hier S. 178.

[253] Vgl. COFFEE, JOHN C. Jr.: Companies' Projections Pose Problems. A. a. O., hier S. 24; CUNNINGHAM, LAWRENCE A.: "Firm-Specific" information and the federal securities laws: a doctrinal, etymological, and theoretical critique. A. a. O., hier S. 1441.

b) Rechtsunsicherheit bzgl. des Detailgrads einer prognoseorientierten Lageanalyse

aa) Im Hinblick auf den Detailgrad interessiert vor allem die Beschreibung bekannter Trends und Unsicherheiten, die einen positiven oder negativen Einfluss (*impact*) auf Komponenten des *income from continuing operations* hatten.[254] Aus der Formulierung folgt, dass deren Erläuterung unabhängig von einer absoluten Veränderung der Ergebniskomponenten gegenüber dem Vorjahr ist; entscheidend ist die Wesentlichkeit der zugrunde liegenden Ereignisse. Entsprechend diesen aus dem Wortlaut abgeleiteten Kriterien fordert die SEC, ohne dies explizit zukunfts- oder vergangenheitsbezogen zu begründen,[255] im Fall *Caterpillar* eine disaggregierte Erläuterung der Ertragssituation: In die Analyse der *results of operations* sei auch der Einfluss bzw. die Situation einer gemäß US-GAAP-Klassifizierung wirtschaftlich unbedeutenden *subsidiary* einzubeziehen. Die (betrachtete) US-amerikanische Literatur versteht die zugrunde liegende Beurteilung der Wesentlichkeit dagegen aus erklärt zukunftsbezogener Perspektive.[256] Dementsprechend wird die Pflicht, disaggregierte Informationen zu vermitteln, durch die Wiederkehrvermutung der Ausprägung ergebniswirksamer Determinanten bestimmt. Dabei impliziert die Unsicherheit der Ausprägung künftig ergebnisrelevanter Determinanten, dass für die Beurteilung der Wesentlichkeit nicht nur die Determinanten des (ggf.) zu disaggregierenden Elements, sondern sämtliche disaggregierbaren Elemente bzgl. ihrer künftigen Ausprägung zu beurteilen sind: Eine Informationspflicht würde resultieren, wenn – ganz im Sinne einer Trendanalyse – der *erwartete* Trend des zu beurteilenden Elements bei *erwartetem* Trend sämtlicher anderen Elemente künftig eine Veränderung des Ergebnistrends induzieren würde. Die Komplexität der Einschätzung künftiger (gegenläufiger) Entwicklungen lässt erahnen, dass eine solche Informationspflicht letztlich nicht nachvollziehbar begründbar ist,[257] sondern ex ante ausschließlich im Ermessen des Rechnungslegenden liegt.[258]

bb) Im Sinne des Prinzips der Analyse von Geschäftsverlauf und Lage sind entsprechende Sachverhalte, im Fall *Caterpillar* bspw. inflationäre Auswirkungen, soweit we-

---

254 Vgl. 17 C.F.R. § 229.303 (a)(3)(ii), hier Satz 1.

255 Vgl. In the Matter of CATERPILLAR, INC. Respondent Administrative Proceeding File No. 3-7692. SEC, SEA 1934, Release No. 30532. 1992 SEC LEXIS 786. March 31, 1992, hier S. 787.

256 Vgl. COFFEE, JOHN C. Jr.: Companies' Projections Pose Problems. A. a. O., hier S. 24; CUNNINGHAM, LAWRENCE A.: "Firm-Specific" information and the federal securities laws: a doctrinal, etymological, and theoretical critique. A. a. O., hier S. 1441.

257 Den Fall *Caterpillar* aus zukunftsorientierter Perspektive verstehend und auf dieses Problem anhand eines einfachen Beispiels hinweisend vgl. KITCH, EDMUND W.: The Theory and Practice of Securities Disclosure. A. a. O., hier S. 809–812.

258 Vgl. *ebenda*, hier S. 825 f.

sentlich, als preis- und mengenrelevante Determinanten zu erläutern.[259] Zentral ist daneben, wie (wohl) auch im Sinne der SEC, die gegenwartsbezogene Analyse der auf das Geschäftsergebnis Einfluss nehmenden Determinanten.

B. Prinzip der Erläuterung des Geschäftsergebnisses

I. Prinzipienbildung

1. Normative Aussage in wirtschaftlicher Betrachtungsweise

Als komplementäres Element der Prognosebasis wird der Schutzzweck gemäß dem Prinzip der Erläuterung des Geschäftsergebnisses (§ 289 Abs. 1 Satz 1 i. V. m. Satz 3 HGB) (eher) wirkungsbezogen konkretisiert.

Im Sinne des Prinzips sind wesentliche Ursache-Wirkungs-Zusammenhänge als funktionale Abhängigkeit des Geschäftsergebnisses von Leistungsindikatoren zu erläutern.[260] Mit dem Geschäftsverlauf entwicklungsbezogen dargestellt, gilt es den Einfluss wesentlicher Determinanten auf einzelne Posten des Geschäftsergebnisses aufzuzeigen.

2. Materiell-ökonomische Ausprägung

a) Geschäftsergebnis

aa) Prognoserelevante Aufwendungen und Erträge

aaa) In wirtschaftlicher Betrachtungsweise bezeichnet das Geschäftsergebnis prognoserelevante Aufwendungen und Erträge als Indikatoren (individueller) Zielströme.[261]

bbb) Unter realen Bedingungen und mit Blick auf das Rechnungslegungsrecht stellt sich (zunächst)[262] die Frage der Art einer gegenwartsbezogenen Abbildung zukunftsbezogener, tatsächlich unsicherer Zahlungsströme: Der bilanziell ermittelte Gewinn

---

[259] Das *income from continuing operations* wird hier nicht als Indikator verstanden. Da die brasilianische *subsidiary* nur 5% zum *revenue* des Konzerns beigetragen hat, würde man von einer Informationspflicht wohl absehen. Zu quantitativen Angaben vgl. In the Matter of CATERPILLAR, INC. Respondent Administrative Proceeding File No. 3-7692. SEC, SEA 1934, Release No. 30532. 1992 SEC LEXIS 786. March 31, 1992, hier S. 789.

[260] Vgl. zu den Grenzen einer komplexitätsreduzierenden Abbildung von Ursache-Wirkungs-Zusammenhängen KUHNER, CHRISTOPH: Geschäftszweckgebundene Bewertungskonzeptionen in der externen Rechnungslegung von Unternehmen. Berlin 1994, hier S. 115.

[261] Vgl. grundlegend zum Letztjahrsgewinn MOXTER, ADOLF: Grundsätze ordnungs-mäßiger Unternehmensbewertung. 2. Aufl. A. a. O., hier S. 107.

[262] Zu einem komplexitätsreduzierenden Bewertungskalkül vgl. unten S. 85-87.

bildet weder die Verzinsung des Effektivvermögens zu Beginn der Periode, noch den – wie *Moxter* zeigt[263] – als Heuristik des ökonomischen Gewinns ungeeigneten Saldo der Differenz des Effektivvermögens zu Periodenende und Periodenanfang ab.[264] Bedingt geeignet erscheint der bilanziell ermittelte Gewinn jedoch als Ausgangspunkt einer gewinnorientierten Heuristik des ökonomischen Gewinns.[265] Dabei bildet der objektivierte, das heißt an Vergangenheitsgrößen gebundene Gewinn, ohne selbst entscheidungsrelevant zu sein,[266] die interessierende Prognosebasis ab;[267] unter der irrealen Annahme konstanter Ertragsdeterminanten, also bei konstantem Geschäftswert, entspricht dieser Gewinn unmittelbar der (zukunftsbezogenen) Ertragskraft als Heuristik des ökonomischen Gewinns.[268]

Von grundlegender Bedeutung für die Abbildung ist die Ermittlung des Gewinns als Umsatzgewinn. Aus ökonomischer Perspektive wird dieser durch den Saldo von Periodenertrag, also den Einzahlungen, die durch Umsätze „der Periode verursacht sind“[269], und den zu dessen Generierung erforderlichen Periodenaufwendungen bestimmt. Entscheidend ist eine (tendenziell) identische Preis- und Mengenbasis.[270] Um das so verstandene Geschäftsergebnis abzubilden, ist der bilanziell ermittelte Gewinn,

---

263 Vgl. MOXTER, ADOLF: Betriebswirtschaftliche Gewinnermittlung. A. a. O., hier S. 95 f.; vgl. auch ENGELS, WOLFRAM: Betriebswirtschaftliche Bewertungslehre im Licht der Entscheidungstheorie. A. a. O., hier S. 182; ORDELHEIDE, DIETER: Wertpotential und Objektivierung der IAS im Vergleich zu den Bilanzierungsvorschriften des dHGB und des öHGB. In: Fortschritte im Rechnungswesen: Vorschläge für Weiterentwicklungen im Dienste der Unternehmens- und Konzernsteuerung durch Unternehmensorgane und Eigentümer. *Gerhard Seicht* zum 60. Geburtstag, hrsg. v. *Otto A. Altenburger* u. a. 2. Aufl. Wiesbaden 2000, S. 507–532, hier S. 511.

264 Vgl. WÜSTEMANN, JENS: Institutionenökonomik und internationale Rechnungsle-gungsordnungen. A. a. O., hier S. 68.

265 Vgl. unten S. 85–87.

266 Vgl. stellvertretend MOXTER, ADOLF: Rechnungslegungsmythen. A. a. O., hier S. 2147; *derselbe*: Rechnungslegungskonzeptionen im Widerstreit. A. a. O., hier S. 65.

267 Vgl. ENGELS, WOLFRAM: Betriebswirtschaftliche Bewertungslehre im Licht der Entscheidungstheorie. A. a. O., hier S. 184; entsprechend BALL, RAY: Infrastructure Requirements in the Area of Accounting and Disclosure Policy. A. a. O., hier S. 9 f. und S. 11; SCHNEIDER, DIETER: Grundsätze ordnungsmäßiger Rechnungslegung über Gewinnprognosen, dargestellt am Problem der Beispielrechnung für Gewinnbeteiligungen in der Lebensversicherung. In: ZfbF, 32. Jg. (1980), S. 238–269, hier S. 249; COENENBERG, ADOLF G.: Gewinnbegriff und Bilanzierung. A. a. O., hier S. 464; IJIRI, YUJI: Theory of Accounting Measurement. Sarasota, Florida: American Accounting Association, 1975, hier S. 153; ein adäquates Bilanzsystem einschließlich seiner Aussagegrenzen funktionsanalytisch aufzeigend vgl. MOXTER, ADOLF: Betriebswirtschaftliche Gewinnermittlung. A. a. O., hier S. 155 ff.

268 Vgl. WAGNER, FRANZ W.: Periodenabgrenzung als Prognoseverfahren – Konzeption und Anwendungsbereich der „einkommensapproximativen Bilanzierung“. A. a. O., hier S. 1190; MOXTER, ADOLF: Betriebswirtschaftliche Gewinnermittlung. A. a. O., hier S. 143.

269 MOXTER, ADOLF: Bilanzlehre. A. a. O., hier S. 258.

270 Vgl. MOXTER, ADOLF: Betriebswirtschaftliche Gewinnermittlung. A. a. O., hier S. 158 f.; WAGNER, FRANZ W.: Periodenabgrenzung als Prognoseverfahren – Konzeption und Anwendungsbereich der „einkommensapproximativen Bilanzierung“. A. a. O., hier S. 1190.

ausgehend von Anhangangaben,[271] gemäß § 289 Abs. 1 Satz 3 HGB zu analysieren sowie den Geschäftsbedingungen am Abschlussstichtag entsprechend zu erläutern.

ccc) Gerade weil der handelsrechtliche Gewinn primär als (verlustantizipierender)[272] Indikator eines ex post verteilungsfähigen Betrags konzipiert ist,[273] kann dessen grundsätzliche Eignung als Element einer entscheidungsorientierten Prognosebasis nachgewiesen werden.[274] Maßgeblich hierfür sind die gemäß handelsrechtlichem Realisationsprinzip objektivierten Wertungen.[275]

Den handelsrechtlichen Gewinn als umsatzbezogenen Vermögenszuwachs zu konzipieren,[276] folgt aus dem Grundsatz einer vorsichtsinduzierten Reinvermögenserhal-

---

[271] Vgl. bspw. unten S. 64.

[272] Vgl. zur imaritätischen Verlustantizipation WÜSTEMANN, JENS: Funktionale Interpre-tation des Imparitätsprinzips. In: ZfbF, 47. Jg. (1995), S. 1029–1043.

[273] Vgl. EULER, ROLAND: Grundsätze ordnungsmäßiger Gewinnrealisierung. Düsseldorf 1989, hier S. 62; MOXTER, ADOLF: Der Stand der Bilanztheorie. Als Karl Lechner-Gedächtnis-Vorlesung gehalten am 29. Oktober 1984 in der Aula der Universität. In: Grazer Universitätsreden. Graz 1985, S. 3–28, hier S. 19; *derselbe*: Zum Sinn und Zweck des handelsrechtlichen Jahresabschlusses nach neuem Recht. A. a. O., hier S. 368; *derselbe*: Grundsätze ordnungsmäßiger Buchführung. A. a. O., hier Sp. 1045–1049; WILSDORF, FRED: Rechnungslegungszwecke der Handelsbilanz und Steuerbilanz nach Inkrafttreten des Bilanzrichtliniengesetzes. Frankfurt am Main u. a. 1988, hier S. 135 f.

[274] Vgl. in diesem Sinne ORDELHEIDE, DIETER: Kaufmännischer Periodengewinn als ökonomischer Gewinn. A. a. O., hier S. 278; MOXTER, ADOLF: Grundsätze ordnungsgemäßer Rechnungslegung. A. a. O., hier S. 161.

[275] Vgl. unten S. 63 f.; MOXTER, ADOLF: Zum Sinn und Zweck des handelsrechtlichen Jahresabschlusses nach neuem Recht. A. a. O., hier S. 366; *derselbe*: Wirtschaftliche Gewinnermittlung und Bilanzsteuerrecht. In: StuW, 13. Jg. (1983), S. 300–307, hier S. 304; *derselbe*: Periodengerechte Gewinnermittlung und Bilanz im Rechtssinne. In: Handelsrecht und Steuerrecht. Festschrift für Dr. Dr. h. c. *Georg Döllerer*, hrsg. v. *Brigitte Knobbe-Keuk*, *Franz Klein* und *Adolf Moxter*. Düsseldorf 1988, S. 447–458, hier S. 448 f.; zur Bedeutung des Realisationsprinzips für eine an der Gewinnverteilung orientierte Rechnung vgl. SCHMALENBACH, EUGEN: Dynamische Bilanz. 5. Aufl. Leipzig 1931, hier S. 173; MOXTER, ADOLF: Das Realisationsprinzip – 1884 und heute. In: BB, 39. Jg. (1984), S. 1780–1786, hier S. 1783; das System sinnentsprechender Gewinnanspruchs-GoB skizzierend vgl. HOMMEL, MICHAEL/SCHMIDT, REINHARD M./WÜSTEMANN, JENS: *Adolf Moxter* und die Grundsätze ordnungsgemäßer Rechnungslegung – Kontinuität und Zukunft eines Forschungsleitbildes –. A. a. O., hier S. 92; WÜSTEMANN, JENS/KIERZEK, SONJA: Revenue Recognition under IFRS Revisited: Conceptual Models, Current Proposals and Practical Consequences. A. a. O., hier S. 77 f.

[276] Vgl. bspw. MOXTER, ADOLF: Grundsätze ordnungsgemäßer Rechnungslegung. A. a. O., hier S. 161; KUHNER, CHRISTOPH: Geschäftszweckgebundene Bewertungskonzeptionen in der externen Rechnungslegung von Unternehmen. A. a. O., hier S. 55; BALLWIESER, WOLFGANG: Bewertungsgrundsätze. In: Handwörterbuch der Rechnungslegung und Prüfung, hrsg. v. *Wolfgang Ballwieser*, *Adolf G. Coenenberg*, *Klaus v. Wysocki*. 3. Aufl. Stuttgart 2002, Sp. 353–371, hier Sp. 363; BÖCKING, HANS-JOACHIM: Verbindlichkeitsbilanzierung. Wirtschaftliche vs. formalrechtliche Betrachtungsweise. Wiesbaden 1994, hier S. 111; EULER, ROLAND: Das System der Grundsätze ordnungsmäßiger Bilanzierung. Stuttgart 1996, hier S. 196 (m. w. N.).

tung.[277] Grundlegend für diesen ist die Erfassung künftiger Aufwendungen in Abhängigkeit ihrer Zuordenbarkeit zu Geschäftsjahrsumsätzen:[278] Müsste man solche Aufwendungen nicht zeitgleich erfassen, würde die „durch die Umsatzbindung der Erträge bewirkte Verzögerung des Gewinnausweises“[279] unterlaufen. Bei alleiniger Orientierung der Kapitalerhaltung an den Vermögensermittlungsprinzipien besteht aufgrund fehlender heutiger Ausgaben „mithin ein erhebliches Risiko“, dass „für künftige Aufwendungen (bspw. für Rekultivierung oder Pachterneuerung) nicht ausreichend vorgesorgt wird“[280], wenn bspw. umsatzbezogene Nachleistungsverpflichtungen nicht zu erfassen wären. Gleichzeitig schränkt die Zurückdrängung kompensierter Lasten, bspw. von Kulanzleistungen, die der Werbung dienen und „in die Zukunft“[281] wirken, also künftigen Umsätzen zugehörige Aufwendungen, eine mögliche Gewinnverkürzung ein.[282]

ddd) Konkret basieren die erläuterten prognoserelevanten Aufwendungen und Erträgen auf objektiviert periodisierten, umsatzproportionalen Ein- und Auszahlungen der laufenden Geschäftstätigkeit.[283] Erst diese Ausprägung erlaubt, eine im entscheidungsorientierten Sinne intertemporär vergleichbare Prognosebasis abzubilden.[284]

---

277 Vgl. zum Streitpunkt CLEMM, HERMANN: Zur Nichtpassivierung entstandener Verbindlichkeiten wegen nachträglicher wirtschaftlicher Verursachung (Realisation) oder: Wie dynamisch ist die Bilanz im Rechtssinne? Betrachtungen eines Moxter-Freundes (auch über eine „Moxter-Formel“). In: Bilanzrecht und Kapitalmarkt. Festschrift zum 65. Geburtstag von Professor Dr. Dr. h. c. Dr. h. c. *Adolf Moxter*, hrsg. v. *Wolfgang Ballwieser* u. a. Düsseldorf 1994, S. 167–193, hier insbes. S. 187; zur (konzeptionellen) Klärung der Kritikpunkte vgl. MOXTER, ADOLF: Betriebswirtschaftliche Gewinnermittlung. A. a. O., hier S. 180 f. und S. 171; STROBL, ELISABETH: Matching Principle und deutsches Bilanzrecht. In: Bilanzrecht und Kapitalmarkt. Festschrift zum 65. Geburtstag von Professor Dr. Dr. h. c. Dr. h. c. *Adolf Moxter*, hrsg. v. *Wolfgang Ballwieser* u. a. Düsseldorf 1994, S. 407–433, hier S. 428; WÜSTEMANN, JENS/BISCHOF, JANNIS/KIERZEK, SONJA: Internationale Gläubigerschutzkonzeptionen. A. a. O., hier S. 14 f.

278 Vgl. KUHNER, CHRISTOPH: Geschäftszweckgebundene Bewertungskonzeptionen in der externen Rechnungslegung von Unternehmen. A. a. O., hier S. 53.

279 MOXTER, ADOLF: Grundsätze ordnungsgemäßer Rechnungslegung. A. a. O., hier S. 100.

280 MOXTER, ADOLF: Das „matching principle“: Zur Integration eines internationalen Rechnungslegungs-Grundsatzes in das deutsche Recht. A. a. O., hier S. 501 (beide Zitate).

281 BFH-Urteil vom 6. April 1965, I 23/63 U, BFHE 82, 372; MOXTER, ADOLF: Bilanzrechtsprechung. A. a. O., hier S. 109 (m. w. N.); *derselbe*: Das „matching principle“: Zur Integration eines internationalen Rechnungslegungs-Grundsatzes in das deutsche Recht. A. a. O., hier S. 494.

282 Vgl. MOXTER, ADOLF: Grundwertungen in Bilanzrechtsordnungen – ein Vergleich von überkommenem deutschen Bilanzrecht und Jahresabschlußrichtlinie. A. a. O., hier S. 348.

283 Vgl. stellvertretend MOXTER, ADOLF: Wirtschaftliche Gewinnermittlung und Bilanzsteuerrecht. A. a. O., hier S. 304; zur Bedeutung des Kongruenzprinzips vgl. ZIMMERMANN, JOCHEN/PROKOP, JÖRG: Rechnungswesenorientierte Unternehmensbewertung und Clean Surplus Accounting – Konzeptionelle Bewertungseignung der Konzernabschlüsse deutscher Aktiengesellschaften –. In: KoR, 3. Jg. (2003), S. 134–142, hier S. 135 f.; HAX, HERBERT: Investitionsrechnung und Periodenerfolgsmessung. In: Der Integrationsgedanke in der Betriebswirtschaftslehre.

Neben den Umsatzerlösen umfasst das so definierte Geschäftsergebnis die zu deren Generierung erforderlichen primären Zahlungen wie Materialaufwendungen und Personalaufwendungen. Letztere umfassen im Sinne des Realisationsprinzips auch die periodisierten Zahlungen der jährlich von Arbeitnehmern erdienten und in der Gewinn- und Verlustrechnung ausgewiesenen Pensionsansprüche.[285] Investitionstheoretisch kann der Saldo dieser Größen als der vom Unternehmen im Rahmen der Geschäftstätigkeit erwirtschaftete Zahlungsüberschuss bzw. als vergangenheitsbezogene Ertragskraft verstanden werden.[286] Schließlich bilden auch (latente) Steueraufwendungen, die gemäß handelsrechtlichen GoB zweckadäquat sowohl objektiviert als auch gewinnproportional ermittelt werden, ein Element des prognoserelevanten Geschäftsergebnisses.[287]

Helmut Koch zum 70. Geburtstag, hrsg. v. *Werner Delfmann* u. a. Wiesbaden 1989, S. 153–170, hier S. 156; zu einem empirischen Nachweis der überlegenen Prognoserelevanz periodisierter Ein- und Auszahlungen vgl. DECHOW, PATRICIA M.: Accounting earnings and cahs flows as measures of firm performance. The role of accounting accruals. In: J. Acc. E., Vol. 18 (1994), S. 3–42, hier S. 3–15 (m. w. N.); PENMAN, STEPHEN H.: On Comparing Cash Flow and Accrual Accounting Models for Use in Equity Valuation. A. a. O., hier S. 689; vgl. auch FELTHAM, GERALD A./OHLSON, JAMES A.: Valuation and clean surplus accounting for operating and financial activities. In: Con. Acc. Res., Vol. 11, No. 2 (1995), S. 689–731, hier S. 693.

284 Zur empirisch bestätigten Entscheidungserheblichkeit objektivierter Information unter der Annahme, dass geringe Preisreaktionen Ausdruck einer effizienten Preisbildung sind vgl. BARTH, MARY E./CLINCH, GREG/SHIBANO, TOSHI: Market Effects of Recognition and Disclosure. In: J. Acc. Res., Vol. 41, No. 4 (2003), S. 581–609, hier S. 581; zu der Annahme vgl. BALL, RAY: Infrastructure Requirements in the Area of Accounting and Disclosure Policy. A. a. O., hier S. 8; HITZ, JÖRG-MARKUS: Rechnungslegung zum fair value. A. a. O., hier S. 289; ENGELS, WOLFRAM: Betriebswirtschaftliche Bewertungslehre im Licht der Entscheidungstheorie. A. a. O., hier S. 185; MOXTER, ADOLF: Wirtschaftliche Gewinnermittlung und Bilanzsteuerrecht. A. a. O., hier S. 301; zum handelsrechtlichen Nettorealisationsprinzip *derselbe*: Bilanzrechtsprechung. A. a. O., hier S. 108.

285 Würde man den Kalkül auf tatsächlichen Zahlungsströmen aufbauen, wären auch die in der Periode vom Unternehmen geleisteten Pensionszahlungen zu erfassen. Faktisch öffnet man die Diskussion damit der Frage, ob Pensionsrückstellungen als Fremdkapital zu betrachten sind und als solches ein Element prognoserelevanter Aufwendungen sein können. Vgl. HACHMEISTER, DIRK: Der Discounted Cash Flow als Maß der Unternehmenswertsteigerung A. a. O., hier S. 248–256.

286 Vgl. MOXTER, ADOLF: Die Grundsätze ordnungsmäßiger Bilanzierung und der Stand der Bilanztheorie. In: ZfbF, 18. Jg. (1966), S. 28–59, hier S. 47; Deutlich wird die konzeptionelle Nähe zu dem ausgehend vom EBITDA ermittelten *free cash flow*. Zur Ermittlung desselben vgl. BALLWIESER, WOLFGANG: Unternehmensbewertung. Prozeß, Methoden und Probleme. Stuttgart 2004, hier S. 116. In Orientierung an tatsächlichen Zahlungsströmen vgl. COPELAND, TOM/KOLLER, TIM/MURRIN, JACK: Unternehmenswert. A. a. O., hier S. 210; HACHMEISTER, DIRK: Der Discounted Cash Flow als Maß der Unternehmenswertsteigerung A. a. O., hier S. 61–67; FASB: Summary of user interviews. Reporting financial performance by business enterprises. February 26, 2002. Im Internet unter: http://www.fasb.org/project/interviews.pdf (zuletzt besucht am 8. Januar 2008), hier S. 3.

287 Vgl. zur Ermittlung latenter Steuern gemäß Timing-Konzept und Temporary-Konzept SESSAR, CHRISTOPHER/WÜSTEMANN, JENS: Fall 10: Latente Steuern. In: Konzernbilanzierung *case by case*. Lösungen nach HGB und IAS/IFRS, hrsg. v. *Michael Hommel* und *Jens Wüstemann*.

Abzugrenzen sind Abschreibungen[288] sowie imparitätische Aufwendungen. Dagegen interessiert der Umfang der Investitionstätigkeit des vergangenen Geschäftsjahrs.[289] Sofern (in der Tendenz) periodendurchschnittlich konstant, handelt es sich dabei (annahmegemäß) um zur Sicherung der Ertragskraft vorzunehmende Reinvestitionen.[290]

bb) Determinantenerläuterung auf Ebene handelsrechtlicher Erfolgsspaltung

aaa) Gemäß § 289 Abs. 1 Satz 3 HGB sind Leistungsindikatoren „unter Bezugnahme auf die im Jahresabschluss ausgewiesenen Beträge und Angaben zu erläutern". In funktionalem Verständnis objektiviert dieser (explizierte) Zusammenhang jahresabschlussspezifischer und lageberichtsspezifischer Informations-GoB die Erläuterung des Geschäftsergebnisses:[291] Bezugspunkt der Determinantenerläuterung sind keine in betriebswirtschaftlicher Analyse zu ermittelnden (gegenläufigen) Trends prognoserelevanter Determinantenkombinationen, aus denen sich einzelne Ergebnisgrößen zusammensetzen. Maßgeblich und damit objektivierender Maßstab hinsichtlich des Detailgrads sind vielmehr die gemäß handelsrechtlicher Erfolgsspaltung gegliederten oder erläuterten Ergebnisgrößen.[292]

bbb) In leistungswirtschaftlicher Ausprägung bedeutet dies konkret eine Maßgeblichkeit der gemäß der §§ 275, 277, 284 und 285 HGB normierten Informationspflichten. Bspw. folgt der Detailgrad von Umsatzerlöse (§ 277 Abs. 1 HGB) einzelner Geschäftsbereiche[293] (§ 265 Abs. 4 HGB) insbesondere aus der gemäß § 285 Nr. 4 HGB

Heidelberg 2004, S. 247–272, hier S. 251; BERGER, AXEL/FISCHER, NORBERT: Kommentierung zu § 274 HGB. In: Beck'scher Bilanz-Kommentar. Handels- und Steuerrecht – §§ 238 bis 339 HGB –, hrsg. v. *Axel Berger* u. a. 5. Aufl. München 2003, hier Rz. 17; LOITZ, RÜDIGER/RÖSSEL, CARSTEN: Die Diskontierung von latenten Steuern. In: DB, 55 Jg. (2002), S. 645–651, hier S. 646; aus Perspektive einer prognoseorientierten Ereigniskonzeption a. A. WHITE, GERALD I./SONDHI, ASHWINPAUL C./FRIED, DOV: The Analysis and Use of Financial Statements. 3rd edition, Hoboken, New York: John Wiley & Sons, 2003, hier S. 304

288 Vgl. zur Periodisierung von Abschreibungsaufwendungen MOXTER, ADOLF: Über dynamische Abschreibungen. In: WPg, 31. Jg. (1978), S. 478–482, hier S. 480.

289 Vgl. oben S. 19.

290 Vgl. WHITE, GERALD I./SONDHI, ASHWINPAUL C./FRIED, DOV: The Analysis and Use of Financial Statements. A. a. O., hier S. 702; PENMAN, STEPHEN H.: On Comparing Cash Flow and Accrual Accounting Models for Use in Equity Valuation: A Response to Lundholm and O'Keefe (CAR, Summer 2001). In: Con. Acc. Res., Vol. 18 (2001), S. 681–692, hier S. 689.

291 Insofern ähnlich GREINERT, MARKUS: Weitergehende Anforderungen an den Konzernlagebericht durch E-DRS 20 sowie das Bilanzrechtsreformgesetz. A. a. O., hier S. 54.

292 Vgl. zur Empfehlung einer Quantifizierung ADLER/DÜRING/SCHMALTZ: Kommentierung zu § 289 HGB. A. a. O., hier Rz. 72.

293 Vgl. ELLROTT, HELMUT: Kommentierung zu § 289 HGB. 6. Aufl. A. a. O., hier Rz. 13.

vorgenommenen Segmentierung.[294] Ebenso unterscheidet die handelsrechtliche Erfolgsspaltung in Bezug auf Gütermärkte explizit zwischen Absatz-, Arbeits-, Beschaffungsmarkt. Gemäß § 277 Abs. 4 HGB sind aperiodische Beträge zu erläutern.

ccc) So verstanden fordert das Prinzip der Erläuterung des Geschäftsergebnisses keine faktisch nur unter Einbezug zukunftsbezogener Erwartungen mögliche Bereinigung von Ergebnisgrößen im Sinne der sog. Ertragsüberschussrechnung[295].

b) Analyse des Geschäftsergebnisses anhand finanzieller Leistungsindikatoren

aa) Entwicklung zentraler Ertragsdeterminanten

aaa) In wirtschaftlicher Betrachtungsweise bezeichnen finanzielle Leistungsindikatoren jene Ertragsdeterminanten, die den im Jahresabschluss ausgewiesenen oder erläuterten Aufwendungen und Erträgen in Form von Geschäftsvorfällen unmittelbar zugrunde liegen. Als finanzielle Leistungsindikatoren werden diese Determinanten sachlich und zeitlich geordnet „unter Bezugnahme auf die im Jahresabschluss ausgewiesenen Beträge und Angaben" (§ 289 Abs. 1 Satz 3 HGB) erläutert. Ziel ist die Abbildung der Entwicklung funktionaler Abhängigkeiten.

bbb) Stellvertretend sei der Einbezug finanzieller Leistungsindikatoren in die Analyse von Geschäftsverlauf und Lage anhand der *Nachfrage* aufgezeigt; man denke an ein Unternehmen, dessen Geschäftsmodell den Verkauf eines Produkts oder von Produktgruppen gemeinsam mit einer zu erbringenden Dienstleistung vorsieht.

Als Element der Analyse des Geschäftsverlaufs und der Lage (§ 289 Abs. 1 Satz 3 HGB) bildet die Darstellung der Geschäftstätigkeit, bspw. anhand von Produkten und Dienstleistungen, den Ausgangspunkt einer zweckadäquaten Erläuterung. Im Rahmen des Prinzips der Erläuterung des Geschäftsergebnisses ist darauf aufbauend die Bedeutung (wesentlicher) unterjähriger Veränderungen preis- und mengenrelevanter Determinanten in Bezug auf die *Nachfrage* zu erläutern. Deren Entwicklung ist

---

294 Im Falle wesentlicher Veränderungen des Verhältnisses von Anzahlungen, Lieferantenverbindlichkeiten oder des Forderungsbestands ist eine liquiditätsorientierte Differenzierung der Umsatzerlöse vorzunehmen. Vgl. oben S. 22–25.

295 Vgl. für den Lagebericht bspw. ELLROTT, HELMUT: Kommentierung zu § 289 HGB. 6. Aufl. A. a. O., hier Rz. 27; zur entsprechenden Ergebnisanalyse vgl. DÖRNER, WOLFGANG: Die Unternehmensbewertung. In: Wirtschaftsprüfer-Handbuch 1992. Handbuch für Rechnungslegung, Prüfung und Beratung. Band 2, hrsg. v. IDW. Düsseldorf 1992, S. 1–136, hier S. 48; DIRRIGL, HANS: Die Bewertung von Beteiligungen an Kapitalgesellschaften – Betriebswirtschaftliche Methoden und steuerlicher Einfluß. Hamburg 1988, S. 146–149; HACHMEISTER, DIRK: Der Discounted Cash Flow als Maß der Unternehmenswertsteigerung A. a. O., hier S. 72.

„unter Bezugnahme“ (§ 289 Abs. 1 Satz 3 HGB) bspw. auf Umsatzerlöse lagebezogen, das heißt in Bezug auf die am Abschlussstichtag herrschenden Preis- und Mengenbedingungen, aufzuzeigen. Für das Verständnis der *Nachfrage* relevante wirtschaftliche Zusammenhänge einzelner Teilleistungen (bspw. der Einfluss von auf Dienstleistungen spezialisierten Wettbewerbern) sollten dargestellt werden.

bb) Aperiodische Ertragsdeterminanten

aaa) Aperiodische Ertragsdeterminanten bezeichnen im Sinne periodendurchschnittlicher Aufwendungen und Erträge Determinanten, die in ihrer Art oder Häufigkeit nicht typisch für die Geschäftstätigkeit des Unternehmens sind oder eine (wesentliche) Veränderung derselben begründen. Entsprechende Determinanten sind sowohl in ihrer einmaligen als auch nachhaltigen Auswirkung auf das Geschäftsergebnis unmittelbar Bestandteil der zu erläuternden finanziellen Leistungsindikatoren.

Eine lagebezogene Abbildung von Geschäftsjahrsbedingungen und deren Auswirkungen auf das Geschäftsergebnis, ohne den Einfluss bspw. (wesentlicher) unterjähriger Unternehmenskäufe oder -verkäufe auf zentrale Leistungsindikatoren aufzuzeigen, wäre unvollständig. In Bezug auf die *Nachfrage* ist daher die Veränderung der Situation des Unternehmens bspw. auf Absatzmärkten bzw. des Geschäftsrisikos im Sinne der *Porter*'schen Wettbewerbsanalyse zu erläutern. Daneben sollte die Veränderung der Geschäftstätigkeit wirkungsbezogen anhand der relativen Größenordnung zugekaufter oder verkaufter Umsatzanteile und der zur Generierung erforderlichen Aufwendungen narrativ aufgezeigt werden. Entsprechend ist in Bezug auf einen die Mitarbeiterentwicklung aufzeigenden finanziellen Leistungsindikator bspw. die durch eine Restrukturierung begründete Veränderung der *Beschäftigung* anhand der zugrunde liegenden (wettbewerbsspezifischen) Determinanten zu erläutern. Gleichzeitig ist auf einen mit der Restrukturierung verbundenen Sozialplan einzugehen[296] oder im Falle eines Unternehmensverkaufs auch die Veränderung des Pensionsplans aufgrund einer geringeren Anzahl von Pensionsanwärtern aufzuzeigen. „[U]nter Bezugnahme“ auf Personalaufwendungen erläutert, ist der Einfluss dieser Maßnahmen auf die Entwicklung von „Aufwendungen für Altersversorgung“ gemäß §§ 275 Abs. 2 Nr. 6 b bzw.

[296] Vgl. zum Sozialplan PICOT, GERHARD/SCHNITKER, ELMAR: Teil III. Arbeitsrecht. In: Unternehmenskauf und Restrukturierung. Handbuch zum Wirtschaftsrecht, hrsg. v. *Gerhard Picot*. 3. Aufl. München 2004, S. 503–599, hier S. 564–566.

285 Nr. 8 b HGB und „die durchschnittliche Zahl der während des Geschäftsjahrs beschäftigten Arbeitnehmer" (§ 285 Nr. 7 HGB) narrativ zu skizzieren.[297]

Die absolute Änderung betroffener Aufwendungen und Erträge ist dabei keine notwendige Bedingung für die Erläuterung von Ereignissen, die in zweckadäquater Ordnung finanzielle Leistungsindikatoren abbilden. Maßgeblich ist vielmehr die wesentliche Veränderung der Determinantenstruktur prognoserelevanter Aufwendungen und Erträge.[298]

bbb) Die Quantifizierung entsprechender Determinantenausprägungen folgt „unter Bezugnahme" (§ 289 Abs. 1 Satz 3 HGB) auf gemäß jahresabschlussspezifischen Informations-GoB erläuterte „Beträge und Angaben". Dabei interessieren hier jene GoB, die in teleologischer Auslegung geeignet sind, aperiodische Elemente des Geschäftsergebnisses offenzulegen.

In funktionalem Verständnis der Abbildung umsatzproportionaler Posten der Gewinn- und Verlustrechnung beziehen sich „Erträge und Aufwendungen, die einem anderen Geschäftsjahr zuzurechnen sind" (§ 277 Abs. 4 Satz 3 HGB), sowohl auf bilanzvermögenspezifische als auch auf geschäftswertspezifische Fehlperiodisierungen aus Vorjahren.[299] Beispiele bilanzvermögenspezifischer Fehlperiodisierungen sind im betriebswirtschaftlichen Sinne gebotene, vorsichtsbedingt höhere planmäßige Abschreibungen, „Aufwandskorrekturen aus Vorjahren wie insbesondere Rückstellungsauflösungen, Steuererstattungen, Eingänge wertberichtigter Forderungen und Abschreibungsnachholungen"[300] aber auch die Auswirkung von aufgrund des Anschaf-

---

297 Vgl. FÖRSCHLE, GERHART: Kommentierung zu § 275 HGB. 5. Aufl. A. a. O., hier Rz. 137; Als mittelbare Pensionsverpflichtungen zählen die einem externen Versorgungsträger zur Erfüllung der vereinbarten Leistung zu transferierenden Mittel. Vgl. IDW: Stellungnahme HFA 2/1988, Pensionsverpflichtungen im Jahresabschluß. In: WPg, 41. Jg. (1988), S. 403–405, hier S. 403; Unmittelbare Pensionsverpflichtungen bezeichnen die im Rahmen einer Direktzusage des Arbeitgebers zu transferierenden Mittel. Vgl. PLANERT, SUSANNE: Bilanzierung von Pensionsverpflichtungen. A. a. O., hier S. 26.

298 A. A. DRS 15 (Lageberichterstattung), hier Rz. 52.

299 Vgl. DEXHEIMER, SIGRID: Gewinnerläuterungsgrundsätze nach US-GAAP und SEC-Recht. A. a. O., hier S. 245–253; FLURY, CORNELIA: Gewinnerläuterungsprinzipien. A. a. O., S. 98 f.; BEVIS, HERMAN W.: Corporate Financial Reporting in a Competitive Economy. New York, New York: Garland Publishing, 1986, hier S. 36 f.; WÜSTEMANN, JENS: Institutionenökonomik und internationale Rechnungslegungsordnungen. A. a. O., hier S. 77; MOXTER, ADOLF: Zum Verhältnis von rechtlichen und betriebswirtschaftlichen Gewinnkonzeptionen. A. a. O., hier S. 224.

300 MOXTER, ADOLF: Grundsätze ordnungsgemäßer Rechnungslegung. A. a. O., hier S. 278; DÖRNER, DIETRICH/WIRTH, THOMAS: Kommentierung zu den §§ 284–288 HGB. A. a. O., hier Rz. 80.

fungswertprinzips nicht erfassten (wesentlichen) Preisänderungen.[301] In Bezug auf das Prinzip der Erläuterung des Geschäftsergebnisses interessieren indes geschäftwertspezifische Fehlperiodisierungen. Als solche können bspw. laufende Auszahlungen für Werbung im Geschäftsjahr klassifiziert werden:[302] Diese sind dann als annahmegemäß wiederkehrende Periodenaufwendungen identifizierbar, wenn sie im Vergleich mit vergangenen Werbeausgaben (unter Berücksichtigung unterschiedlicher Stadien des Produktlebenszyklus) ein annähernd konstantes Verhältnis zu den Periodenerträgen aufweisen. Bspw. wären im Geschäftsjahr verringerte Werbeausgaben bei Unternehmen mit werbeintensiven Produkten und relativ konstanten Geschäftsjahrsumsätzen als (potenziell) aperiodisch zu bezeichnen; Gewinn in Höhe der verringerten Werbeausgaben wäre lediglich ein Pseudogewinn aus dem Verzehr eines (dispositiv begründeten) Geschäftswerts. Konkretisierende jahresabschlussspezifische Informationssätze umfassen die Art und Höhe des im umsatzproportionalen Sinne fehlperiodisierten Betrags.[303]

Neben Aufwendungen und Erträgen, die in ihrer Art oder Häufigkeit nicht typisch für die Geschäftstätigkeit des Unternehmens sind, interessiert auch die Erläuterung von Aufwendungen und Erträgen, „die außerhalb der gewöhnlichen Geschäftstätigkeit"[304] (§ 277 Abs. 4 Satz 1 HGB) angefallen sind.[305] Im Rahmen des Gewinnerläuterungsprinzips sind dies jene Beträge, deren Ursache eine im Vergleich zu Vorjahren (wesentliche) Veränderung der Geschäftstätigkeit zur Folge hat.[306] Entsprechende Aufwendungen und Erträge sind in retrospektiver Betrachtung, „ohne periodenfremd zu sein," – die Veränderung der Aufwands- und Ertragsstruktur hat zur Folge, dass das Kriterium der Umsatzproportionalität nicht anwendbar ist – „außerhalb des gewöhnli-

---

301 Vgl. MOXTER, ADOLF: Grundsätze ordnungsgemäßer Rechnungslegung. A. a. O., hier S. 279; LANGE, CHRISTOPH: Jahresabschlußinformationen und Unternehmensbeurteilung. Stuttgart 1989, hier S. 226.

302 Vgl. HAUSCHILDT, JÜRGEN: Die Innovationsergebnisrechnung – Instrumente des F&E-Controlling. In: BB, 49. Jg. (1994), S. 1017–1020, hier S. 1017.

303 Gl. A. FÖRSCHLE, GERHART: Kommentierung zu § 277 HGB. In: Beck'scher Bilanz-Kommentar. Handels- und Steuerrecht – §§ 238 bis 339 HGB –, hrsg. v. *Helmut Ellrott* u. a. 6. Aufl. München 2006, hier Rz. 25.

304 Vgl. MOXTER, ADOLF: Grundsätze ordnungsgemäßer Rechnungslegung. A. a. O., hier S. 278.

305 Vgl. zu den Abgrenzungskriterien FLURY, CORNELIA: Gewinnerläuterungsprinzipien. A. a. O., hier S. 137–142.

306 In engem Verständnis dieses Kriterium als alleiniges Abgrenzungskriterium interpretierend vgl. JONAS, HEINRICH H.: Die EG-Bilanzrichtlinie. Grundlagen und Anwendung in der Praxis. Freiburg im Breisgau 1980, hier S. 156; FÖRSCHLE, GERHART: Kommentierung zu § 275 HGB. A. a. O., hier Rz. 217 und Rz. 222; mit Recht kritisch FLURY, CORNELIA: Gewinnerläuterungsprinzipien. A. a. O., hier S. 147.

chen Geschäftsverlaufs angefallen".[307] Hierunter können bspw. Personal-, Sach-, und Versicherungsaufwendungen bei der Veräußerung von Betriebseinheiten oder sanierungsgeprägten Restrukturierungsvorgängen subsumiert werden. Ebenso kann es sich u. a. auch um Investitionen in eine wesentliche Erweiterung der Geschäftstätigkeit, bspw. im Zusammenhang mit der Erschließung neuer Märkte anfallende Reklameausgaben oder Entwicklungskosten eines Produkts, dessen Markteinführung eine wesentliche Veränderung des Tätigkeitsbereichs bedeutet, handeln.[308] Im Anhang sind Art und Betrag dieser Sachverhalte anzugeben.[309]

Insbesondere „Erträge und Aufwendungen, die einem anderen Geschäftsjahr zuzurechnen sind" (§ 277 Abs. 4 Satz 3 HGB), werden jedoch nur von Teilen der Literatur im Sinne einer umsatzproportional definierten Ertragslage interpretiert.[310] Demgegenüber steht eine Ertragslage, die aus dem Informations-GoB fremden Korsett einer Veränderung des Reinvermögens resultiert. Es überrascht nicht,[311] dass geschäftswertspezifische Fehlperiodisierungen in diesem Falle unberücksichtigt bleiben müssen.[312] Vom Gegenwartsbezug umsatzproportionaler Aufwendungen und Erträge abstrahierend gelten entsprechende Erläuterungen „als Hinweise auf Umstände, welche die Ertragsaussichten künftiger Geschäftsjahre erheblich beeinflussen". Als solche würden diese gemäß einer Kommentarmeinung „nicht in den Anhang, sondern in den Lagebericht"[313] gehören.

In wirtschaftlicher Betrachtungsweise und vor dem Hintergrund geltenden Rechts, das lediglich eine Erläuterung „unter Bezugnahme auf die im Jahresabschluss ausgewiese-

---

307 ADLER/DÜRING/SCHMALTZ: Kommentierung zu § 157 AktG. Rechnungslegung und Prüfung der Aktiengesellschaft. Handkommentar. Band 1. Völlig neu bearb. v. *Kurt Schmaltz* u. a. 4. Aufl. Stuttgart 1968, hier Rz. 134 (beide Zitate).

308 Vgl. FÖRSCHLE, GERHART: Kommentierung zu § 275 HGB. A. a. O., hier Rz. 217.

309 BORCHERT, DIERK/BUDDE, WOLFGANG: Kommentierung zu § 275 HGB. In: Handbuch der Rechnungslegung. Einzelabschluss. Kommentar zur Bilanzierung und Prüfung. Band 3, hrsg. v. *Karlheinz Küting* und *Claus-Peter Weber*. 5. Aufl. Stuttgart. (Loseblatt; März 2004), hier Rz. 88.

310 Vgl. stellvertretend DÖRNER, DIETRICH/WIRTH, THOMAS: Kommentierung zu den §§ 284–288 HGB. A. a. O., hier Rz. 78.

311 Vgl. HENSE, BURKHARD/SCHELLHORN, MATHIAS: Kommentierung zu § 264 HGB. In: Beck'scher Bilanz-Kommentar. Handels- und Steuerrecht – §§ 238 bis 339 HGB –, hrsg. v. *Axel Berger* u. a. 5. Aufl. München 2003, hier Rz. 37.

312 Vgl. FÖRSCHLE, GERHART: Kommentierung zu § 275 HGB. In: Beck'scher Bilanz-Kommentar. Handels- und Steuerrecht – §§ 238 bis 339 HGB –, hrsg. v. *Helmut Ellrott* u. a. 6. Aufl. München 2006, hier Rz. 224; FÖRSCHLE, GERHART: Kommentierung zu § 277 HGB. A. a. O., hier Rz. 25.

313 HENSE, BURKHARD/SCHELLHORN, MATHIAS: Kommentierung zu § 264 HGB. A. a. O., hier Rz. 50; WINKELJOHANN, NORBERT/SCHELLHORN, MATHIAS: Kommentierung zu § 264 HGB. In: Beck'scher Bilanz-Kommentar. Handels- und Steuerrecht – §§ 238 bis 339 HGB –, hrsg. v. *Helmut Ellrott* u. a. 6. Aufl. München 2006, hier Rz. 50.

nen Beträge und Angaben“ (§ 289 Abs. 1 Satz 3 HGB) fordert, sollte dies überdacht werden: Aufgabe lageberichtsspezifischer Prognosebasisprinzipien im System handelsrechtlicher Informations-GoB ist die determinantenspezifische Erläuterung der Geschäftstätigkeit sowie die determinantenspezifische Analyse des Geschäftsergebnisses.

c) Analyse des Geschäftsergebnisses anhand nicht finanzieller Leistungsindikatoren

aa) Verhältnisbestimmende Determinanten von Aufwendungen und Erträgen

aaa) Im Gegensatz zu finanziellen Leistungsindikatoren bilden nicht finanzielle Leistungsindikatoren jene Ereignisse ab, die nur mittelbar, nicht jedoch als Geschäftsvorfall, auf prognoserelevante Aufwendungen und Erträge einwirken. Deren Erläuterung zielt in funktionalem Verständnis darauf, Angaben zu finanziellen Leistungsindikatoren zu ergänzen, um (tendenziell) umsatzproportionale Ursache-Wirkungs-Zusammenhänge abzubilden: Finanzielle Leistungsindikatoren zeigen die Entwicklung der gemäß Realisationsprinzip umsatzbezogen abgebildeten Aufwendungen und Erträge ursachenbezogen auf. Wesentliche Abweichungen von deren umsatzproportionalem Verhältnis sind als nicht finanzielle Leistungsindikatoren zu erläutern; aus dem Gesetzestext folgt: Lediglich „soweit sie für das Verständnis des Geschäftsverlaufs oder der Lage von Bedeutung sind“ (§ 289 Abs. 3 HGB), sind nicht finanzielle Leistungsindikatoren im Anwendungsbereich (große Kapitalgesellschaften im Sinne des § 267 Abs. 3 HGB) in die Analyse des Geschäftsverlaufs und der Lage einzubeziehen.

bbb) Die Erläuterung nicht finanzieller Leistungsindikatoren sei am Beispiel von Wechselkursen erörtert. Dass sich deren Veränderung als nicht finanzieller Leistungsindikator darstellen kann, wird deutlich, wenn man die damit möglicherweise einhergehende Veränderung von Wettbewerbsvorteilen bedenkt: Zwar wird diese, ebenso wie geschäftswertspezifische aperiodische Elemente,[314] auch Element der Erläuterung finanzieller Leistungsindikatoren bspw. der *Nachfrage* sein. Als nicht finanzieller Leistungsindikator erläutert, ist jedoch konkret auch der Einfluss auf das Verhältnis von Aufwendungen und Erträgen aufzuzeigen.

Im Fall eines deutschen Konzerns mit US-amerikanischem Tochterunternehmen ist folgende Konstellation denkbar: Die US-amerikanische Tochter vertreibt Automobile, die sie, in € fakturiert, von einer deutschen Tochter kauft und in $ an den Endkunden

---

[314] Vgl. oben S. 53.

absetzt. Eine Wertsteigerung des $ gegenüber dem € hat zur Folge, dass bei Umrechnung der bei konstanten Absatzpreisen in $ erwirtschafteten Umsatzerlöse im Rahmen der (Währungs-) Konsolidierung ein in € höherer Umsatzerlös auf Konzernebene ausgewiesen wird.[315] Das Unternehmen hat jedoch auch die Möglichkeit diesen Wettbewerbsvorteil im Rahmen einer Marktanteilsstrategie in Teilen als Preisvorteil an den US-amerikanischen Kunden weiterzugeben.[316] In diesem Falle kann aus der resultierenden Preis- und/oder Mengenverschiebung ein mittelbarer Einfluss auf das Verhältnis umsatzproportionaler Aufwendungen und Erträge folgen. Soweit dies „für das Verständnis des Geschäftsverlaufs oder der Lage von Bedeutung" (§ 289 Abs. 3 HGB) ist, sind die zugrunde liegenden Zusammenhänge aufzuzeigen. Konkret wird man die Veränderung zentraler Wechselkurse und deren wirtschaftliche Bedeutung darstellen. Da primär determinantenspezifisch, gilt die Erläuterung im gegebenen Fall nicht unmittelbar dem Währungsgewinn/-verlust[317], sondern vielmehr der (strategisch beeinflussten) Auswirkung auf die Wettbewerbssituation im jeweiligen Markt, bspw. einem mengenmäßig erhöhten Absatz, der als (relativer) Marktanteil Ausdruck der Lage des Unternehmens am Abschlussstichtag ist. Entsprechend verweist die Norm „[u]nter Bezugnahme auf die im Jahresabschluss ausgewiesenen Beträge und Angaben" (§ 289 Abs. 1 Satz 3 HGB) in diesem Zusammenhang nicht auf die gemäß § 313 Abs. 1 Satz 2 Nr. 2 HGB[318] geforderte Erläuterung der Währungsumrechnung,[319] sondern auf prognoserelevante Aufwendungen und Erträge; der Einfluss einer veränderten Wettbewerbssituation bzw. der resultierende Einfluss von Wechselkursveränderungen sollte aufgezeigt werden.

ccc) Auch hinsichtlich der gemäß § 289 Abs. 3 HGB explizit geforderten Erläuterung von „Umweltbelangen" oder „Arbeitnehmerbelangen" ist zu differenzieren: Im Sinne

---

[315] Vgl. zu einer anschaulichen Darstellung der Zeitbezugsmethode SCHULTE, OLIVER: Fall 3: Währungsumrechnung bei der Framani Industries S.A. In: Konzernbilanzierung *case by case*, hrsg. v. *Michael Hommel* und *Jens Wüstemann*. Heidelberg 2004, S. 77–103, hier S. 85 f.

[316] Vgl. zu mit Wechselkursänderungen einhergehenden leistungswirtschaftlichen Risiken oben S. 16 und S. 18.

[317] Vgl. zu finanzwirtschaftlichen Risiken oben S. 25–28.

[318] Einen Überblick über die von der Literatur geforderten, umfangreich(st)en Anhang-angaben gibt WYSOCKI, KLAUS V.: Zur Berichterstattung über die Grundlagen der Umrechnung von Fremdwährungspositionen nach § 313 Abs. 1 Satz 2 Nr. 2 HGB. In: Unternehmungserfolg. Planung – Ermittlung – Kontrolle. *Walther Busse von Colbe* zum 60. Geburtstag, hrsg. v. *Michel Domsch* u. a. Wiesbaden 1988, S. 401–412, hier S. 408–410.

[319] Im Sinne eines in dieser Arbeit konzeptionell vertretenen, (lückenlosen) Systems handelsrechtlicher Informations-GoB fallen auch die durch die Anwendung der Gewinnermittlungs-GoB konformen Zeitbezugsmethode begründeten Verzerrungen, soweit diese nicht gemäß § 264 Abs. 2 Satz 2 HGB anhand zusätzlicher Angaben erläutert werden, unter die Informationspflicht des § 313 Abs. 1 Satz 2 Nr. 2 HGB.

des Prinzips der Erläuterung des Geschäftsergebnisses wird damit keine Erläuterung ökologischer oder sozialer Umstände und Ereignisse gefordert.[320] Zwar können diese Informationen durchaus im Interesse undifferenzierter Adressaten sein;[321] aus dem Gesetzestext folgt jedoch, wie angeführt, dass nicht finanzielle Leistungsindikatoren lediglich soweit „für das Verständnis des Geschäftsverlaufs oder der Lage von Bedeutung“ (§ 289 Abs. 3 HGB) in die Analyse des Geschäftsverlaufs und der Lage einzubeziehen sind.

Entsprechend handelt es sich bei der „Empfehlung der Kommission vom 30. Mai 2001 zur Berücksichtigung von Umweltaspekten in Jahresabschluss und Lagebericht von Unternehmen: Ausweis, Bewertung und Offenlegung“ (ABl. EG Nr. L 156 S. 33) um eine als *best practice* denkbare Berichterstattung.[322] Dagegen kann es sich bei informationspflichtigen Umweltbelangen bspw. um mit Wetterbedingungen einhergehende, erhöhte Energiekosten in der energieintensiven Herstellung von Aluminium handeln; aufzuzeigen ist deren Einfluss auf das Verhältnis von Aufwendungen und Erträgen.

In Bezug auf Arbeitnehmerbelange folgt in wirtschaftlicher Betrachtungsweise, dass deren Erläuterung anhand von Erfolgsfaktoren, also bspw. die Angabe der Kapazitätsauslastung, der Mitarbeiterfluktuation, Kennziffern der Fertigungsqualität etc. zwar durchaus von Interesse sein kann. Eine unmittelbare Pflicht, solche Erfolgsfaktoren einzubeziehen, ist dem Prinzip der Erläuterung des Geschäftsergebnisses jedoch fremd. Im Falle eines unter Arbeitnehmerbelange zu subsumierenden Streiks interessiert also weniger die veränderte Kapazitätsauslastung, als vielmehr der im Falle eines

---

[320] Wohl ähnlich BÖCKING, HANS-JOACHIM/HEROLD, CHRISTIAN/WIEDERHOLD, PHILIPP: Modernisierung des HGB in Richtung IAS/IFRS. A. a. O., hier S. 404; HARTMANN, CHRISTINA: Internationalisierung der Lageberichterstattung. Darstellung und Vergleich des deutschen Lageberichts und der US-amerikanischen MD&A. Marburg 2006, hier S. 88 f.; zum Informationsanspruch entsprechend dem Umweltinformationsgesetz vgl. KUMMER, HEINZ JOACHIM: Teil VII. Umweltrecht. In: Unternehmenskauf und Restrukturierung. Handbuch zum Wirtschaftsrecht, hrsg. v. *Gerhard Picot*. 3. Aufl. München 2004, S. 877–1129, hier S. 909.

[321] Vgl. auch SELCHERT, FRIEDRICH W./GREINERT, MARKUS: B 510. Aufstellung des Lageberichts. A. a. O., hier Rz. 39.

[322] Unternehmensspezifischen, die vergangene Ertragssituation prägende Altlasten können Element einer Erläuterung finanzieller Leistungsindikatoren sein. Zum Problem von Altlasten im betrieblichen Kontext vgl. KUMMER, HEINZ JOACHIM: Teil VII. Umweltrecht. A. a. O., hier S. 1040. Das (auch) aus informationeller Perspektive relevante Problem der zeitlichen Nähe von Eintritt und (bilanzieller) Abbildung war vor dem Hintergrund diesbezüglich unscharfer Regelungen im US-amerikanischen Bilanzrecht Grund für die Ausarbeitung bspw. von SOP 96-1 (Environmental Remediation Liabilities). Dieses soll die bzgl. des Zeitpunkts der Erfassung unscharfen Regelungen des SFAS 5 (Accounting for Contingencies) i. V. m. FIN 14 (Reasonable Estimation of the Amount of a Loss) ergänzen. Zusätzlich gibt SAB 92 (Accounting and Disclosures Relating to Loss Contingencies) weitere Anleitung. In Bezug auf die Offenlegung beachte man auch SOP 94-6 (Disclosure of Certain Significant Risks and Uncertainties).

Unternehmens mit hohem Fixkostenanteil resultierende Einfluss auf das Verhältnis von Aufwendungen und Erträgen.[323]

ddd) Grundsätzlich zielt die Erläuterung nicht finanzieller Leistungsindikatoren auf wirtschaftliche Sachverhalte, die mittelbar Einfluss auf das Verhältnis prognoserelevanter Aufwendungen und Erträge genommen haben, nicht aber auf die (zeitgleiche) Veränderung interner Steuerungsgrößen.

bb) Bilanzierungs- und Bewertungsmethoden

aaa) Nach GoB erstellter Abschluss

aaaa) Neben wirtschaftlichen Determinanten, die sich nur mittelbar auf das Geschäftsergebnis ausgewirkt haben, können nicht finanzielle Leistungsindikatoren auch durch bilanzrechtliche Restriktionen begründet sein. Im Folgenden wird dies am Beispiel der Bewertung von Rohstoffen und langfristigen Fertigungsaufträgen gemäß handelsrechtlichen Gewinnermittlungs-GoB dargestellt, bevor die Bedeutung einer „Bezugnahme" (§ 289 Abs. 1 Satz 3 HGB) auf Bilanzierungs- und Bewertungsmethoden aus Perspektive handelsrechtlicher GoB relativiert wird.

bbbb) Periodenleistungen der Höhe nach bzgl. ihrer Preisbasis verursachungsgerecht abzubilden erfordert „das Wertgefälle zwischen Absatzmarkt und Beschaffungsmarkt"[324], bezogen auf die am Umsatztag herrschenden Preisverhältnisse, zu erfassen.[325] Auf Basis einer umsatzspezifischen Absatzeinheit einzeln bewertet,[326] wird das Wertgefälle bilanzrechtlich indes durch das Anschaffungskostenprinzip determiniert:[327] Von verlustbringenden Absatzgeschäften abgesehen, gehen auf Seiten des Beschaffungsmarkts bspw. zur Herstellung von Erzeugnissen gekaufte Rohstoffe zum (tatsächlichen) Zugangswert, regelmäßig den Anschaffungskosten (§ 255 Abs. 1

---

323 Vgl. auch SELCHERT, FRIEDRICH W./GREINERT, MARKUS: B 510. Aufstellung des Lageberichts. A a. O., hier Rz. 38; Aus Perspektive einer aufbereitungsorientierten Analyse des Jahresüberschusses argumentierend, dabei jedoch weitere „nicht regelmäßig wiederkehrende Sachverhalte" im Sinne nicht finanzieller Leistungsindikatoren aufzeigend vgl. AK DVFA/SG e. V.: Empfehlungen zur Ermittlung prognosefähiger Ergebnisse. In: DB, 56. Jg. (2003), S. 1913–1917, hier S. 1915; zu einer vergleichbaren (einzefallorientierten) Regulierung im US-amerikanischen Wertpapierrecht vgl. *regulation* S-K *item* 503.

324 MOXTER, ADOLF: Betriebswirtschaftliche Gewinnermittlung. A. a. O., hier S. 117.

325 Vgl. auch SCHMIDT, FRITZ: Die organische Tageswertbilanz. A. a. O., hier S. 148.

326 Vgl. BALLWIESER, WOLFGANG: Bewertungsgrundsätze. A. a. O., hier Sp. 356.

327 Vgl. MOXTER, ADOLF: Das Realisationsprinzip – 1884 und heute. A. a. O., hier S. 1783.

HGB),[328] in die Ermittlung des realisierten Gewinns ein. Abweichungen vom Leitbild einer umsatzproportionalen Preisbasis folgen insbesondere im Zusammenhang sich verändernder Preise: Soweit bspw. die Menge verbrauchten und umsatzproportionalen Materials im Geschäftsjahr übereinstimmen, die im Geschäftsjahr gekaufte jedoch hinter der umsatzproportionalen Materialmenge zurück bleibt, wird die Wertschöpfung unter Einbezug historischer Beschaffungspreise (Anschaffungskosten) determiniert; unter dem Posten Materialaufwand wird die verbrauchte Materialmenge, in diesem Fall Anschaffungskosten von Rohstoffen des Vorjahrs und des aktuellen Geschäftsjahrs umfassend, ausgewiesen. Entsprechend heterogen sind die Beschaffungspreise im Fall abweichender Mengen an verbrauchtem und umsatzproportionalem Material: Im Zeitpunkt der Veräußerung (Bestandsminderung) determinieren zu Herstellungskosten (§ 255 Abs. 2 HGB) auf Basis historischer Anschaffungskosten von Rohstoffen bewertete Erzeugnisse den realisierten Gewinn.[329] Wendet der Rechnungslegende das sog. First-in-first-out-Verfahren (FIFO) an, so resultiert hieraus eine verzögerte Erfassung der Preisentwicklung in der Gewinn- und Verlustrechnung.[330]

Ähnlich wie das Anschaffungskostenprinzip kann auch das Realisationsprinzip in zweckadäquater Objektivierung die Erfassung umsatzproportionaler Periodenleistungen restringieren: Der Gewinn ist im Fall periodenübergreifender Fertigungsaufträge erst im Zeitpunkt der vertraglich geregelten (Teil-)Abnahme bzw. mit dem Übergang der Preisgefahr zu realisieren.[331]

cccc) Die Erläuterung von Bilanzierungs- und Bewertungsmethoden im Jahresabschluss und im Lagebericht unterscheidet sich wie folgt: Gemäß jahresabschlussbezogener Informations-GoB soll eine sinnentsprechende Erläuterung der „angewandten Bilanzierungs- und Bewertungsmethoden" (§ 284 Abs. 2 Nr. 1 HGB) „in der Tendenz eine Transformation der von Vorsichts- und Objektivierungsprinzipien geprägten bilanziellen Werte hin zu einer mehrwertigen Darstellung erwarteter,

---

[328] Vgl. zur Begriffsbestimmung HOMMEL, MICHAEL: Anschaffungskosten. In: Handwörterbuch der Rechnungslegung und Prüfung, hrsg. v. *Wolfgang Ballwieser*, *Adolf G. Coenenberg* und *Klaus v. Wysocki*. 3. Aufl. Stuttgart 2002, Sp. 77–87, hier Sp. 77 f.; EULER, ROLAND: Das System der Grundsätze ordnungsmäßiger Bilanzierung. A. a. O., hier S. 212 f.

[329] Vgl. MOXTER, ADOLF: Bilanzrechtsprechung. A. a. O., hier S. 188.

[330] Vgl. MOXTER, ADOLF: Grundsätze ordnungsgemäßer Rechnungslegung. A. a. O., hier S. 242.

[331] Vgl. EULER, ROLAND: Grundsätze ordnungsmäßiger Gewinnrealisierung. A. a. O., hier S. 94; GRAU, ANDREAS: Gewinnrealisierung nach International Accounting Standards. A. a. O., hier S. 166–168.

wahrscheinlicher Werte“[332] erlauben.[333] Entsprechende Informationssätze strukturierend ist neben der Berechnungsmethode insbesondere auch die Beschreibung „(wesentlicher) Einzeldeterminanten“[334] darzustellen. Dabei wäre, erstere betreffend, die vom Gesetzgeber geforderte „(bloße) Angabe der gewählten Methode im Sinne einer Methodenbeschreibung“[335] zu verstehen. Materiell meint „die Angabe der gewählten Methode“ dann eine sachverhaltsspezifische Angabe der bewertungsrelevanten Rechenelemente: Bezogen auf Rückstellungen ist bspw. anzugeben, „wie man unterschiedliche Beträge einer Inanspruchnahme mit welchen Wahrscheinlichkeiten gewichtet hat.“[336] Eine sinnentsprechende Angabe korrespondierender Determinantenausprägungen im Jahresabschluss ist in Auslegung des § 284 Abs. 2 Nr. 1 HGB zwar wohl kaum begründbar. Vorsichts- und objektivierungsbedingte Verzerrungen des Einblicks in die wirtschaftliche Lage des Unternehmens sind gemäß § 264 Abs. 2 Satz 2 HGB aber insofern zu heilen, als „im Anhang zumindest Anhaltspunkte über die ‚tatsächliche Ertragslage‘“[337] zu geben sind.[338]

Für die lageberichtsspezifischen Informations-GoB folgt die Relevanz von Bilanzierungs- und Bewertungsmethoden aus dem funktionalen Verständnis der Analyse des Geschäftsergebnisses anhand nicht finanzieller Leistungsindikatoren: Zweckadäquat ist die Abbildung einer tendenziell umsatzproportionalen Periodenleistung. Damit tritt eine mehrwertige Erläuterung von Bilanzierungs- und Bewertungsmethoden in ihrer

---

332 Vgl. WÜSTEMANN, JENS: Institutionenökonomik und internationale Rechnungslegungsordnungen. A. a. O., hier S. 78.

333 Vgl. auch DÖRNER, DIETRICH/WIRTH, THOMAS: Kommentierung zu den §§ 284–288 HGB. A. a. O., hier Rz. 93; LEFFSON, ULRICH: Bild der tatsächlichen Verhältnisse. In: Handwörterbuch unbestimmter Rechtsbegriffe im Bilanzrecht des HGB, hrsg. v. *Ulrich Leffson*, *Dieter Rückle* und *Bernhard Großfeld*. Köln 1986, S. 94–105, hier S. 98 f.; DEXHEIMER, SIGRID: Gewinnerläuterungsgrundsätze nach US-GAAP und SEC-Recht. A. a. O., hier S. 79.

334 HOMMEL, MICHAEL/SCHMIDT, REINHARD M./WÜSTEMANN, JENS: *Adolf Moxter* und die Grundsätze ordnungsgemäßer Rechnungslegung – Kontinuität und Zukunft eines Forschungsleitbildes –. A. a. O., hier S. 95.

335 MOXTER, ADOLF: Grundsätze ordnungsgemäßer Rechnungslegung. A. a. O., hier S. 280.

336 *Ebenda*, hier S. 280; CLEMM, HERMANN: Unternehmerische Rechnungslegung – Aufgaben, Möglichkeiten und Grenzen – In: Bilanz- und Konzernrecht. Festschrift zum 65. Geburtstag von Dr. Dr. h. c. *Reinhard Goerdeler*, hrsg. v. *Hans Havermann*. Düsseldorf 1987 S. 93–112, hier S. 105; RÜCKLE, DIETER: Vorsicht. In: Handwörterbuch unbestimmter Rechtsbegriffe im Bilanzrecht des HGB, hrsg. v. *Ulrich Leffson*, *Dieter Rückle* und *Bernhard Großfeld*. Köln 1986, S. 403–416, hier S. 412.

337 WÜSTEMANN, JENS/KIERZEK, SONJA: Normative Bilanztheorie und Grundsätze ordnungsmäßiger Gewinnrealisierung von Mehrkomponentenverträgen. A. a. O., hier S. 902 (m. w. N.).

338 Vgl. zur Einordnung des § 264 Abs. 2 Satz 2 HGB in das System handelsrechtlicher GoB insbesondere MOXTER, ADOLF: Grundsätze ordnungsgemäßer Rechnungslegung. A. a. O., hier S. 288.

Bedeutung zurück.[339] Bilanzierungs- und Bewertungsmethoden sind im Rahmen der Erläuterung nicht finanzieller Leistungsindikatoren lediglich im Fall einer wesentlichen Abweichung umsatzproportionaler Aufwendungen und Erträge als Ausgangspunkt einer Erläuterung der periodendurchschnittlichen Leistung anzuführen.

dddd) Bezugnehmend auf die oben skizzierte Bewertung von Rohstoffen und von langfristigen Fertigungsaufträgen fordert das Prinzip der Erläuterung des Geschäftsergebnisses folgende Angaben.

Im Falle einer verzögerten Erfassung der Preisentwicklung von Rohstoffen ist auf die angewandte Methode hinzuweisen. Die den tatsächlichen Verhältnissen entsprechende Entwicklung auf (relevanten) Beschaffungsmärkten ist im Rahmen der Analyse von Geschäftsverlauf und Lage darzustellen. Die von den bilanziell erfassten Preisen abweichenden tatsächlichen Preise sind in ihrer Auswirkung auf prognoserelevante Aufwendungen und Erträge tendenziell aufzuzeigen; entsprechende Angaben sind gemäß § 264 Abs. 2 Satz 2 HGB (zunächst) grundsätzlich im Anhang zu machen; die im Lagebericht determinantenspezifisch angelegte Analyse des Geschäftsergebnissesgemäß erfolgt (dann) „unter Bezugnahme auf die im Jahresabschluss ausgewiesenen Beträge und Angaben“ (§ 289 Abs. 1 Satz 3 HGB).

Entsprechendes gilt bspw. auch für langfristige Fertigungsaufträge.[340] Bei deren Erläuterung kann u. a. auch ein Hinweis auf eine (auf Herstellungskosten basierende) „Bestandsveränderung“ (§§ 275 und 266 Abs. 2 B. I. HGB) sinnvoll sein.[341] Daneben sind Art, Umfang und Risiken des Fertigungsauftrags zu erläutern. Zusätzlich sollte, da die Entwicklung langfristiger Fertigungsaufträge im Gegensatz zu periodengleichen Umsatzerlösen nicht Indikator der gegenwärtigen Situation am Absatzmarkt ist, auch eine Angabe der Veränderung des Auftragsbestands im Vergleich zu Vorjahren erfolgen.[342]

---

[339] A. A. ELLROTT, HELMUT: Kommentierung zu § 289 HGB. 6. Aufl. A. a. O., hier Rz. 26.

[340] Vgl. MOXTER, ADOLF: Zum Verhältnis von handelsrechtlichen Grundsätzen ordnungsmäßiger Bilanzierung und True-and-fair-view-Gebot bei Kapitalgesellschaften. A. a. O., hier S. 427; KRAWITZ, NORBERT: Die bilanzielle Behandlung der langfristigen Auftragsfertigung und Reformüberlegungen unter Berücksichtigung internationaler Entwicklungen. In: DStR, 35. Jg. (1997), S. 886–894, hier S. 889; WÜSTEMANN, JENS/KIERZEK, SONJA: Normative Bilanztheorie und Grundsätze ordnungsmäßiger Gewinnrealisierung von Mehrkomponentenverträgen. A. a. O., hier S. 903.

[341] Vgl. zum Problem der Berücksichtigung von Herstellungskosten HACHMEISTER, DIRK: Der Discounted Cash Flow als Maß der Unternehmenswertsteigerung A. a. O., hier S. 68.

[342] Vgl. zur Entscheidungserheblichkeit des Auftragsbestands REES, WILLIAM/SUT-CLIFFE, CHARLES: Quantitative non-financial information and income measures: the case of long term contracts. In: J. Bus. Fin. Acc., Vol. 21 (1994), S. 331–347, hier S. 339.

eeee) Möglich wird die (sinnentsprechende) Vernachlässigung einer Analyse von Bilanzierungs- und Bewertungsmethoden aufgrund der Objektivierung handelsrechtlicher Gewinnanspruchsermittlungs-GoB, wie folgend am Beispiel von Mehrkomponentenverträgen und Pensionsverpflichtungen skizziert wird.[343]

Mehrkomponentenverträge bezeichnen sog. gemischte Verträge sowie sog. Vertragsverbindungen. Als gemischte Verträge werden, wie bspw. bei Verkauf von Software und Schulung der Mitarbeiter, die Kombination „mehrere[r], unter Umständen verschiedenen Vertragstypen angehörende Leistungen"[344] verstanden. Vertragsverbindungen bezeichnen dagegen die „in mehreren Verträgen getrennt" vereinbarte „Erbringung von wirtschaftlich zusammenhängenden Leistungen"[345]. Deduktionsbasis einer das Realisationsprinzip objektiviert konkretisierenden Gewinnrealisierung ist (auch) bei diesen Verträgen das Prinzip des quasi-sicheren Gewinns;[346] in wirtschaftlicher Betrachtungsweise identifizieren *Wüstemann/Kierzek* problemspezifische Prinzipien, die sich auf unterer GoB-Ebene widerspruchsfrei in das GoB-System einfügen. Demzufolge wird die Quasi-Sicherheit des Anspruchs auf Gegenleistung aufgrund einer vom Rechnungslegenden erbrachten Teilleistung durch das Einzelerwerbsprinzip, das Verkehrsanschauungsprinzip, das Vorteilsprinzip und das Preisnachlassprinzip objektiviert.[347] In Konsequenz erfolgt die Teilgewinnrealisierung unabhängig von der gesonderten Abrechnung einzelner Leistungen.[348]

In Bezug auf die Bilanzierung von Pensionsverpflichtungen interessieren (hier) die Zuführungsbeträge zu den in der Gewinn- und Verlustrechnung auszuweisenden Pensionsaufwendungen. Diese setzen sich aus dem vom Arbeitnehmer im vergangenen Geschäftsjahr erdienten Pensionsanspruch (Dienstzeitaufwand) und Zinskosten zusammen. Letztere folgen aus dem Verständnis der Pensionsverpflichtung als „Spezialfall einer i. d. R. verzinslichen (ungewissen) Verbindlichkeit"[349] und sind Ausdruck der

---

343 Vgl. zum Problem regelungsunscharfer bzw. unvollständiger Gewinnrealisierungskriterien nach IFRS unten S. 77; vgl. auch oben S. 42.

344 WÜSTEMANN, JENS/KIERZEK, SONJA: Normative Bilanztheorie und Grundsätze ordnungsmäßiger Gewinnrealisierung von Mehrkomponentenverträgen. A. a. O., hier S. 884.

345 *Ebenda*, hier S. 884; ein typisches Beispiel ist die Veräußerung eines Mobilfunktelefons und der Abschluss eines zweijährigen Mobildienstleistungsvertrags.

346 Vgl. MOXTER, ADOLF: Gewinnrealisierung nach den IAS/IFRS: Erosion des HGB-Realisationsprinzips. A. a. O., hier S. 268.

347 Vgl. grundlegend WÜSTEMANN, JENS/KIERZEK, SONJA: Normative Bilanztheorie und Grundsätze ordnungsmäßiger Gewinnrealisierung von Mehrkomponentenverträgen. A. a. O., hier insbes. S. 894–900.

348 Vgl. *ebenda*, hier S. 901.

349 KARRENBROCK, HOLGER: Zur Abzinsung von Rückstellungen nach der Neufassung von § 253 Abs. 1 Satz 2 HGB. In: DB, 47. Jg. (1994), S. 1941–1944, hier S. 1942.

vom Arbeitnehmer zusätzlich zu seiner Arbeitsleistung erbrachten Kreditleistung.[350] Da nicht leistungswirtschaftlich begründet, sollte diese (periodisch ansteigende) Kreditleistung im Finanzergebnis ausgewiesen werden.[351] Hintergrund dieser auch für den Lagebericht sprechenden Forderung ist wiederum die konzeptionelle Umsetzung der aus schwachen ökonomischen Prämissen abgeleiteten Informationsinteressen: Es interessiert das die Ertragskraft des Unternehmens lagebezogen abbildende Element des leistungswirtschaftlich begründeten Dienstzeitaufwands.[352] Im Rahmen des Teilbewertungsverfahrens resultiert dieser aus der periodenspezifisch gleichen Verteilung künftiger Pensionsverpflichtungen. Gleichzeitig zeichnet sich dessen Ermittlung durch eine stichtagsbezogene Objektivierung zukunftsbezogener Schätzungen aus: Der gesellschaftsrechtlichen Einbettung bzw. dem Zweck der Gewinnanspruchsermittlungs-GoB entsprechend, ist der Einbezug künftiger Trends von Gehaltszahlungen und Rentenansprüchen in den Kalkül[353] aufgrund der damit einhergehenden Gewinnverkürzungen als systemfremd zu bezeichnen.[354]

Unbestritten sind die zur Bestimmung des Gewinns aus Mehrkomponentenverträgen und aus Pensionsverpflichtungen erforderlichen Beurteilungen des Rechnungslegenden. Entscheidend für die geringe Bedeutung der Erläuterung von Bilanzierungs- und Bewertungsmethoden im Lagebericht ist jedoch der gegenüber IFRS höhere Objektivierungsgrad sowie die Maßgeblichkeit der dem Schutzzweck handelsrechtlicher Gewinnanspruchsermittlungs-GoB entsprechenden Berechnung eines umsatzbezogenen Gewinns:[355] Objektivierungsbedingt verzerrt, wird, als Ausgangspunkt einer Er-

---

350 Vgl. PLANERT, SUSANNE: Bilanzierung von Pensionsverpflichtungen. A. a. O., hier S. 64 f.

351 Vgl. FÖRSCHLE, GERHART: Kommentierung zu § 275 HGB. 5. Aufl. A. a. O., hier Rz. 138; den Meinungsstreit skizzierend vgl. PLANERT, SUSANNE: Bilanzierung von Pensionsverpflichtungen. A. a. O., hier S. 97 f.

352 Dies impliziert insofern eine Objektivierung als alternative Zinssätze eine jeweils verschiedene Verteilung des (annahmegemäß aus der Anlage resultierenden) Zinsanteils auf die einzelnen Perioden bedeuten. Vgl. PLANERT, SUSANNE: Bilanzierung von Pensionsverpflichtungen. A. a. O., hier S. 67–69; zur ratierlichen Verteilung gemäß dem Teilbewertungsverfahren auf einzelne Perioden vgl. *ebenda*, hier S. 57; COENENBERG, ADOLF G.: Jahresabschluss und Jahresabschlussanalyse. A. a. O., hier S. 373.

353 Vgl. zum Problem PLANERT, SUSANNE: Bilanzierung von Pensionsverpflichtungen. A. a. O., hier S. 73.

354 Diesbezüglich herrscht, trotz der zentralen Bedeutung einer objektivierten Wertaufhellung im Sinne des Abschlussstichtagsprinzips, leider nach wie vor Unsicherheit in der wissenschaftlichen Literatur. Im Falle von Pensionsverpflichtungen wird dessen Zurückdrängung mit dem Imparitätsprinzip begründet (§ 252 Abs. 1 Nr. 4 HGB). Vgl. PLANERT, SUSANNE: Bilanzierung von Pensionsverpflichtungen. A. a. O., hier S. 77 (m. w. N.).

355 Vgl. zur ordnungsmäßigen Realisierung von Umsätzen aus Mehrkomponentenverträgen insbes. WÜSTEMANN, JENS/KIERZEK, SONJA: Normative Bilanztheorie und Grundsätze ordnungsmäßiger Gewinnrealisierung von Mehrkomponentenverträgen. A. a. O., hier S. 12–26.

läuterung im Rahmen der Informations-GoB, doch eine vergleichbare, quasi-liquide Gewinngröße ermittelt.

bbb) Nach IFRS erstellter Abschluss

aaaa) Wird dem gemäß den §§ 289 oder 315 zu erstellenden Lagebericht ein Abschluss nach IFRS zugrunde gelegt, können die erforderlichen Erläuterungen umfangreicher ausfallen: Da die eben in Ausprägung handelsrechtlicher GoB skizzierten Wertungen den IFRS in messtheoretischer Orientierung an der Informationsfunktion fremd sind,[356] gehen vermehrt subjektive Wertungen des Rechnungslegenden in die Anwendung der Bilanzierungs- und Bewertungsmethoden ein. Auf diese einzugehen ist im Sinne des Prinzips der Analyse des Geschäftsergebnis bspw. dann erforderlich, wenn bei der Bestimmung des Pensionsaufwands gemäß Anschaffungsbarwertverfahren keine durchschnittlich periodengleiche Verteilung periodenübergreifender Aufwendungen erfolgt oder auch künftige Ereignisse und Trends in deren Ermittlung einbezogen werden.[357]

Konkret zeigen *Wüstemann/Kierzek* bspw. auf, dass gemäß IAS 18.13 zwar auf Mehrkomponentenverträge hingewiesen wird, eine Konkretisierung der für die Ertragsrealisierung entscheidenden Kriterien jedoch unterbleibt.[358] Gleichzeitig formulieren die IFRS gegenüber handelsrechtlichen GoB unterschiedliche „Anforderungen an die Wahrscheinlichkeit des Nutzenzuflusses“[359]. Hinsichtlich langfristiger Fertigungsaufträge folgen gemäß IAS 11.22 ff. kaum[360] objektivierbare Schätzungen (IAS 11.12) bzgl. künftiger Kostenentwicklungen, des Fertigstellungsgrads (IAS 11.30), der grundsätzlich angenommenen erfolgreichen Fertigstellung mit Abnahme etc.[361]

---

356 Vgl. zu den Charakteristika einer messtheoretischen Perspektive HITZ, JÖRG-MARKUS: Rechnungslegung zum fair value. A. a. O., hier S. 154 f.

357 Vgl. kritisch zum Anschaffungsbarwertverfahren SCHILDBACH, THOMAS: Pensions-verpflichtungen nach US-GAAP/IAS versus HGB/GoB und die Informationsfunktion des Jahresabschlusses. A. a. O., hier S. 968.

358 Vgl. WÜSTEMANN, JENS/KIERZEK, SONJA: Normative Bilanztheorie und Grundsätze ordnungsmäßiger Gewinnrealisierung von Mehrkomponentenverträgen. A. a. O., S. 26–30; *dieselben*: Das Projekt „Revenue Recognition“ von FASB und IASB – Notwendigkeit, Vorschläge und Bewertung möglicher Neufassungen von IAS 18 und IAS 11. A. a. O., hier S. 251.

359 WÜSTEMANN, JENS/KIERZEK, SONJA: Das Projekt „Revenue Recognition“ von FASB und IASB – Notwendigkeit, Vorschläge und Bewertung möglicher Neufassungen von IAS 18 und IAS 11. A. a. O., hier S. 250.

360 Vgl. zum Problem DEXHEIMER, SIGRID: Gewinnerläuterungsgrundsätze nach US-GAAP und SEC-Recht. A. a. O., hier S. 99.

361 Vgl. GRAU, ANDREAS: Gewinnrealisierung nach International Accounting Standards. A. a. O., hier S. 157 f. und S. 164 f.

Die Bestimmung des gemäß IAS 19 ermittelten Dienstzeitaufwands ist im Gegensatz zu den handelsrechtlichen GoB nicht stichtagsbezogen objektiviert.[362] Auch erst künftig erwartete Ereignisse und Trends nehmen Einfluss auf die Höhe und zeitliche Verteilung. Im Hinblick auf die Abbildung der periodendurchschnittlichen Leistung nicht unproblematisch ist daneben die Erfassung aperiodischer (versicherungsmathematische) Gewinne oder Verluste (IAS 19.94).[363] Regelungsunscharf können diese im Sinne des *asset-liability approach* sowohl unmittelbar als auch im Sinne des *income approach* zeitlich verzögert im Ergebnis erfasst werden.[364] Gemäß dem Prinzip der Analyse von Geschäftsverlauf und Lage ist deren Auswirkung im Lagebericht, soweit wesentlich, ungeachtet der Art ihrer Erfassung Gegenstand der Erläuterung finanzieller Risiken.[365]

bbbb) Hinsichtlich des leistungswirtschaftlichen Dienstzeitaufwands sollten gemäß dem Prinzip der Erläuterung des Geschäftsergebnisses die zukunftsbezogenen Erwartungen unter Bezugnahme auf Bilanzierungs- und Bewertungsmethoden aufgezeigt werden, soweit dies für das (sinnentsprechende) „Verständnis des Geschäftsverlaufs und der Lage von Bedeutung" (§ 289 Abs. 3 HGB) ist. Dabei fordert die nicht unmittelbar stichtagsbezogene und insgesamt weniger objektivierte Ereigniskonzeption der IFRS (und der US-GAAP) bereits im Anhang eine, im Gegensatz zu jahresabschlussbezogenen Informations-GoB,[366] umfangreichere, mehrwertige Erläuterung, um die Bandbreite der in den Kalkül eingehenden Schätzungen aufzuzeigen.[367] Im Lagebericht ist auf diese Angaben Bezug zu nehmen. Gleichzeitig sollte, dem System lageberichtsspezifischer Informations-GoB folgend, aber eine den Geschäftsbedingungen am Abschlussstichtag entsprechende Beurteilung erfolgen: Bspw. wären Bilanzierungs- und Bewertungsmethoden im Falle periodenübergreifender Fertigungsaufträgen hin-

---

362 Vgl. PLANERT, SUSANNE: Bilanzierung von Pensionsverpflichtungen. A. a. O., hier S. 177 f.; allgemein zu den Grenzen einer gemäß IAS 19.84 extrapolativen Prognose vgl. GROH, MANFRED: Verbindlichkeitsrückstellung und Verlustrückstellung: Gemeinsamkeiten und Unterschiede. In: BB, 43. Jg. (1988), S. 27–33, hier S. 30.

363 Vgl. PLANERT, SUSANNE: Bilanzierung von Pensionsverpflichtungen. A. a. O., hier S. 183–185.

364 Vgl. PELLENS, BERNHARD/CRASSELT, NILS/SELLHORN, THORSTEN: Bilanzierung leistungsorientierter Pensionszusagen nach IFRS: Auswirkungen auf die intertemporale Ergebnisvolatilität. In: ZfB, 76. Jg. (2006), S. 111–133, hier S. 112; FISCHER, PETRA/SITTMANN-HAURY, CAROLINE: Risikovorsorge im Kreditgeschäft nach IAS 39. A. a. O., hier S. 237.

365 Vgl. zur regelungsunscharfen Abgrenzung von *revenues/expenses* und *gains/losses* WÜSTEMANN, JENS/KIERZEK, SONJA: Das Projekt „Revenue Recognition" von FASB und IASB – Notwendigkeit, Vorschläge und Bewertung möglicher Neufassungen von IAS 18 und IAS 11. A. a. O., hier S. 249.

366 Vgl. oben S. 48.

367 Zur Erläuterung von Schätzungen gemäß SEC-Recht vgl. unten S. 101–105.

sichtlich der zugrunde liegenden Einschätzungen sowie deren Auswirkungen zu erläutern. Daneben sollte auch eine quantitative Abgrenzung langfristiger Fertigungsaufträge erfolgen.[368] Unbedingter Maßstab einer objektivierten Zuordnung (umsatzproportionaler) Aufwendungen und Erträge bleibt das handelsrechtliche Realisationsprinzip i. V. m. dem Anschaffungskostenprinzip.[369] Unbestritten entscheidungserheblich ist eine darauf aufbauende Erläuterung langfristiger Fertigungsaufträge auch im Sinne des Prinzips der Erläuterung des Geschäftsergebnisses.[370] Dementsprechend sollte im Sinne der mittelbaren Prognoseorientierung des Letztjahrsgewinns, insbesondere der am Abschlussstichtag gegenwartsbezogen glaubwürdigste Betrag periodenspezifischer Leistungen unter Anführung wesentlicher Risiken und Ungewissheiten nachvollziehbar begründet werden.

II. Kritische Würdigung zentraler Literaturthesen zur Prognoserelevanz und Nachvollziehbarkeit

1. Leistungsindikatoren im wertorientierten Sinne des Business Reporting

a) Die Literatur versteht den unbestimmten Rechtsbegriff „Leistungsindikator“ (regelmäßig) wirkungsbezogen: Gemeint seien „vom Markt geforderte Schlüsselgrößen über die in der Berichtsperiode erbrachte Geschäftstätigkeit“[371]. Diese würden in wertorientierter Ausprägung auch Größen der (internen) Unternehmenssteuerung umfassen;[372] Leistungsindikatoren bilden im Sinne des *Business Reporting* (interne) Erfolgs-

---

368 IAS 11 sieht dagegen keine „Angabe über die Höhe der realisierten Teilgewinne“ vor. So KÜTING, KARLHEINZ/WOHLGEMUTH, FRANZ: Möglichkeiten und Grenzen der internationalen Bilanzanalyse. Erkenntnisfortschritte durch eine internationale Strukturbilanz? In: DStR, 42. Jg. (2004), Beihefter 3, S. 3–19, hier S. 15.

369 Vgl. MOXTER, ADOLF: Wirtschaftliche Gewinnermittlung und Bilanzsteuerrecht. A. a. O., hier S. 304 f.; vgl. auch HITZ, JÖRG-MARKUS: Rechnungslegung zum fair value. A. a. O., hier S. 130 f.

370 Gemäß IAS 11.25 liefert die *percentage of completion method* „useful information on the extent of contract activity and performance during a period.“

371 BÖCKING, HANS-JOACHIM/HEROLD, CHRISTIAN/WIEDERHOLD, PHILIPP: Modernisierung des HGB in Richtung IAS/IFRS. A. a. O., hier S. 404.

372 Vgl. DRS 15 unterscheidet hier zwischen einer Erläuterung des internen Steuerungssystems (DRS 15.38), leistungsbezogenen Erfolgsfaktoren (DRS 15.30) und einer Empfehlung bzgl. der Angabe wertorientierter Steuerungsgrößen (DRS 15.94 ff.). Vgl. DRS 15 (Lageberichterstattung), hier Rz. 38, sd und 94 ff.; BÖCKING, HANS-JOACHIM/HEROLD, CHRISTIAN/WIEDERHOLD, PHILIPP: Modernisierung des HGB in Richtung IAS/IFRS. A. a. O., hier S. 404

faktoren ab.[373] Inhaltlich impliziert die Ausrichtung am *Business Reporting* eine Hinwendung zur Berichterstattung über Unternehmensprozesse.[374]

b) Begründet wird diese Auffassung, wie oben ausgeführt, regelmäßig mit den Grenzen bilanziell ermittelter Größen.[375] Da gleichzeitig die Bestimmung einer einheitlich anzuwenden (betriebswirtschaftlichen) Gewinngröße problematisch erscheint,[376] soll die (wertorientierte) Erläuterung von Leistungsindikatoren, den unternehmensspezifischen Verhältnissen und der Geschäftstätigkeit entsprechend, systematisch erfolgen;[377] Ziel ist die (mehrwertige) Analyse der Unternehmenssituation in der Systematik einer (pauschalisierten) internen Berichterstattung.[378] Derart aufbereitet würde der bilanziell ermittelte Gewinn eine intertemporäre Vergleichsbasis auch zwischen verschiedenen Unternehmen begründen. In nicht finanzieller Ausprägung würden bspw. Angaben zur Veränderung der Auftragseingänge oder der Kapazitätsauslastung darüber hinaus der Nachvollziehbarkeit von Prognosen dienlich sein.[379] In der Gesamtschau hat eine sol-

---

373 Vgl. BÖCKING, HANS-JOACHIM: Zum Verhältnis von Rechnungslegung und Kapitalmarkt: Vom „financial accounting" zum „business reporting". A. a. O., hier S. 30 und S. 44 f.

374 Vgl. HALLER, AXEL/DIETRICH, RALPH: Kapitalmarktorientierte Gestaltung des Lageberichts. In: KoR, 1. Jg. (2001), S. 164–174, hier S. 166.

375 Vgl oben S. 28–32.

376 *Ballwieser* stellt fest, dass die Vergleichbarkeit eine Normierung von Ermittlung und Ausweis ausgewählter Leistungsindikatoren erfordern würde. Dagegen spräche jedoch, dass die Unternehmensführung bei abweichenden internen Steuerungsgrößen gezwungen würde „über etwas zu berichten, was für die interne Steuerung irrelevant ist." So BALLWIESER, WOLFGANG: Rechnungslegung im Umbruch. In: Der Schweizer Treuhänder, 76. Jg. (2002), S. 295–304, hier S. 300.

377 Vgl. BÖCKING, HANS-JOACHIM/HEROLD, CHRISTIAN/WIEDERHOLD, PHILIPP: Modernisierung des HGB in Richtung IAS/IFRS. A. a. O., hier S. 404; zu entsprechenden Systematisierungen anhand betriebswirtschaftlicher Indikatormodelle (z. B. Balanced Scorecard) vgl. KÜTING, KARLHEINZ/WEBER, CLAUS-PETER: Die Bilanzanalyse. Beurteilung von Abschlüssen nach HGB und IFRS. 8. Aufl. Stuttgart 2006, hier S. 478; MEYER, MARCO: Unternehmenswertorientierte Berichterstattung auf Basis der IAS/IFRS. Eine bilanztheoretische und bilanzpolitische Betrachtung aus deutscher Sicht. Wiesbaden 2005, hier S. 65; ECCLES, ROBERT G./HERZ, ROBERT H./KEEGAN, E. MARY/PHILLIPS, DAVID M. H.: Die ValueReporting Revolution. Neue Wege in der kapitalmarktorientierten Unternehmensberichterstattung. Weinheim 2002, hier S. 262.

378 Explizit zu Elementen eines auf der strategischen Analyse basierenden Publizitätsmodells vgl. ECCLES, ROBERT G./HERZ, ROBERT H./KEEGAN, E. MARY/PHILLIPS, DAVID M. H.: Die ValueReporting Revolution. A. a. O., hier S. 260–265.

379 Vgl. AICPA: Improving business reporting – a customer focus: Meeting the information needs of investors and creditors. New York, New York: AICPA, 1994, hier S. 27 f.; HALLER, AXEL/DIETRICH, RALPH: Kapitalmarktorientierte Gestaltung des Lageberichts. A. a. O., hier S. 167 (m. w. N.); zum empirischen Nachweis dieser These am Beispiel der Kundenzufriedenheit vgl. LINGEN, THOMAS V.: Kundenzufriedenheit – zur Ökonomik eines verhaltenswissenschaftlichen Konstrukts. In: Perspektiven ökonomischen Denkens. Klassische und neue Ansätze des Managements. Festschrift für Herrn Univ.-Prof. Dr. Dr. h. c. *Rudolf Gümbel*, hrsg. v. *Herbert Woratschek*. Frankfurt am Main 1998, S. 165–186, hier S. 170 f.

che Analyse zum Ziel, „dem Kapitalmarkt eine Informationsbasis bereitzustellen, die eine Kontrolle der Werterzielung aus externer Sicht (Anteilseigner) ermöglicht"[380].

c) Dass eine wertorientierte Berichterstattung (wohl) entscheidungsnützlich ist, kann nicht bestritten werden.[381] Die genannten Ziele sind unbestritten sinnvoll. Formal entsprechen sie auch dem in dieser Arbeit systematisch konkretisierten, in wirtschaftlicher Betrachtungsweise aus ökonomisch schwachen Prämissen abgeleiteten Informationsinteresse.

In der Praxis ist aufgrund der auch bei der internen Anwendung wertorientierter Steuerungsgrößen schwierigen Objektivierung jedoch eine gewisse Zurückhaltung bei der Nutzung von Erfolgsfaktoren festzustellen.[382] Das zugrunde liegende Problem der Nachvollziehbarkeit von Erfolgsfaktoren wiegt schwer:[383] Es setzt an der grundlegenden Frage an, ob zwischen Erfolg und Faktor ein im Zeitablauf zumindest relativ beständiger Zusammenhang besteht. Tatsächlich ist diese Frage bislang weder theoretisch noch praktisch zufriedenstellend gelöst.[384] Empirische Studien, wie das PIMS-Projekt, erlauben zwar einzelne (konstante) Ursache-Wirkungs-Zusammenhänge bspw. anhand von Markanteilen oder der Produkt-Lebensdauer abzubilden.[385] Jedoch zeigt *Ballwieser* wiederum auf, dass bspw. die Produkt-Lebensdauer als Indikator der Absatzmengen bei genauerer Betrachtung in ihrer Aussagekraft erheblich eingeschränkt ist[386]. Auch *Streim*, der eine solche Berichterstattung befürwortet, weist – ohne hieraus Konsequenzen zu ziehen – darauf hin, dass „die am wenigsten umstrittenen

---

[380] BÖCKING, HANS-JOACHIM/WESNER, PETER: Value Reporting und Corporate Goverannce – Anreizkompatible Vergütung, Performancemessung und Unternehmensüberwachung. In: Wirtschaftsprüfung und Zeitgeist. Prof. Dr. Dr. h. c. mult. *Adolf Moxter* zum 75. Geburtstag. WPg (Sonderheft 2004), S. 98–106, hier S. 105.

[381] Vgl. RUHWEDEL, FRANCA/SCHULTZE, WOLFGANG: Value Reporting: Theoretische Konzeption und Umsetzung bei den DAX 100-Unternehmen. A. a. O., hier insbes. S. 609.

[382] Vgl. DELOITTE (Hrsg.): In the dark. What boards and executives don't know about the health of their businesses. A Survey by Deloitte in Cooperation with the Economist Intelligence Unit, hier S. 4; PWC (Hrsg.): Immaterielle Werte und andere weiche Faktoren in der Unternehmensberichterstattung – eine Bestandsaufnahme. Februar 2003, hier S. 6.

[383] Vgl. insbes. NICOLAI, ALEXANDER/KIESER, ALFRED: Trotz eklatanter Erfolgslosigkeit: Die Erfolgsfaktorenforschung weiter auf Erfolgskurs. In: DBW, 62. Jg. (2002), S. 579–596, hier S. 583; WENNER DAVID L./LEBER, RICHARD W.: Managing Shareholder Value – From Top to Bottom. In: Harvard Bus. Rev., November/Dezember 1989, S. 52–65, hier S. 52.

[384] Vgl. WELGE, MARTIN K./AL-LAHAM, ANDREAS: Strategisches Management. A. a. O., hier S. 148 f.

[385] Vgl. GÄLWEILER, ALOYS: Unternehmensplanung. A. a. O., hier S. 325; MACHARZINA, KLAUS: Unternehmensführung. A. a. O., hier S. 250.

[386] Vgl. BALLWIESER, WOLFGANG: Unternehmensbewertung und Komplexitätsreduktion. A. a. O., hier S. 126 f.

Erfolgsfaktoren auszuwählen"[387] seien; deren unternehmensspezifische Relevanz wird nicht problematisiert. Ob die formulierte Frage überhaupt positiv beantwortet werden kann und der konzeptionelle Ansatz damit sinnvoll ist, wird hier (intuitiv) kritisch bewertet: Im PIMS-Projekt wird nichts anderes versucht, als die Annahme eines relativ konstanten Zusammenhangs von Erfolg und Faktor empirisch zu bestätigen.[388] Vorauszusetzen wäre allerdings die in der realen Welt irreale Annahme, das Geschäftsrisiko der betrachteten Unternehmen würde (bei einem Beta von eins) ausschließlich durch sog. systematische Risiken bestimmt: Erst in dieser Konstellation lässt sich ein unternehmensübergreifender und zeitresistenter Zusammenhang von Erfolg und Faktor modellieren. Geht man jedoch davon aus, dass das Geschäftsrisiko unternehmensspezifisch und dynamisch geprägt ist, so hat dies zweierlei Implikationen: Auf das jeweilige Unternehmen einwirkende Faktoren wirken sich in Abhängigkeit der Struktur des Unternehmens zum einen von Unternehmen zu Unternehmen unterschiedlich auf den Erfolg aus.[389] Zum anderen erscheint die Abbildung zeitresistenter Ursache-Wirkungs-Zusammenhänge in Anbetracht dessen, dass „Kausalbeziehungen von Preisbewegungen auf Märkten ein sehr komplexes Problem darstellen"[390] und diese faktisch wohl immer auch mit Mengenveränderungen einhergehen werden, problematisch.

Den hier entwickelten Prinzipien ist eine systematische Offenlegung gewinnorientierter Erfolgspotenziale im Sinne des *Business Reporting* fremd:[391] Im Gegensatz zur Darstellung (zeitlich der Gewinnentwicklung vorlaufender) Erfolgsfaktoren basiert die entsprechende Konkretisierung des im Geschäftsjahr geschaffenen Geschäftswerts, das heißt der auf Maßnahmen des Managements und erwarteten Umweltentwicklungen basierenden Gewinnerwartung, im Rahmen der Prognoseprinzipien primär auf der Erläuterung wesentlicher Ertragsdeterminanten. Diesen zugrunde liegende Maßnahmen und Annahmen sind aufzuzeigen; grundsätzlich können in diesem

---

[387] STREIM, HANNES: Zum Stellenwert des Lageberichts im System der handelsrechtlichen Rechnungslegung. A. a. O., hier S. 720 f.

[388] Zentral ist der unterstellte Zusammenhang von Erfolg und Faktor auch im *klassischen* Shareholder-Value-Kalkül: Als (finanzielle) Werttreiber sollen Erfolgsfaktoren eine Einschätzung künftiger Zahlungsströme erlauben. Vgl. BALLWIESER, WOLFGANG: Adolf Moxter und der Shareholder Value-Ansatz. A. a. O., hier S. 1403; BREID, VOLKER: Erfolgspotentialrechnung. A. a. O., hier S. 137.

[389] Vgl. MAUG, ERNST: Konzerne im Kontext der Kapitalmärkte. Antrittsvorlesung (10. Mai 2001). Humboldt-Universität zu Berlin. Wirtschaftswissenschaftliche Fakultät, hier S. 8.

[390] KUHNER, CHRISTOPH: Geschäftszweckgebundene Bewertungskonzeptionen in der externen Rechnungslegung von Unternehmen. A. a. O., hier S. 115.

[391] A. A. DRS 15 (Lageberichterstattung), hier Rz. 29–32; zur Erläuterung der Strategie vgl. unten S. 122.

Zusammenhang auch Angaben zu Erfolgsfaktoren von Relevanz sein. Entscheidend ist aber, dass das hier entwickelte Prinzipiensystem nicht unmittelbar auf dem *management approach* basiert,[392] da eine solche konzeptionelle Einbettung vom Rechnungslegenden fordert, die Abgrenzung wettbewerbssensibler Informationen anhand der regelungsunscharfen Abwägung grundsätzlich umfassender Einblicksinteressen auf der einen und begrenzender Unternehmensinteressen auf der anderen Seite vorzunehmen. Entsprechend unscharfe Einblicksgrenzen sollten in einem einklagbaren Informationssystem vermieden werden.

e) Mit Blick auf das internationale Umfeld zum Zeitpunkt der Entstehung dieser Norm sei auch darauf hingewiesen, dass der konzeptionell an einer wertorientierten Berichterstattung orientierte ASB RS 1 des britischen Standardsetzers unmittelbar vor seiner Kodifizierung als nicht verpflichtende *best practice* kategorisiert wurde.[393] Als solche wird das *Business Reporting* auch hier befürwortet.[394] Allerdings sollten systematisch durchsetzbare Informationspflichten und zusätzliche, ökonomisch unbestreitbar sinnvolle,[395] freiwillig vermittelte Informationsinhalte aus haftungsrechtlichen Gründen deutlich voneinander abgegrenzt werden.[396]

2. Aufbereitung des Ergebnisses der gewöhnlichen Geschäftstätigkeit

a) Die herrschende Literaturmeinung zeichnet sich in Bezug auf die Analyse des Geschäftsergebnisses insbesondere durch zwei Einschätzungen aus: Wie gezeigt liegt der als *best practice* zu verstehenden wertorientierten Lageberichterstattung ein weites Verständnis der *performance* im Sinne einer auch den Geschäftswert umfassenden Darstellung der aktuellen wirtschaftlichen Lage zugrunde; insofern wird der Zusam-

---

392 Vgl. kritisch zur Offenlegung interner Informationen HALLER, AXEL/DIETRICH, RALPH: Freiwillig Unternehmensberichterstattung in den USA - Ergebnisse des Business Reporting Research Project des FASB. In: KoR, 1. Jg. (2001), S. 206–211, hier S. 211

393 Vgl. ASB: Reporting Statement: Operating And Financial Review. January 2006. In: Acc., Vol. 137 (March 2006), S. 107–110, hier S. 107; vgl. auch SCHMIDT, REINHARD H./SPINDLER, GERALD: Shareholder Value zwischen Ökonomie und Recht. In: Wirtschafts- und Medienrecht in der offenen Demokratie. Freundesgabe für *Friedrich Kübler* zum 65. Geburtstag, hrsg. v. *Heinz-Dieter Assmann* u. a. Heidelberg 1997, S. 515–555, hier S. 526 f.

394 Vgl. auch FISCHER, THOMAS M./WENZEL, JULIA/KÜHN, CHRISTIAN: Value Reporting. – Wertorientierte Berichterstattung in den Nemax 50-Unternehmen –. In: DB, 54. Jg. (2001), S. 1209–1216, hier S. 1209; RUHWEDEL, FRANCA/SCHULTZE, WOLFGANG: Value Reporting: Theoretische Konzeption und Umsetzung bei den DAX 100-Unternehmen. In: Zfbf, 54. Jg. (2002), S. 602–632, hier S. 605.

395 Vgl. WELGE, MARTIN K./AL-LAHAM, ANDREAS: Strategisches Management. A. a. O., hier S. 187.

396 Vgl. MERKT, HANNO: Unternehmenspublizität. A. a. O., hier S. 424 und S. 430– 438.

menhang von Geschäftsergebnis und Leistungsindikatoren regelmäßig gemäß der (wirtschaftlichen) Erläuterung bilanzieller Größen im Rahmen eines *Business Reporting* beschrieben.

Neben dieser Erläuterung anhand von Leistungsindikatoren wird auch eine ergänzende aufbereitungsorientierte Analyse bilanzieller Größen gefordert.[397] Der Terminus Geschäftsergebnis wird dabei bzgl. seines Umfangs zwar heterogen, jedoch regelmäßig in Bezug auf bilanzielle Größen, (mindestens) als Ergebnis der gewöhnlichen Geschäftstätigkeit diskutiert.[398] Vor diesem Hintergrund kann der Zusammenhang von finanziellen Leistungsindikatoren und dem Geschäftsergebnis mit *Greinert* dergestalt beschrieben werden, dass Leistungsindikatoren zu erläutern wären, um „Verschleierungen durch sog. bereinigte Ergebnisse“[399] zu vermeiden. Heterogen äußert sich die Literatur im Hinblick auf die Art und Struktur der Analyse bilanzieller Größen: Grundsätzlich kann zwischen einer eher trendorientierten Aufbereitung[400] und einer eher kennzahlenorientierten Aufbereitung unterschieden werden.[401]

b) Einigkeit besteht dagegen bzgl. des (formalen) Ziels der aufbereitungsorientierten Analyse[402] – der Prognoseorientierung.[403] In trendorientierter Aufbereitung wird diese

---

397 DRS 15 unterscheidet zwischen (wertorientierten) Leistungsindikatoren und der Analyse der Ertragslage. Vgl. DRS 15 (Lageberichterstattung), hier Rz. 31.

398 Vgl. stellvertretend ELLROTT, HELMUT: Kommentierung zu § 289 HGB. 6. Aufl. A. a. O., hier Rz. 15.

399 GREINERT, MARKUS: Weitergehende Anforderungen an den Konzernlagebericht durch E-DRS 20 sowie das Bilanzrechtsreformgesetz, A. a. O., hier S. 54.

400 Vgl. DRS 15 (Lageberichterstattung), hier Rz. 52 f.; BUCHHEIM, REGINE/KNORR, LIESEL: Der Lagebericht nach DRS 15 und internationale Entwicklungen. A. a. O., hier S. 419; *Hartmann* versteht die Analyse des Geschäftsergebnisses umfassend: Wohl ausgehend vom Jahresüberschuss/-fehlbetrag ist dieser als bereinigtes Ergebnis aufzubereiten. Darüber hinaus soll eine kennzahlenorientierte Aufbereitung „der Vermittlung der der Ergebnisentwicklung zugrundeliegenden Trends“ dienen. Vgl. HARTMANN, CHRISTINA: Internationalisierung der Lageberichterstattung. A. a. O., hier S. 101.

401 *Ellrott* geht sogar soweit neben einer qualitativen auch eine kennzahlenorientierte Analyse des Jahresabschlusses zu fordern. In deren Rahmen seien „nicht die reinen JA-Zahlen, sondern um Verzerrungen, Nichtvergleichbarkeit oder bilanzpolitische Maßnahmen bereinigte Beträge [zu] verwenden“. So ELLROTT, HELMUT: Kommentierung zu § 289 HGB. A. a. O., hier Rz. 27; *Buchheim/Knorr* sehen die Angabe von bereinigten Vergleichszahlen, bspw. im Falle einer wesentlichen Akquisition, als Empfehlung an. Vgl. BUCHHEIM, REGINE/KNORR, LIESEL: Der Lagebericht nach DRS 15 und internationale Entwicklungen. A. a. O., hier S. 419; *Greinert* versteht die Leistungsindikatoren als „bereinigte Ergebnisse“. Vgl. GREINERT, MARKUS: Weitergehende Anforderungen an den Konzernlagebericht durch E-DRS 20 sowie das Bilanzrechtsreformgesetz. A. a. O., hier S. 54.

402 Vgl. stellvertretend BUCHHEIM, REGINE/KNORR, LIESEL: Der Lagebericht nach DRS 15 und internationale Entwicklungen. A. a. O., hier S. 419; ELLROTT, HELMUT: Kommentierung zu § 289 HGB. 6. Aufl. A. a. O., hier Rz. 27.

wie folgt konkretisiert: Mit *Ellrott* ausgehend von einer Analyse des Ergebnisses der gewöhnlichen Geschäftstätigkeit kommen als Element der Analyse „interne Faktoren wie Bilanzpolitik, Ausnutzung von Ermessensspielräumen [und] Sachverhaltsgestaltungen in Frage"[404].[405] Daneben sind die im Geschäftsjahr aufgetretenen, für die Ergebnisentwicklung ursächlichen Einflussfaktoren darzustellen.[406] Dabei ist zwischen (annahmegemäß) wiederkehrenden und nicht wiederkehrenden Faktoren und Posten zu unterscheiden;[407] zusätzlich sind im Rahmen einer trendorientierten Analyse diejenigen Einflussfaktoren zu identifizieren, von denen angenommen wird, dass sie künftige Trends begründen.[408]

c) Es kennzeichnet die (wohl) herrschende Literaturmeinung, das formale Ziel der Prognoseorientierung konsequent und mit allen Konsequenzen für die Komplexität der Informationsvermittlung[409] in Bezug auf das (stellvertretend mit *Ellrott*) Ergebnis der gewöhnlichen Geschäftstätigkeit umsetzen zu wollen.

Was dies impliziert, deutet *Moxter* an, wenn er mit Blick auf die Prognosetauglichkeit feststellt, dass das Ergebnis der gewöhnlichen Geschäftstätigkeit „auch hinsichtlich der im abgelaufenen Geschäftsjahr gegebenen gewinnbestimmenden Einflüsse entschieden zu heterogen zusammengesetzt"[410] ist. Es ist in diesem Zusammenhang unbestreitbar erforderlich, sämtliche Faktoren zu erläutern und Trends herauszuarbeiten.[411] Entspre-

---

403 Zur Ermittlung von prognosefähigen Ergebnissen ausgehend von der im Jahresabschluss und im Lagebericht offengelegten Information vgl. AK DVFA/SG e. V.: Empfehlungen zur Ermittlung prognosefähiger Ergebnisse. A. a. O., hier S. 1914 f.

404 ELLROTT, HELMUT: Kommentierung zu § 289 HGB. 6. Aufl. A. a. O., hier Rz. 26; BÖCKING, HANS-JOACHIM/HEROLD, CHRISTIAN/WIEDERHOLD, PHILIPP: Modernisierung des HGB in Richtung IAS/IFRS. A. a. O., hier S. 404.

405 Zum Problem von Sachverhaltsgestaltungen und -abbildungen vgl. KÜTING, KARL-HEINZ/WOHLGEMUTH, FRANZ: Möglichkeiten und Grenzen der internationalen Bilanzanalyse. A. a. O., hier S. 5–8.

406 Vgl. stellvertretend DRS 15 (Lageberichterstattung), hier Rz. 50; ELLROTT, HELMUT: Kommentierung zu § 289 HGB. 6. Aufl. A. a. O., hier Rz. 25; BUCHHEIM, REGINE/KNORR, LIESEL: Der Lagebericht nach DRS 15 und internationale Entwicklungen. A. a. O., hier S. 419.

407 Vgl. stellvertretend ELLROTT, HELMUT: Kommentierung zu § 289 HGB. 6. Aufl. A. a. O., hier Rz. 27.

408 Vgl. stellvertretend BUCHHEIM, REGINE/KNORR, LIESEL: Der Lagebericht nach DRS 15 und internationale Entwicklungen. A. a. O., hier S. 419.

409 Zur „Angabe der Bilanzierungs- und Bewertungsmethoden" gemäß IFRS vgl. KOCH, CHRISTOPHER/WÜSTEMANN, JENS: Anhang. In: Synopse der Rechnungslegung nach HGB und IFRS. Eine qualitative Gegenüberstellung, hrsg. v. *Michael Hommel* und *Jens Wüstemann*. München 2006, hier S. 188 f.

410 MOXTER, ADOLF: Grundsätze ordnungsgemäßer Rechnungslegung. A. a. O., hier S. 269; vgl. auch *ebenda*, S. 235–246.

411 Vgl. DRS 15 (Lageberichterstattung), hier Rz. 50.

chendes gilt für ermessenbehaftete Bilanzierungsmethoden[412], bspw. „bei unterschiedlichen planmäßigen Abschreibungsmethoden, Verbrauchsfolgen für Vorräte und Rückstellungsbildungen“[413]; die inhärenten Schätzungen beeinträchtigen zweifellos die (interessierende) Vergleichbarkeit des Unternehmensergebnisses. Diskussionswürdig erscheint jedoch (zumindest) aus Perspektive der Prognosebasis- und Prognoseprinzipien der eingeforderte Umfang einer Analyse bilanzieller Größen.

Richtig ist auch, dass die IFRS *performance* i. S. d. Finanz- und Ertragslage bezeichnen. Man kann, und die herrschende Meinung tut dies wohl, die *performance* bzw. das Geschäftsergebnis in diesem Sinne als Betriebs- und Finanzergebnis bzw. mit *Ellrott* als Ergebnis der gewöhnlichen Geschäftstätigkeit verstehen. Dass dies sowohl aus ökonomischer Perspektive als auch in wirtschaftlicher Betrachtungsweise keinesfalls selbstverständlich ist, wurde oben gezeigt.[414]

Davon unabhängig erscheint es im Hinblick auf die Forderung einer aufbereitungsorientierten Analyse der Ergebnisgröße zentral, dass eine Angabe von Bilanzierungs- und Bewertungsmethoden, wie dem Gesetz entnommen werden kann, Gegenstand jahresabschlussbezogener Informations-GoB ist.[415] Zwar ist diesen GoB nur vereinzelt eine Pflicht zur Erläuterung wirtschaftlicher Determinanten zu entnehmen. Für lageberichtspezifische Informations-GoB deswegen eine umfassende Aufbereitung bilanzieller Größen, also eine unmittelbare Analyse des Ergebnisses der gewöhnlichen Geschäftstätigkeit zu fordern, würde jedoch bedeuten, die Normierung des § 289 HGB zu verkennen: Leistungsindikatoren sind (lediglich) „unter Bezugnahme auf die im Jahresabschluss ausgewiesenen Beträge und Angaben zu erläutern“ (§ 289 Abs. 1 Satz 3 HGB).

d) Das Ergebnis der gewöhnlichen Geschäftstätigkeit umfassend aufzubereiten ist nicht mit dem Prinzip der Erläuterung des Geschäftsergebnisses vereinbar. Nicht nur, dass die Durchsetzung einer Offenlegung von Ermessensspielräumen grundsätzlich auf

---

412 Diese sind gemäß *Ellrott* im Rahmen der Analyse des Geschäftsverlaufs, des Geschäftsergebnisses und der Lage informationspflichtig. Vgl. ELLROTT, HELMUT: Kommentierung zu § 289 HGB. 6. Aufl. A. a. O., hier Rz. 26.

413 AK DVFA/SG e. V.: Empfehlungen zur Ermittlung prognosefähiger Ergebnisse. A. a. O., hier S. 1916.

414 Vgl. oben S. 20–22.

415 Ebenso SELCHERT, FRIEDRICH W./GREINERT, MARKUS: B 510. Aufstellung des Lageberichts. A. a. O., hier Rz. 69; entsprechendes folgt auch aus der Aufgabe des Lageberichts die wirtschaftlichen Ursachen und Hintergründe der im Jahresabschluss abgebildeten Lage(n) darzustellen. Vgl. bspw. LÜCK, WOLFGANG: Kommentierung zu § 289 HGB. A. a. O., hier S. Rz. 3; a. A. ELLROTT, HELMUT: Kommentierung zu § 289 HGB. 6. Aufl. A. a. O., hier Rz. 26.

Widerstand des Rechnungslegenden stoßen wird.[416] Diese zu fordern bedeutet auch das zentrale Charakteristikum handelsrechtlicher Gewinnermittlungs-GoB zu verkennen:[417] Die stichtags-bezogene und judikativ objektivierte Abgrenzung abzubildender Ereignisse trägt entscheidend zur Vergleichbarkeit der mittelbar entscheidungsrelevanten Prognosebasis bei.[418] Wie oben gezeigt sind die handelsrechtlichen Gewinnermittlungs-GoB eben nicht messtheoretisch,[419] im Sinne der US-GAAP oder der IFRS in Ausprägung von *income approach* oder *asset-liability approach*, trend- bzw. prognoseorientiert angelegt.[420] Gleichzeitig ist die Durchsetzung einer Analyse ermessensbehafteter Schätzungen mit Blick auf das US-amerikanische Wertpapierrecht nicht unproblematisch.[421]

III. Kritischer Vergleich mit der Erläuterung des Geschäftsergebnisses nach SEC-Recht

1. Financial performance indicators

a) GAAP financial measures

aa) Im Gegensatz zum handelsrechtlichen Lagebericht bildet das Ergebnis gemäß *item* 303 den Ausgangspunkt einer trendorientierten Analyse von Determinanten. Erklärtes Ziel der grundlegenden Aufbereitung des Ergebnisses (*net income*) ist dabei die Vermittlung von Informationen, die es dem Investor erlauben zu beurteilen, inwiefern Änderungen der Bilanzierung oder in der Geschäftstätigkeit die (retrospektive) Vergleichbarkeit von Periodenergebnissen beeinträchtigen.[422] Darauf aufbauend soll der

---

416 Vgl. unten S. 101–105.

417 Vgl. zur Erläuterung von Bilanzierungs- und Bewertungsmethoden im Falle eines auf den IFRS beruhenden (handelsrechtlichen) Lageberichts oben S. 75–78.

418 Vgl. MOXTER, ADOLF: Grundsätze ordnungsmäßiger Buchführung. A. a. O., hier Sp. 1044; BALL, RAY: Infrastructure Requirements in the Area of Accounting and Disclosure Policy. A. a. O., hier S. 8.

419 Vgl. oben S. 10–12.

420 Zur rechnungslegungstheoretischen Tradition der Zeitwertbewertung vgl. WÜSTEMANN, JENS/BISCHOF, JANNIS: Der Grundsatz der Fair-Value-Bewertung von Schulden nach IFRS: Zweck, Inhalte und Grenzen. In: ZfB, 76. Jg. (2006), Special Issue 6, S. 77–110, hier S. 84.

421 Vgl. unten S. 101–105.

422 Vgl. SEC: Release Nos. 33-6711, 34-24356, 52 FR 13715. Concept Release on Management's Discussion and Analysis of Financial Condition and Operations. April 24th, 1987; zur trendorientierten Prognose vgl. 17 C.F.R. § SEC 229.303, instruction to Par. 303 (a) Nr. 1.

Investor auch Determinanten und Wahrscheinlichkeit der Wiederkehr des bereinigten Ergebnisses einschätzen können.[423]

bb) Als *GAAP financial measures* können grundsätzlich Komponenten des *income from continuing operations* und die *operating cash flows* unterschieden werden. Beide Ergebnisgrößen sind jeweils Element einer kurzfristigen und langfristigen Analyse der Situation des Unternehmens.[424] *Cash flows* bezeichnen dabei sowohl in kurzfristiger Ausprägung die tatsächlichen Ein- und Auszahlungen der Periode als auch in langfristiger Ausprägung periodisierte Ein- und Auszahlungen.

Gewinnkomponenten betreffend impliziert die Betonung des Kriteriums der Wiederkehrvermutung, dass im Rahmen der Aufbereitung sämtliche nur von geringer Wiederkehrvermutung geprägte Posten abzugrenzen sind.[425] Daraus folgt, dass die genannten Ergebnisgrößen nur den Ausgangspunkt einer entscheidungsorientierten Informationsvermittlung bilden.

Das eigentliche Interesse gilt vielmehr den – dank Erläuterung funktionaler Abhängigkeiten[426] – in individueller Einschätzung wiederkehrenden (prognoserelevanten) Aufwendungen und Erträgen bzw. den so verstandenen *earnings*[427].[428]

---

423 Vgl. SEC: Release Nos. 33-5520, 39 FR 31894. August 14, 1974; zum *predictive value* vgl. unten S. 106 f.

424 Vgl. SEC: Release Nos. 33-8350, 34-48960, FR-72. A. a. O., hier S. 12–14; SEC: Release Nos. 33-8098, 34-45907, File No. S7-16-02. Proposed Rule: Disclosure in Managements Discussion and Analysis about the Application of Critical Accounting Policies. May 10, 2002.

425 Vgl. 17 C.F.R. § SEC 229.303 (a)(3)(i); Auch die Erfolgsspaltung gemäß US-GAAP wird entscheidend durch das Wiederkehrbarkeitskriterium geprägt. Vgl. insbes. DEXHEIMER, SIGRID: Gewinnerläuterungsgrundsätze nach US-GAAP und SEC-Recht. A. a. O., hier S. 171 und S. 179.

426 Vgl. 17 C.F.R. § SEC 229.303 (a)(3)(ii) und (iii).

427 *Solomons* bezeichnet *earnings* als „[t]he diffference between what an entity receives or reasonably expects to receive for its output (revenues) and what it sacrifices to produce and distribute that output (expenses). Earnings also include results of the entity's incidental or peripheral transactions and some effects of other events and circumstances stemming from the environment (gains and losses)." So SOLOMONS, DAVID: Making Accounting Policy. The Quest for Credibility in Financial Reporting. A. a. O., hier S. 250; 17 C.F.R. § SEC 229.303, instruction to Par. 303 (a) Nr. 2.

428 Der Begriff *earnings* wird ebenso wie die Begriffe *revenue*, *income* oder *profit* heterogen verwendet. Vgl. FASB (Hrsg.): Agenda Proposal: Reporting Information About the Financial Performance of Business Enterprises: Focusing on the Form and Content of Financial Statements. Norwalk, Connecticut: FASB, 2001, hier S. 1; *Yaekura* stellt jedoch – ohne, dass dies einen Konsensus der Reformüberlegungen darstellen würde – fest, dass die Zurückdrängung aperiodischer Posten zentral für das Verständnis von *earnings* ist. (*Financial*) *performance* definiert *Yaekura* als „[e]x-post information about the result of investment (by the firm); it indicates how much surplus is *earned* from the investment *after it is released from (inherent) business risk*." So YAEKURA, TAKASHIE: What Does Net Income Mean? Net Income vs Comprehensive Income. Hosei University. JIG Performance Reporting Meeting. New York (June 14, 2005), hier S. 10 (Hervorhebung nicht im Original); DEXHEIMER, SIGRID: Gewinnerläuterungsgrundsätze nach US-GAAP

Daneben sind u. a. *operating cash flows* zu analysieren.[429] Ausgehend von SFAS 95 ist dabei auch auf wesentliche Änderungen der zugrunde liegenden Faktoren, also bspw. die Gründe veränderter Zahlungsströme aus dem Verkauf von Gütern oder dem Kauf von Rohstoffen,[430] einzugehen.[431]

cc) Weder *item* 303 (a)(3) noch den (zahlreichen) Verlautbarungen kann ein Hinweis dahingehend entnommen werden, dass *key financial measures* als Ertragskraft bzw. in vergangenheitsorientierter Ausprägung als *operating profit* zu verstehen wären.[432] Explizit aufgeführt werden jedoch *sales* und *revenues*. Eine weitergehende Konkretisierung von *key financial measures* erfolgt allerdings nicht: In Bezug auf *non-GAAP financial measures* ist dies faktisch auch nicht möglich, da es sich um unternehmensindividuelle Größen handelt. Hinsichtlich der *GAAP financial measures* ist die (problematische) Zurückhaltung einer lediglich indirekten Prognose geschuldet. Aus ökonomischer Perspektive ist diese auf das vermögensorientierte Verständnis des *economic income* zurückzuführen.[433]

Zwar ist das *income from continuing operations* selbst ungeeignet als *key financial measure* zu dienen.[434] Die Betonung einer trendorientierten Aufbereitung weist allerdings darauf hin, dass dies anerkannt, gleichzeitig jedoch als Begründung der Notwendigkeit einer umfassenden Analyse herangezogen wird:[435] Approximiert wird ein *pre-*

---

und SEC-Recht. A. a. O., hier S. 170 ff.; vgl. auch FASB: SFAC No. 5. A. a. O., hier Par. 13; WOLK, HARRY I./TEARNEY, MICHAEL. G./DODD, JAMES L.: Accounting Theory. A. a. O., hier S. 391; zum Problem des *income smoothing* aufgrund einer fehlenden klaren terminologischen Abgrenzung vgl. *ebenda*, hier S. 421 f.

429 Vgl. 17 C.F.R. § SEC 229.303 (a)(1) und (2); *ebenda*, instruction to Par. 303 (a) Nr. 2 und Nr. 5; SEC: Release Nos. 33-6835, 34-26831, IC-16961, FR-36. Management's Discussion and Analysis of Financial Condition and Results of Operations; Certain Investment Company Disclosures. 1989 SEC LEXIS 1011. May 18ᵗ, 1989, hier S. 1014 f.

430 Vgl. SEC: Release Nos. 33-8350, 34-48960, FR-72. A. a. O., Abs. „Liquidity and Capital Resources", Fn. 8.

431 Vgl. SEC: Release Nos. 33-6835, 34-26831, IC-16961, FR-36. A. a. O., hier Fn. 31.

432 Ohne den *operating profit* im oben skizzierten Sinne als Ausgangspunkt einer (objektivierten) Quantifizierung der zukunftsbezogenen Ertragskraft zu verstehen, sondern vor dem Hintergrund der Frage nach zweckadäquaten Bilanzierungsmethoden, stellt die SEC fest: „Additionally, it is not clear that the simple omission of depreciation and other non-cash charges deducted in the computation of net income provides an appropriate alternative measure of performance for any industry either in theory or in practice. This problem was recognized by the APB in APBO 19 where it was noted that „the amount of working capital or cash provided from operations is not a substitute for or an improvement upon properly determined net income as measures of results of operations." So SEC: 202.02 ‚Cash Flow' as a Proxy for Income Measurement. ASR 142. Bestandteil des FRR 41.

433 Vgl. unten S. 84–87.

434 Vgl. SEC: 202.02 ‚Cash Flow' as a Proxy for Income Measurement. ASR 142, hier FRR 41.

435 Gleichzeitig stellt die SEC fest, dass: „Until new and uniform measurement principles are developed and approved for an industry, the presentation of measures of perfromance other than net in-

dictive value, also unter Einbezug (auch bilanziell erfasster) Trends ein Indikator des aus der erwarteten (Effektiv-) Vermögensänderung resultierenden Gewinns.[436] Im Rahmen eines solchen Verständnisses erscheint es nur konsequent, wenn neben der Analyse der *results of operations* oder *cash flows from operations* auch diese erläuternde, unternehmensindividuelle *non-GAAP financial measures* informationspflichtig sind.[437] Für die Angabe solcher (interner) Größen der Unternehmenssteuerung spricht deren angenommene Entscheidungsrelevanz:[438] Dem Adressaten soll die Möglichkeit gegeben werden, „to look at the company through the eyes of management“[439].[440]

b) Non-GAAP financial measures

aa) *Non-GAAP financial measures* zeichnen sich dadurch aus, dass im Gegensatz zu den gemäß GAAP berechneten, in Bilanz, Gewinn- und Verlustrechnung oder anderen Teilen der *financial statements* ausgewiesenen Posten, Beträge hinzugefügt oder weggelassen werden.[441] Als *key financial measures or indicators of financial performance*, die mit ausschließlicher Orientierung am Informationsinteresse unbestimmt bleiben, wird deren Analyse von der SEC aus Gründen der Rechtssicherheit relativiert: *Non-GAAP financial measures* betreffend konkretisiert die SEC gemäß Sarbanes-Oxley-Act, *section* 401 (b) geforderte Informationspflichten.[442]

In diesem Sinne modifizierte, auf dem *operating income*[443] basierende Ergebnisgrößen sowie EBIT-Größen stellen *non-GAAP financial measures* dar.[444] Untersagt ist dabei

---

come should be approached with extreme caution.“ Zitiert nach SEC: 202.02 ‚Cash Flow‘ as a Proxy for Income Measurement. ASR 142, hier FRR 41.

436 Eine Orientierung an der durchschnittlich maximal entnehmbaren Ausschüttung wird damit konzeptionell ausgeschlossen. Aus institutionenökonomischer Perspektive argumentierend weisen empirische Studien jedoch darauf hin, dass hierfür auch (weniger) Bedarf besteht: Von anderen zentralen Implikationen wie Rechtssicherheit und Nachvollziehbarkeit abgesehen, wird deren Angabe durch die Aussschüttungspraxis der am Kapitalmarkt notierten Unternehmen substituiert. Vgl. DA SILVA, LUIS CORREIA/GOERGEN, MARC/RENNEBOOG, LUC: Dividend Policy and Corporate Governance. A. a. O., hier S. 85 f. und S. 98.

437 Vgl. 17 C.F.R. § 229.10 (e)(1)(i)(C).

438 Vgl. BERNSTEIN, DAVID: SEC adopts rules for non-GAAP information. In: Intern. Fin. L. Rev., Vol. 22, Issue 3 (2003), S. 39–41, hier S. 40.

439 SEC: Release Nos. 33-8350; 34-48960; FR-72. A. a. O., hier S. 2.

440 Im Rahmen der *supplementary information* (*item* 302) ist der „gross profit (net sales less costs and expenses associated directly with or allocated to products sold or services rendered“ anzugeben.

441 Vgl. 17 C.F.R. § 244.101 (*regulation* G).

442 Vgl. SEC: Rel. Nos. 33-8176, 34-47226, FR-65. Final Rule: Conditions for Use of Non-GAAP Financial Measures. Part II. January 30, 2003, hier S. 4821.

443 Zu den Bestandteilen des *operating income* vgl. 17 C.F.R. § 210.5-03 (b)(1) und (7). (*regulation* S-X *item* 210.5-03).

444 SEC: Rel. Nos. 33-8176, 34-47226, FR-65. A. a. O., hier S. 4822.

die Vernachlässigung von annahmegemäß in den folgenden zwei Jahren auszahlungswirksamen Posten.[445] Lediglich in diesem Zeitraum nicht wiederkehrende Posten dürfen abgegrenzt werden.[446] Die ebenfalls als *non-GAAP liquidity measures* verstandenen EBIT-Größen sind explizit von dieser Anforderung ausgenommen. Der getrennte Ausweis von Ergebnisgrößen dergestalt, dass EBIT aus der Gewinn- und Verlustrechnung ersichtlich sind, ist Gegenstand des oben erwähnten Projekts zum *financial performance reporting*. Nicht zu den *non-GAAP financial measures* zählen *operating measures*, wie „unit sales, numbers of employees, numbers of subscribers etc."[447] Ebenso werden zukunftsbezogene Größen, wie bspw. „estimated revenues or expenses of a new product line"[448], von der Definition ausgenommen, soweit die zugrunde liegende Schätzung in ihrer Systematik der gemäß GAAP geforderten Berechnung folgt.

In Bezug auf *cash flows* ist bspw. die Abbildung von *free cash flows* erlaubt.[449]

bb) Im Rahmen der mit dem Ausweis von *non-GAAP financial measures* verbundenen Informationspflicht sind u. a. die Gründe, weshalb diese als relevante Zusatzinformation zu den *GAAP financial measures* betrachtet werden, anzugeben.[450] Entsprechendes gilt für den ähnlichsten (*most directly comparable*) *GAAP financial measure*.[451] Unter-

---

445 Vgl. 17 C.F.R. § 229.10 (e)(1)(ii)(B) (Regulation G).

446 Dies erfordert jedoch eine Begründung der Abgrenzung. Vgl. SEC: (Division of Corporate Finance): Frequently asked questions regarding the use of non-GAAP financial measures. 13.6.2003. EBIT and EBITDA, Answer 14. Im Internet unter: http://www.sec.gov/divisions/corpfin/faqs/nongaapfaq.htm (zuletzt besucht am 8. Januar 2008).; zu Problem und Argumentation vgl. den Fall *Trump Hotels & Casino Resorts*: Im Fokus der Beurteilung, ob es sich bei der *non-GAAP financial measure* um ein *misleading statement* handelt, stand die Frage, inwiefern einmalige Schließungskosten des Trump World's Fair in Höhe von Mio. $ 81,4 „obscure a significant result or trend reflected in the GAAP numbers." Diese Aufwendungen waren im Gegensatz zu einmaligen Erträgen nicht erfasst worden. Da die resultierende Differenz "represented the difference between positive trends in revenues and earnings and negative trends in revenues and earnings", erachtete die SEC diese Abweichung von *GAAP financial measures* als wesentlich (*material*). Vgl. In the Matter of TRUMP HOTELS & CASINO RESORTS, INC. Admin. Proc. File No. 3-10680, SEA 1934 Rel. No. 45287. January 16, 2002, hier Rz. W und Rz. X; SEC: (Division of Corporate Finance): Frequently Requested Accounting and Financial Reporting Interpretations and Guidance, 1999 SEC No-Act. Lexis 556, hier S. 29 f.; DEXHEIMER, SIGRID: Gewinnerläuterungsgrundsätze nach US-GAAP und SEC-Recht. A. a. O., hier S. 52.

447 SEC: Rel. Nos. 33-8176, 34-47226, FR-65. A. a. O., hier S. 4822.

448 *Ebenda.*

449 Jedoch sollten die *free cash flows* „not be used in a manner that inappropriately implies that the measure represents the residual cash flow available for discretionary expenditures, since many companies have mandatory debt service requirements or other non-discretionary expenditures that are not deducted from the measure." So SEC (Division of Corporate Finance): Frequently asked questions regarding the use of non-GAAP financial measures. 13.6.2003. EBIT and EBITDA, Answer 14. Im Internet unter: http://www.sec.gov/divisions/corpfin/ faqs/nongaapfaq.htm (zuletzt besucht am 8. Januar 2008).

450 Vgl. 17 C.F.R § 229.10 (e)(1)(i)(C).

451 Vgl. 17 C.F.R § 229.10 (e)(1)(i)(A).

schiede zwischen der *non-GAAP financial measure* und dem *comparable financial measure* sind, soweit möglich, anhand einer Überleitungsrechnung aufzuzeigen.[452] Welcher GAAP-konforme *financial measure* als *most directly comparable* anzusehen ist, liegt im Ermessen des Managements. Empfohlen wird jedoch eine Angabe sowohl liquiditäts- als auch leistungsspezifischer *financial measures*. Diese sollten auf das *statement of cash flows* bzw. auf das *net income* oder das *income from continuing operations* übergeleitet werden.[453] In Anbetracht der Fülle ergänzender Informationen wird davon ausgegangen, dass der Umfang offengelegter *non-GAAP financial measures* zurückgeht.[454]

cc) Versteht man die geforderte Überleitung von *non-GAAP financial measures* auf normierte Größen als Intention, vergleichbare Informationen zu vermitteln, so muss letztlich unbeantwortet bleiben, welcher Informationsgehalt den *non-GAAP financial measures* eigentlich beizumessen ist. Aus entscheidungsorientierter Perspektive wird man das allgemein als unbestritten geltende Interesse der Adressaten an solchen Größen relativieren müssen: Letztlich sind nicht vergleichbare Informationen wenig geeignet Informationsinteressen abzubilden.

2. Non-financial performance indicators

a) Gemäß SEC muss der Rechnungslegende in der MD&A jene zentralen Indikatoren sowie qualitativen und quantitativen Faktoren identifizieren und erläutern, die für das Verständnis (*understanding*) und die Beurteilung (*evaluation*) des betrachten Unternehmens erforderlich sind.[455] In welchem Umfang *non-financial performance indicators* zu erläutern sind, ist vom Rechnungslegenden dabei vor dem Hintergrund zu beurteilen, dass finanzielle Größen regelmäßig keinen hinreichenden Einblick in die Geschäftstätigkeit erlauben.[456]

Kriterium der Bestimmung informationspflichtiger Erfolgsfaktoren ist deren Wesentlichkeit:[457] Als „material to investors"[458] gelten (naheliegenderweise) jene *non-*

---

452 Vgl. 17 C.F.R § 229.10 (e)(1)(i)(B).

453 SEC: Rel. Nos. 33-8176, 34-47226, FR-65. A. a. O., hier S. 4823.

454 Vgl. RUDER, DAVID S./SUN, YUJI/SYCZ, AREK: The SEC at 70: The Securities and Exchange Commision's pre-and post-enron responses to corporate financial fraud: An analysis and evaluation. In: N. D. L. Rev., Vol. 80 (2005), S. 1103–1158, hier S. 1137; BERNSTEIN, DAVID: SEC adopts rules for non-GAAP information. A. a. O., S. 41.

455 Vgl. SEC: Release Nos. 33-6835, 34-26831, IC-16961, FR-36. A. a. O., hier S. 1013.

456 Vgl. SEC: Release Nos. 33-8350, 34-48960, FR-72. A. a. O., hier S. 7 f.

457 Zur praktischen Bedeutung der Angabe von Erfolgsfaktoren und Ressourcen – Vorbehalte resultieren insbesondere „aus Mess- und Objektivierungsproblemen sowie befürchteten Wettbewerbs-

financial performance indicators, die einer Einschätzung der erwarteten finanziellen Situation bzw. der Situation des Unternehmens (*evaluation of the individual company*) dienlich sind.[459] In kapitalmarktorientierter Betrachtungsweise orientiert sich die so konzipierte Wesentlichkeit an einem Adressaten, der anhand des vergangenen Gewinns und im Sinne der Informationseffizienz an der unmittelbaren (*direct*) und quantitativen Auswirkung indirekt prognoseorientierter Informationen interessiert ist.[460]

Dergestalt aus ökonomisch starken Prämissen abgeleitet, sind sämtliche (internen) Informationen zur wirtschaftlichen Lage des Unternehmens potenziell informationspflichtig.[461] Kennzahlen des internen Steuerungssystems sollen aufgrund ihres vorlaufenden Charakters eine unverzerrte Abbildung derselben garantieren; man denke bspw. an *windfalls*: Eine positiv dargestellte wirtschaftliche Lage kann durch Einsparungen im Personalbereich oder im Service begründet sein; vorlaufende Kennzahlen – bspw. die Kundenzufriedenheit oder der Auftragsbestand – werden dies (theoretisch) bereits zum Ausdruck bringen.[462]

b) In der Intention überzeugend, fehlt in der Umsetzung ein objektivierbares Kriterium; zum Vergleich: Handelsrechtlich ist sowohl die materiell-ökonomische Bedeutung als auch die Informationspflicht von *non-financial performance indicators* eingebettet in die vergangenheits- bzw. gegenwartsorientierte „Analyse des Geschäftsverlaufs und der Lage" (§ 289 Abs. 1 Satz 2 HGB). Deren Inhalt konkretisiert sich wiederum in Bezug auf die gemäß Gewinnermittlungs-GoB in objektivierter Ereigniskonzeption abgebildete Situation. In diesem Zusammenhang kommen lediglich die aus der Erläuterung finanzieller Leistungsindikatoren noch resultierenden Defizite als Grund für einen

---

nachteilen" vgl. PWC (Hrsg.): Immaterielle Werte und andere weiche Faktoren in der Unternehmensberichterstattung – eine Bestandsaufnahme. A. a. O., hier S. 27; TURNER, LYNN E.: Quality, Transparency, Accountability. Remarks before Financial Executives Institute. April 26, 2001. Im Internet unter www.sec.gov/news/speech/spch485.htm, zuletzt besucht am 8. Januar 2008.

458 SEC: Release Nos. 33-8350, 34-48960, FR-72. A. a. O., hier S. 7.

459 Vgl. SEC: Release Nos. 33-6835, 34-26831, IC-16961, FR-36. A. a. O., hier S. 1013; BEHN, BRUCE K./RILEY, RICHARD A., Jr.: Using Nonfinancial Information to Predict Financial Performance: The Case of the U.S. Airline Industry. In: J. Acc. Aud. Fin. Vol. 14 (1999), hier S. 29–56, hier S. 52 f.

460 Vgl. VAUGHN, ROBERT G.: America's first comprehensive statute protecting corporate whistleblowers. In: Admin. L. Rev., Vol. 57 (2005), S. 1–106, hier S. 33.

461 Vgl. SEC: Release Nos. 33-8350, 34-48960, FR-72. A. a. O, hier S. 7; zum Problem WÜSTEMANN, JENS: Institutionenökonomik und internationale Rechnungslegungsordnungen. A. a. O., hier S. 160.

462 Vgl. MACHARZINA, KLAUS: Unternehmensführung. A. a. O., hier S. 250; zu einer Analyse dieser Zusammenhänge vgl. BEHN, BRUCE K./RILEY, RICHARD A., Jr.: Using Nonfinancial Information to Predict Financial Performance: The Case of the U.S. Airline Industry. A. a. O., hier S. 31 f.; REES, WILLIAM/SUTCLIFFE, CHARLES: Quantitative non-financial information and income measures: the case of long term contracts. A. a. O., hier S. 345.

Einbezug nicht finanzieller Leistungsindikatoren in Frage. In funktionaler Ausprägung sind solche Defizite ausschließlich durch jene Determinanten begründet, die das Verhältnis (zahlungsgleicher) Aufwendungen und Erträge bestimmen. Konzeptionell entscheidend für die Herausarbeitung entsprechender Leistungsindikatoren ist die Maßgeblichkeit umsatzproportionaler Ergebnisgrößen sowie eine den Gewinnermittlungs-GoB folgende Abgrenzung der voraussichtlichen Entwicklung; erst in deren Rahmen wird das zukunftsbezogene Element der aktuellen wirtschaftlichen Lage (in direkter Prognose) abgebildet.

Zwar bleibt (theoretisch), und im US-amerikanischen Kontext einer trendorientierten Analyse regelungsunscharf ermittelter Ergebnisgrößen ist dies auch konsequent, die Möglichkeit einer umfassenden Abbildung interner Steuerungsgrößen und deren Erläuterung in Bezug auf die (mehrwertig) aufbereiteten *results of operations*;[463] tatsächlich sprechen jedoch gute Gründe gegen solche Angaben und für ein prinzipienbasiertes Informationssystem.[464]

---

463 Zur (beeindruckenden) Komplexität eines solchen Systems und dem empirischen Nachweis von Ursache-Wirkungs-Zusammenhängen am Beispiel der *balanced scorecard* vgl. BRYANT, LISA/JONES, DENISE A./WIDENER, SALLY K.: Managing Value Creation within the Firm: An Examination of Multiple Performance Measures. In: J. M. Acc. Res., Vol. 16 (2004), S. 107–131, hier S. 122.

464 Vgl. unten S. 106 f.

Zweites Kapitel: Prognoseprinzipien

A. Prinzip der Beurteilung der künftigen Entwicklung

I. Prinzipienbildung

1. Normative Aussage in wirtschaftlicher Betrachtungsweise

Das Prinzip der Beurteilung der künftigen Entwicklung (§ 289 Abs. 1 Satz 4 HGB) ist von zentraler Bedeutung für eine schutzzweckadäquate Konkretisierung der Lageberichterstattung: Die Ertragskraft des Unternehmens wird zukunftsbezogen abgebildet, was den Geschäftswert sachlogisch einschließt.[465]

Sinnentsprechend hat der Rechnungslegende eine konkrete (mehrwertige) Beurteilung der künftigen Entwicklung vorzunehmen. Diese basiert auf der vergangenen Geschäftstätigkeit und wird durch künftig erwartete Umweltzustände sowie Chancen und Risiken geprägt; maßgeblich ist die dem Grunde und der Höhe nach glaubwürdigste voraussichtliche Entwicklung von Elementen und Determinanten des Geschäftsergebnisses bei stichtagsbezogen konstanten Dispositionen des Rechnungslegenden.

2. Materiell-ökonomische Ausprägung

a) Indikator individueller finanzieller Präferenzen

aa) Um dem intendierten Schutzzweck aus entscheidungsorientierter Perspektive gerecht zu werden, muss die Beurteilung der künftigen Entwicklung einen Indikator des aus dem Unternehmen zu erwartenden Konsumniveaubeitrags (Zielstrom) abbilden. Insoweit unbestritten unterscheiden sich die diskutierten Ansätze hinsichtlich des Einbezugs individueller Präferenzen in den Kalkül. Grundlegendes Problem einer aus ökonomisch starken Prämissen abgeleiteten Konzeption ist (neben weiteren Marktunvollkommenheiten) die unter realen Bedingungen aus Perspektive des Adressaten fehlende Separierbarkeit von Investitions- und Konsumentscheidung:[466] Da es diesem aufgrund unterschiedlicher Zinssätze für Anlage und Kredit möglich ist, seinen indivi-

---

465 Vgl. unten S. 138–145.

466 Vgl. KOCH, HELMUT: Der Begriff des ökonomischen Gewinns – Zur Frage des Optimalitätskriteriums in der Wirtschaftlichkeitsrechnung. In: ZfbF, 20. Jg. (1968), S. 389–441, hier S. 398–401; HOMMEL, MICHAEL/SCHMIDT, REINHARD M./WÜSTEMANN, JENS: *Adolf Moxter* und die Grundsätze ordnungsgemäßer Rechnungslegung – Kontinuität und Zukunft eines Forschungsleitbildes. A. a. O., hier S. 88.

duellen Zielstrom zu variieren,[467] tritt eine Ableitung individueller Zielströme aus der Veränderung von Kapitalwerten bzw. dem Börsenkurs zu kurz. Vernachlässigt werden individuelle Zeit- und Risikopräferenzen.[468]

bb) Übertragen auf eine bilanzielle Approximation des ökonomischen Gewinns folgt daraus eine Unterscheidung vermögens- und gewinnorientierter Heuristiken: In Abhängigkeit der Ermittlung meint die Ertragskraft als Indikator individueller Zielströme auf der einen Seite die (vermögensorientierte) Veränderung des Ertragswerts des Unternehmens zwischen Periodenanfang und Periodenende.[469] Auf der anderen Seite kann die Ertragskraft auch mit *Hansen* gewinnorientiert als (einkommensapproximativer) Indikator des Konsumniveaus verstanden werden.[470]

Den zugrunde liegenden, von der Effektivvermögensermittlung losgelösten und in Konsequenz am „individuellen Wert eines Zahlungsstroms"[471] orientierten Kalkül begründet *Moxter*: Nur unter der (strengen) Annahme einer (individuell) konstanten Be-

---

467 Vgl. MOXTER, ADOLF: Optimaler Verschuldungsumfang und Modigliani-Miller-Theorem. In: Aktuelle Fragen der Unternehmensfinanzierung und Unternehmensbewertung. *Kurt Schmaltz* zum 70. Geburtstag, hrsg. v. *Karl-Heinz Forster* und *Peter Schuhmacher*. Stuttgart 1970, S. 128–155, hier S. 147 f., hier S. 146–149; BALLWIESER, WOLFGANG: Adolf Moxter und der Shareholder Value-Ansatz. A. a. O., hier S. 1391 f.; vgl. zu der unter neoklassischen Prämissen gegenläufigen Argumentation MODIGLIANI, FRANCO/MILLER, MERTON H.: The Cost of Capital, Corporation Finance and the Theory of Investment. In: A.E. Rev., Vol. 48 (1958), S. 261–297; vgl. auch WILHELM, JOCHEN: Marktwertmaximierung – Ein didaktisch einfacher Zugang zu einem Grundlagenproblem der Investitions- und Finanzierungstheorie. In: ZfB, 53. Jg. (1983), S. 516–534, hier S. 516 f.

468 Vgl. HITZ, JÖRG-MARKUS: Rechnungslegung zum fair value. A. a. O., hier S. 175–179; WILHELM, JOCHEN: Marktwertmaximierung – Ein didaktisch einfacher Zugang zu einem Grundlagenproblem der Investitions- und Finanzierungstheorie. A. a. O., hier S. 526–529.

469 Vgl. ORDELHEIDE, DIETER: Kaufmännischer Periodengewinn als ökonomischer Gewinn. A. a. O., hier S. 276; WOLK, HARRY I./TEARNEY, MICHAEL. G./DODD, JAMES L.: Accounting Theory. A. a. O., hier S. 188; SCHMIDT, REINHARD H./TERBERGER, EVA: Grundzüge der Investitions- und Finanzierungstheorie. A. a. O., hier S. 141; FRANKE, GÜNTER/HAX, HERBERT: Finanzwirtschaft des Unternehmens und Kapitalmarkt. A. a. O., hier S. 83 ff.; HICKS, JOHN R.: Value and Capital. An inquiry into some fundamental principles of economic theory. 2nd edition, Oxford: University Press, 1974, hier S. 172; SOLOMONS, DAVID: Economic and Accounting Concepts of Income. In: Acc. Rev., Vol. 36, No. 2 (1961), S. 374–383, hier S. 378; SOLOMONS, DAVID: Making Accounting Policy. The Quest for Credibility in Financial Reporting. A. a. O., hier S. 145.

470 Vgl. HANSEN, PALLE: The Accounting Concept of Profit. Kopenhagen und Amsterdam 1962, hier S. 28 f.; MOXTER, ADOLF: Betriebswirtschaftliche Gewinnermittlung. A. a. O., hier S. 151; WAGNER, FRANZ W.: Periodenabgrenzung als Prognoseverfahren – Konzeption und Anwendungsbereich der „einkommensapproximativen Bilanzierung". A. a. O. , hier S. 1188; anschaulich zum Vergleich vermögens- und gewinnorientierter Gewinnermittlung vgl. HALLER, AXEL: Die Grundlagen der externen Rechnungslegung in den USA. Unter besonderer Berücksichtigung der rechtlichen, institutionellen und theoretischen Rahmenbedingungen. 4. Aufl. Stuttgart 1994, hier S. 127– 139.

471 BALLWIESER, WOLFGANG: Adolf Moxter und der Shareholder Value-Ansatz. A. a. O., hier S. 1392

urteilung der Gewinnchancen und -risiken[472] weist die vermögens- und die gewinnorientierte Heuristik des ökonomischen Gewinns dieselbe Höhe auf. Anders ist dies dagegen, wenn sich die Beurteilung (künftiger) Gewinnchancen und -risiken während des Geschäftsjahrs ändert: Der als Zuwachs des zu Marktwerten bewerteten Vermögens konzipierte Gewinn weist am Abschlussstichtag (Zeitpunkt 1) verteilbares Einkommen in einer Höhe aus, die sicherstellen soll, dass „nach Ausschüttung die gleichen Ausschüttungserwartungen wie die am Periodenanfang gegebenen verbleiben“[473]. Zwar geht die für interessewahrende Entscheidungen vorauszusetzende Einschätzung der künftigen finanziellen Auswirkung vergangener Dispositionen in die Berechnung des Vermögens zum Zeitpunkt 1 ein; allein die zu diesem Zeitpunkt (interessierende) künftige Entwicklung der Zahlungen bzw. der so genannten Gewinnchancen und -risiken bleibt bei diesem Gewinn gänzlich unberücksichtigt.[474] Demgegenüber tritt der Wert des Kapitals,[475] das heißt der Saldo aus Aktiva und Passiva, bei dem vermögensunabhängig konzipierten Gewinn in den Hintergrund: Ohne eines Periodenanfangsvermögens zum Zeitpunkt 0 als Vergleichsmaßstab zur Bestimmung des Gewinns zum Zeitpunkt 1 bedürfend wird der zum Zeitpunkt 1 ex post ermittelte Gewinn ex ante, das heißt als unmittelbar nach dem Abschlussstichtag des vorangegangenen Geschäftsjahrs pränumerando an die jeweiligen Anspruchsgruppen zu fließen beginnende periodenspezifisch uniforme Zahlungsreihe verstanden.[476] Der so konzipierte Gewinn ist mithin kein bilanziell ermittelbarer Gewinn, sondern ein auf dem ex post „(bekannten) Geschäftsverlauf“[477] basierender Schätzgewinn, in den insbesondere auch (anhand ergänzender Informationen)[478] explizite Prognosen über die in der Periode begründeten ex ante Gewinnchancen und -risiken eingehen.[479]

---

472 Diese „spiegeln die Zielrealisierungserwartungen“, das heißt die Mehrwertigkeit der den Gesschäftswert umfassenden Ertragslage wider. Vgl. MOXTER, ADOLF: Bilanzlehre. A. a. O., hier S. 340; MOXTER, ADOLF: Betriebswirtschaftliche Gewinnermittlung. A. a. O., hier S. 147.

473 MOXTER, ADOLF: Betriebswirtschaftliche Gewinnermittlung. A. a. O., hier S. 145.

474 Vgl. zum quantitativen Nachweis *ebenda*, hier S. 144.

475 Vgl. zu den Grenzen dessen Ermittlung MOXTER, ADOLF: Eigenkapitalmessung – Möglichkeiten und Grenzen. In: Eigenkapital und Kapitalmarkt. Schriftenreihe des Instituts für Kapitalmarktforschung an der Johann Wolfgang Goethe-Universität, hrsg. v. *Georg Bruns* und *Karl Häuser*. Frankfurt am Main 1978, S. 80–96, hier S. 90 ff.; WÜSTEMANN, JENS/BISCHOF, JANNIS: Der Grundsatz der Fair-Value-Bewertung von Schulden nach IFRS: Zweck, Inhalte und Grenzen. A. a. O., hier S. 99.

476 Vgl. MOXTER, ADOLF: Betriebswirtschaftliche Gewinnermittlung. A. a. O., hier S. 143; vgl. auch BEAVER, WILLIAM H.: Financial Reporting: An Accounting Revolution. 3rd edition. Upper Saddle River, New York: Prentice Hall, 1998, hier S. 75.

477 MOXTER, ADOLF: Betriebswirtschaftliche Gewinnermittlung. A. a. O., hier S. 145.

478 Insoweit die Bedeutung des Bilanzgewinns als unmittelbar interessewahrenden Informationsträger erheblich relativierend vgl. WÜSTEMANN, JENS: Institutionenökonomik und internationale Rechnungslegungsordnungen. A. a. O., hier S. 73; SCHNEIDER, DIETER: Grundsätze ord-

b) Reichweite der Prognose

aa) Die gewinnorientierte Heuristik bildet die maßgebliche theoretische Basis der Prognoseprinzipien. Grund hierfür ist neben der entscheidungstheoretisch konsistenten Ableitung aus *individuellen* (finanziellen) Präferenzen insbesondere auch die schutzzweckadäquate Einblicksgrenze: Leitbild einer (wohlverstandenen) Lageberichterstattung ist nicht unmittelbar die Unternehmenswertapproximation durch den Marktpreis bei mittelstrenger Informationseffizienz des Kapitalmarkts. Zweckadäquat ist vielmehr die Vermittlung objektivierbarer Informationen anhand derer der Adressat stichtagsbezogen den Marktpreis und individuelle Erwartungen verproben kann.[480]

Deutlich wird die schutzzweckadäquate Objektivierung im Vergleich zu der gemäß Literatur regelmäßig geforderten Darstellung der künftigen Entwicklung des Unternehmens.[481] Konzeptionell lässt sich diese als zukunftsbezogen vermögensorientierte Heuristik verstehen: Der künftige Gewinn ist dann Ausdruck der Verzinsung künftigen Kapitals,[482] resultiert als Heuristik also aus dem Saldo des Gewinns der künftigen und der aktuellen wirtschaftlichen Lage. Kennzeichnend für diesen Gewinn ist, dass in beiden Perioden der Geschäftswert in den Kalkül einzubeziehen ist.[483]

Dagegen erlaubt die gewinnorientierte Heuristik eine in den Zielstromkalkül theoretisch eingebettete Unterscheidung von Umweltzustands- und Dispositionsprognose. Unter ökonomisch schwachen Prämissen beruht die (zweckadäquate) voraussichtliche Entwicklung auf den bis zum Abschlussstichtag umgesetzten Dispositionen des Rechnungslegenden.[484] Gefragt wird nach einer Trägheitsprojektion, die aus der erwarteten Veränderung nicht beeinflusster Umweltzustände und einer Anpassung des Unternehmens entsprechend vergangener Reaktionsmuster resultiert.[485] Von der voraussichtli-

---

nungsmäßiger Rechnungslegung über Gewinnprognosen, dargestellt am Problem der Beispielrechnung für Gewinnbeteiligungen in der Lebensversicherung. A. a. O., hier S. 251 f.

479 Vgl. MOXTER, ADOLF: Bilanzlehre. A. a. O., hier S. 386; *derselbe*: Betriebswirtschaftliche Gewinnermittlung. A. a. O., hier S. 145.

480 Vgl. unten S. 138–145.

481 Vgl. DRS 15 (Lageberichterstattung), hier Rz. 84 f.

482 Vgl. zur Bestimmung des Kapitalwerts unter neoklassischen Prämissen HIRSHLEIFER, JACK/RILEY, JOHN G.: The analytics of uncertainty and information. A. a. O., hier S. 138.

483 Vgl. zur Abbildung der aktuellen wirtschaftlichen Lage im Sinne des *Business Reporting* oben S. 68–73.

484 In Bezug auf den Lagebericht zeigt *Moxter* vor dem Hintergrund des KonTraG auf, dass der Gesetzgeber zwischen ‚tatsächlicher Lage' und ‚Lageberichtslage' unterscheidet. Vgl. MOXTER, ADOLF: Die Vorschriften zur Rechnungslegung und Abschlußprüfung im Referentenentwurf eines Gesetzes zur Kontrolle und Transparenz im Unternehmensbereich. In: BB, 52. Jg. (1997), S. 722–730, hier S. 724 und S. 727.

485 Vgl. BALLWIESER, WOLFGANG: Unternehmensbewertung und Komplexitätsreduktion. A. a. O., hier S. 80.

chen Entwicklung abweichende Chancen und Risiken ergänzen die Abbildung der erwarteten künftigen Entwicklung.[486]

bb) Als konkrete Gewinnerwartung ausgedrückt, bildet das so objektivierte Prinzip der Beurteilung der künftigen Entwicklung eine am Abschlussstichtag künftig uniform erwartete maximale Ausschüttung ab;[487] *maximal* meint dabei aus Perspektive des Abschlussstichtags: ohne künftige Ausschüttungen gleicher Höhe zu beeinträchtigen;[488] *uniform* weist zum einen auf die künftig konstante Höhe hin, zum anderen wird damit die langfristige Perspektive der zugrunde liegenden erwarteten Ereignisse und Entwicklungen ausgedrückt.

Im Sinne der Prognoseprinzipien interessiert dieser (objektivierte) Kalkül hinsichtlich des für eine schutzzweckadäquate Rechenschaftslegung grundlegenden Einbezugs des (gewinnorientiert) zu erläuternden Geschäftswerts. Die Kenntnis der so als komplementäres Element eines effizienten Corporate-Governance-Systems konzipierten Ertragskraft erlaubt dem schutzwürdigen Adressaten eine (individuelle) Begründung seiner Investitions- oder Desinvestitionsentscheidung. Bloße strategisch begründete Erwartungen, die sich in der kommenden Periode (noch) nicht auf prognoserelevante Aufwendungen und Erträge auswirken, werden hier dagegen nicht als Gegenstand einer wohlverstandenen Rechenschaftslegung verstanden.[489]

---

486 Vgl. zur Definition unten S. 92.

487 Vgl. grundlegend MOXTER, ADOLF: Der Kochsche Plangewinn und die Konzeption des objektivierten Plangewinns. A. a. O., hier S. 186 f.

488 Konzeptionell handelt es sich um einen *pränumerando* Gewinn, das heißt um eine zu Periodenbeginn erwartete, künftig uniforme Ausschüttungsreihe. Vgl. MOXTER, ADOLF: Der Kochsche Plangewinn und die Konzeption des objektivierten Plangewinns. A. a. O., hier S. 187; MOXTER, ADOLF: Betriebswirtschaftliche Gewinnermittlung. A. a. O., hier S. 143.; ebenso, jedoch ohne Berücksichtigung, dass sich zentrale (konzeptionelle) Elemente des *Moxter'sche* Gewinns dergestalt in den handelsrechtlichen Gewinnermittlungs-GoB wiederfinden, dass der (erläuterte) GoB-Gewinn als Prognosebasis des (quellentheoretisch) maximal ausschüttbaren Betrags mittelbar entscheidungsnützlich, mithin prognoserelevant ist vgl. WAGNER, FRANZ W.: Periodenabgrenzung als Prognoseverfahren – Konzeption und Anwendungsbereich der „einkommensapproximativen Bilanzierung". A. a. O., hier S. 1190 und S. 1193 ff.; BEAVER, WILLIAM H.: Financial Reporting: An Accounting Revolution. A. a. O., hier S. 75.

489 Vgl. auch MOXTER, ADOLF: Der Kochsche Plangewinn und die Konzeption des objektivierten Plangewinns. A. a. O., hier S. 187.

c) Prognose von Elementen des Geschäftsergebnisses

Um den Lagebericht als konstitutives Element des (deutschen) Corporate-Governance-Systems verstehen zu dürfen – so auch die Intention des BilReG[490] – ist eine konkrete (quantifizierte) Beurteilung der künftigen Entwicklung anhand komparativer (oder punktueller) Angaben unabdingbar:[491] Ohne eine einklagbare und damit konkrete Beurteilung der vergangenen Geschäftstätigkeit und daraus resultierender Konsequenzen für die voraussichtliche Entwicklung durch den Rechnungslegenden ist eine institutionell komplementäre Rechenschaftslegung gegenüber dem schutzwürdigen Adressaten nicht möglich.[492]

Der Gesetzeswortlaut lässt offen, wie die „voraussichtliche Entwicklung" zu beurteilen ist. Grundsätzlich kann die Beurteilung einer Entwicklung sowohl punktuell, die erwartete Entwicklung folgt dann aus dem Vergleich zweier Größen, als auch entwicklungsbezogen im Sinne der erwarteten zeitraumbezogenen Veränderung der interessierenden Größe verstanden werden. Für die Durchsetzung entscheidend ist die Quantifizierung der Gewinnerwartungen. Im Sinne des Prinzips der Beurteilung der künftigen Entwicklung ist in Orientierung am Wortlaut eine konkrete entwicklungsbezogene Beurteilung der „voraussichtlichen Entwicklung" (§ 289 Abs. 1 Satz 4 HGB) vorzunehmen.

Die Frage des Detailgrads[493] einer adäquaten Beurteilung ist im Sinne des Prinzips der Beurteilung der künftigen Entwicklung systeminhärent zu beantworten: Maßgeblich sind die gemäß dem Prinzip der Erläuterung des Geschäftsergebnisses extrahierten prognoserelevanten Aufwendungen und Erträge. Die handelsrechtliche Erfolgsspaltung unterscheidet dabei, grundlegend für eine Beurteilung deren voraussichtlichen Entwicklung, zwischen Absatz-, Arbeits-, und Beschaffungsmarkt.

---

[490] Vgl. BMJ: Pressemitteilung: Bilanzrechtsreform und Bilanzkontrolle stärken Unternehmensintegrität und Anlegerschutz. Berlin. 21. April 2004, hier S. 1.

[491] Vgl. MOXTER, ADOLF: Grundsätze ordnungsgemäßer Rechnungslegung. A. a. O., hier S. 262; hinsichtlich tatsächlich geplanter Zahlungsströme, in der Aussage jedoch ähnlich vgl. auch BUSSE VON COLBE, WALTHER: Prognosepublizität von Aktiengesellschaften. In: Beiträge zur Lehre von der Unternehmung. Festschrift für *Karl Käfer*, hrsg. v. *Otto Angehrn* und *Hans Paul Künzi*. Stuttgart 1968, S. 91–118, hier S. 113.

[492] Vgl. zur Rechenschaftslegung und dem daraus folgenden Schutz weiterer Adressatenkreise MOXTER, ADOLF: Betriebswirtschaftliche Gewinnermittlung. A. a. O., hier S. 222.

[493] Vgl. zum Problem IJIRI, YUJI: Theory of Accounting Measurement. A. a. O., hier S. 146.

d) Intersubjektiv nachvollziehbare Wahrscheinlichkeitsbeurteilung

aa) Unbestritten ist das der Beurteilung der künftigen Entwicklung verbleibende Ermessen, liegen doch jeder Art von Schätzungen subjektive Wertungen zugrunde. Umso wichtiger ist die hinreichende Konkretisierung einklagbarer Sorgfaltspflichten.[494]

bb) Im Sinne des Prinzips des vernünftigen Kaufmanns sind bei der Beurteilung unsicherer Sachverhalte individuelle, nicht plausibel erklärbare Annahmen zu vernachlässigen.[495] Im abstrakten Sinne verweist dieses Prinzip „auf eine außerrechtliche, […] wirtschaftswissenschaftliche Rationalität, die je nach Gegenstand, den es ‚vernünftig' zu beurteilen gilt, etwas unterschiedliche Betrachtungsweisen und Kriterien zur Folge haben kann"[496]. Maßgeblich ist demgemäß „allein die Wahrscheinlichkeitsbeurteilung durch die beteiligten Verkehrskreise"[497]. In Bezug auf die Ermittlung des subjektiv wahrscheinlichsten Werts fordert dieses Prinzip, dass die zugrunde liegenden Annahmen plausibel begründbar sind.[498]

cc) Eine solche Begründung ist grundsätzlich dann möglich, wenn das Prognoseverfahren nicht nur die Erstellung der Lageberichterstattung, sondern auch deren Darstellung bestimmt. In Anbetracht der Komplexität der abzubildenden Sachverhalte und Erwartungen sollte dieses Verfahren im Sinne handelsrechtlicher GoB prinzipienbasiert sein.[499] Hinsichtlich der lageberichtsspezifischen Informations-GoB sei in diesem Zusammenhang auf die zweckadäquaten Prognosebasisprinzipien, insbesondere auf das Prinzip der Erläuterung des Geschäftsergebnisses verwiesen: Kennzeichnend ist, dass die darzustellende Prognosebasis unmittelbar Ausdruck zentraler zugrunde liegender Annahmen ist. Die der Prognose zugrunde liegenden Glaubwürdigkeiten sind gegenüber diesen (im objektiven Sinne) realisierten Informationsinhalten zu rechtfertigen.[500]

---

494 Vgl. zur Bedeutung für die Durchsetzung HOPT, KLAUS J.: Grundsatz- und Praxisprobleme nach dem Wertpapierhandelsgesetz. A. a. O., hier S. 251.

495 Vgl. insbes. WÜSTEMANN, JENS: Institutionenökonomik und internationale Rechnungslegungsordnungen. A. a. O., hier S. 24–26.

496 WESTERMANN, HARM PETER: Vernünftige kaufmännische Beurteilung. In: Handwörterbuch unbestimmter Rechtsbegriffe im Bilanzrecht des HGB, hrsg. v. *Ulrich Leffson*, *Dieter Rückle* und *Bernhard Großfeld*. Köln 1986, S. 351–365, hier S. 363.

497 MOXTER, ADOLF: Grundsätze ordnungsgemäßer Rechnungslegung. A. a. O., hier S. 261.

498 Vgl. stellvertretend FLURY, CORNELIA: Gewinnerläuterungsprinzipien. Frankfurt am Main u. a. 1999, hier S. 189 (m. w. N.).

499 Zum Zusammenhang von Prognoseverfahren und Prognosedarstellung vgl. unten S. 91 f.

500 Vgl. auch BALLWIESER, WOLFGANG: Unternehmensbewertung und Komplexitätsreduktion. A. a. O., hier S. 80.

e) Glaubwürdigste voraussichtliche Entwicklung

aa) Das Prinzip der Beurteilung der künftigen Entwicklung fordert die Konkretisierung der glaubwürdigsten Entwicklung.[501] Diese ist im Sinne subjektiver Wahrscheinlichkeiten Ausdruck des „Gewicht[s] der jeweiligen Gründe“[502].

bb) Im Gegensatz zu statistischen Erwartungswerten setzt die Ermittlung der glaubwürdigsten voraussichtlichen Entwicklung unmittelbar an der Problematik einer subjektiven Bestimmung der voraussichtlich entwicklungsprägenden Determinantenkonstellation an.[503] Es entspricht dem in dieser Arbeit konkretisierte Prinzipiensystem, dass sowohl deren vergangenheits- als auch deren zukunftsbezogene Ausprägung Element der Bestimmung der glaubwürdigsten voraussichtlichen Entwicklung ist:[504] Konkret sind zunächst die preis- und mengenrelevanten Determinanten zu klassifizieren;[505] darauf aufbauend sind vergangene Aufwendungen und Erträge ursachenbezogen zu erläutern;[506] für möglich erachtete künftige Ausprägungen sind der Höhe nach als Bandbreite zu konkretisieren; je Bandbreite sind diese durch alternative Determinantenkombinationen zu begründen;[507] ein und dieselbe erwartete Bandbreite von Aufwendungen und Erträgen kann dabei durch mehre Determinantenkombinationen beschrieben werden. In einem nächsten Schritt sind die einzelnen Determinantenkombinationen entsprechend den jeweiligen Gründen zu gewichten:[508] Unter der Prämisse linearer Zusammenhänge werden einzelnen Determinantenkombinationen unterschiedliche Glaubwürdigkeiten zugewiesen; diese addieren sich, wollte man diese formal bestimmen – was indes nur theoretisch von Interesse wäre –, in der Summe zu eins.

cc) Die im Sinne des Prinzips der Beurteilung der künftigen Entwicklung glaubwürdigste voraussichtliche Entwicklung stellt unter der Annahme einer Trägheitsprojektion den repräsentativsten Wert der Bandbreite der glaubwürdigsten Determinanten-

---

501 Ebenso das *AICPA*: „Financial forecasts should be expressed in specific monetary amounts representing the single most probable forecasted result. The tentative nature of a financial forecast would be emphasized if the single most probable result for key measures [...] was supplemented by ranges or probabilistic statements, and the presentation of such information is encouraged.“ So AICPA: Statement of Positon on Presentation and Disclosure of Financial Forecasts. August 1975, hier S. 4; MOXTER, ADOLF: Bilanzierung und unsichere Erwartung. In: ZfHF, 14. Jg. (1962), S. 607–633, hier S. 630.

502 MOXTER, ADOLF: Grundsätze ordnungsmäßiger Unternehmensbewertung. A. a. O., hier S. 138.

503 Vgl. BALLWIESER, WOLFGANG: Unternehmensbewertung und Komplexitätsreduktion. A. a. O., hier S. 80.

504 Vgl. grundlegend zu diesem Prognoseverfahren MOXTER, ADOLF: Grundsätze ordnungsmäßiger Unternehmensbewertung. A. a. O., hier S. 138–148.

505 Vgl. oben S. 13–16.

506 Vgl. oben S. 52 f.

507 Vgl. unten S. 92 f.

508 Vgl. unten S. 116–120.

kombination dar. Bei diesem Wert handelt es sich also wiederum um die Ausprägung der Höhe nach, für die die meisten Gründe sprechen.

f) Bandbreite der künftigen Entwicklung

aa) Grundsätzlich folgt die Pflicht alternative Entwicklungsmöglichkeiten darzustellen aus der Komplexität der auf die Entwicklung des Unternehmens einwirkenden Determinanten.[509] Die glaubwürdigste Determinantenkonstellation spezifiziert lediglich eines von mehreren möglichen Mustern. Würde die Unsicherheit auf die Darstellung einwertiger Erwartungen verkürzt, bestände die Gefahr eine nicht existente Scheingenauigkeit vorzutäuschen.[510]

bb) Die Abbildung alternativer Entwicklungsmöglichkeiten ist im Sinne des Prinzips der Beurteilung der künftigen Entwicklung insbesondere dann zu fordern, wenn bzgl. der erwarteten Umweltentwickung eine (stark) ausgeprägte Unsicherheit herrscht.[511] Um diese Form der Unsicherheit aufzuzeigen, „wird es ausreichen, zwei Alternativzielströme darzustellen, einen risikolastigen und einen chancenlastigen."[512]

cc) Zusätzlich sind Chancen und Risiken des künftigen Geschäftsverlaufs zu quantifizieren.[513] Dabei resultieren Chancen – in zweckadäquater Auslegung des § 289 Abs. 1 Satz 4 HGB – ausgehend vom beschriebenen Verständnis der voraussichtlichen Entwicklung aus (dispositiven) Maßnahmen bzw. Investitionen, die entweder im vergangenen Geschäftsjahr einen (noch) unwesentlichen oder im (neuen) Geschäftsjahr erstmals in geplanter Form Einfluss auf die Geschäftstätigkeit und die Zusammensetzung des Geschäftsergebnisses nehmen (werden). Zu quantifizierende Risiken resultieren dagegen aus mit einer gewissen Wahrscheinlichkeit erwarteten negativen Um-

---

509 Vgl. MOXTER, ADOLF: Grundsätze ordnungsmäßiger Unternehmensbewertung. A. a. O., hier S. 148; BALLWIESER, WOLFGANG: Unternehmensbewertung und Komplexitätsreduktion. A. a. O., hier S. 80; BRETZKE, WOLF-RÜDIGER: Inhalt und Prüfung des Lageberichts: Anmerkungen zur gegenwärtigen und künftigen Praxis der Prognosepublizität. A. a. O., hier S. 342.

510 Vgl. QUICK, REINER/KAYADELEN, ENGIN: Zur Aussagefähigkeit von Prognosen in Emissionsprospekten am Neuen Markt. A. a. O., hier S. 952.

511 Die Volatilität erwarteter Aufwendungen und Erträge als Grad der (finanzwirtschaftlich interessierenden) Unsicherheit betonend vgl. BALLWIESER, WOLFGANG: Unternehmensbewertung und Komplexitätsreduktion. A. a. O., hier S. 53; MOXTER, ADOLF: Grundsätze ordnungsmäßiger Unternehmensbewertung. A. a. O., hier S. 148.

512 MOXTER, ADOLF: Grundsätze ordnungsgemäßer Rechnungslegung. A. a. O., hier S. 262.

513 Vgl. ELLROTT, HELMUT: Kommentierung zu § 289 HGB. 6. Aufl. A. a. O., hier Rz. 43. Die Volatilität erwarteter Aufwendungen und Erträge als Grad der (finanzwirtschaftlich interessierenden) Unsicherheit betonend vgl. BALLWIESER, WOLFGANG: Unternehmensbewertung und Komplexitätsreduktion. A. a. O., hier S. 53; MOXTER, ADOLF: Grundsätze ordnungsmäßiger Unternehmensbewertung. A. a. O., hier S. 148.

weltentwicklungen. Gegenüber der in die „voraussichtliche Entwicklung" eingehende Umweltentwicklung handelt es sich dabei um nicht beeinflussbare Veränderungen, die – im Gegensatz zu einer Trägheitsprojektion – in einer Form Einfluss auf den Geschäftsverlauf nehmen, dass neue (reaktive) Maßnahmen erforderlich sind, um die Fortführung der vergangenen Unternehmensentwicklung sicherzustellen.[514]

II. Kritische Würdigung zentraler Literaturthesen zur Entscheidungsrelevanz und Nachvollziehbarkeit

1. Mathematisch-ökonometrische Prognoseverfahren

a) Unsicher ist die künftige Determinantenausprägung sowohl dem Grunde als auch der Höhe nach.[515] Entsprechend problematisch ist die Quantifizierung künftiger Erwartungen. Eine mögliche Erfassung der Unsicherheit, auf die regelmäßig auch die wissenschaftliche Literatur der Lageberichterstattung rekurriert,[516] kann durch mathematische Prognoseverfahren, bspw. eine ökonometrische Regressionsanalyse, erfolgen. Die so projektierte Größe wird zwar sowohl durch die reale Unsicherheit als auch die Realitätsnähe der (formal) gesetzten Annahmen beeinflusst.[517] Im Rahmen statistischer

---

514 Vgl. zum entwicklungsbezogenen Verständnis von Chancen und Risiken MOXTER, ADOLF: Grundsätze ordnungsmäßiger Unternehmensbewertung. A. a. O., hier S. 138; MOXTER, ADOLF: Die Vorschriften zur Rechnungslegung und Abschlußprüfung im Referentenentwurf eines Gesetzes zur Kontrolle und Transparenz im Unternehmensbereich. A. a. O., hier S. 722; insofern ähnlich, als explizit zwischen Chancen und Risiken der voraussichtlichen Entwicklung sowie Chancen und Risiken der künftigen Entwicklung differenziert wird vgl. BAETGE, JÖRG/SCHULZE, DENNIS: Möglichkeiten der Objektivierung der Lageberichterstattung über „Risiken der künftigen Entwicklung" – Ein Vorschlag zur praktischen Umsetzung der vom KonTraG verlangten Berichtspflichten –. A. a. O., hier S. 940 f.

515 Vgl. KNIGHT, FRANK H.: Risk, Uncertainty and Profit. A. a. O., hier S. 226; WITTMANN, WALDEMAR: Unternehmung und unvollkommene Information. Unternehmerische Voraussicht – Ungewißheit und Planung. Köln und Opladen 1959, hier S. 53; MOXTER, ADOLF: Grundsätze ordnungsmäßiger Unternehmensbewertung. 1. Aufl. A. a. O., hier S. 151.

516 Vgl. stellvertretend BRETZKE, WOLF-RÜDIGER: Möglichkeiten und Grenzen einer wissenschaftlichen Lösung praktischer Prognoseprobleme. In: BfuP, 17. Jg. (1975), S. 496–515, hier S. 512.

517 Vgl. zu Grundregeln der Prognose THEIL, HENRI: Applied Economic Forecasting. 4th edition. Amsterdam, Netherlands: North-Holland Publishing Company, 1966, hier S. 10–18; eine Methodenübersicht findet sich bspw. bei WELGE, MARTIN K./AL-LAHAM, ANDREAS: Strategisches Management. A. a. O., hier S. 293 ff.; zur Regressionsanalyse und zur Methode der exponentiellen Glättung im Rahmen interner Rechnungslegung vgl. TREYER, OSCAR A. G.: Fortschritte im Controlling durch Business Forecasting. In: ZfCM, 49. Jg. (2005), S. 303–307, hier S. 304; zur Eignung der Regressionsanalyse gegenüber der Trendextrapolation vgl. BRETZKE, WOLF-RÜDIGER: Möglichkeiten und Grenzen einer wissenschaftlichen Lösung praktischer Prognoseprobleme. A. a. O., hier S. 512; zur (intuitiven) Szenarioanalyse und einem Hinweis auf die Objektivierbarkeit einzelner Ermittlungsstufen vgl. KUHNER, CHRISTOPH/MALTRY, HELMUT: Unternehmensbewertung. Berlin/Heidelberg 2006, hier S. 120 f.

Wahrscheinlichkeitsrechnungen kann dieses komplexe Unsicherheitsmoment formal typisiert jedoch als Erwartungswert punktuell zusammengefasst werden.[518]

b) Das Problem von Modellen, die „unbedingte Glaubwürdigkeiten oder stochastisch unabhängige Wahrscheinlichkeiten“ erfordern, liegt in Bezug auf die Kriterien der Entscheidungsrelevanz und der Nachvollziehbarkeit darin,[519] dass keine Unterscheidung von „Aktionen der nicht beeinflussbaren Umwelt und Reaktion der vom [Rechnungslegenden] steuerbaren Unternehmung“ möglich ist. Zwar wird auch diesen Modellen eine sorgfältige Analyse zugrunde liegen.[520] In der weiteren Verarbeitung wird jedoch bereits durch den konzeptionellen Ansatz eine Informationspflicht über die künftige Geschäftstätigkeit – ohne Einbezug des aus offen gelegten Chancen und Risiken individuell zu beurteilenden Geschäftswerts ist diese unvollständig – konterkariert. Mit *Ballwieser* bleibt bei diesen Modellen „strenggenommen“ unklar, worauf „sich die mehrwertigen Erwartungen beziehen.“[521]

c) Da diesen Modellen (annahmegemäß) eine sorgfältige Analyse der Wettbewerbsbedingungen und der Wertketten des Unternehmens zugrunde liegt, ist eine derartige Verarbeitung der Analysedaten nicht grundsätzlich als prinzipienfremd zu bezeichnen. Aus Perspektive des oben aufgezeigten Verständnisses der „voraussichtlichen Entwicklung“ und der „Chancen und Risiken“ ist allerdings zu berücksichtigen, dass eine unmittelbare Abbildung der Ergebnisse mathematisch-ökonometrischer Modelle nicht den Anforderungen einer zweckadäquat differenzierten Erläuterung entspricht.

Darüber hinaus wird gegenüber schutzzweckadäquaten und systeminhärent aufgebauten Prinzipien sowohl die Zuordnung zugrunde liegender Annahmen zu einzelnen Erwartungen als auch die Plausiblitätsprüfung der Angaben im Lagebericht durch den Abschlussprüfer erschwert: Die in diesem Zusammenhang regelmäßig geforderte[522] Darstellung des (mathematischen) Prognoseverfahrens im Lagebericht bedeutet eine unnötige und (wohl) selten entscheidungsnützliche Zunahme der Komplexität. *Dörner*

---

[518] Vgl. stellvertretend BAMBERG, GÜNTER/COENENBERG, ADOLF G.: Betriebswirtschaftliche Entscheidungslehre. 13. Aufl. München 2006, hier S. 79 f.

[519] Ausgewählte ökonometrische und freie Schätzverfahren vor dem Hintergrund eines entscheidungstheoretischen Anforderungsprofils würdigend und auf ihre Kommunikationsmöglichkeit hin untersuchend vgl. BALLWIESER, WOLFGANG: Unternehmensbewertung und Komplexitätsreduktion. A. a. O., hier S. 58–64.

[520] Vgl. MACHARZINA, KLAUS: Unternehmensführung. A. a. O., hier S. 744 f.

[521] BALLWIESER, WOLFGANG: Unternehmensbewertung und Komplexitätsreduktion. A. a. O., hier S. 58 f. (alle Zitate).

[522] Vgl. stellvertretend DRS 5 (Risikoberichterstattung), hier Rz. 20.

weist diesbezüglich zu Recht darauf hin, dass auch das im Lagebericht offen gelegte Prognoseverfahren nachvollziehbar sein muss.[523]

Dies trifft für das hier aufgezeigte Prognoseverfahren zu:[524] In detaillierterer Form ist dieses (unbestrittene) Grundlage von Grundsätzen ordungsmäßiger Unternehmensbewertung.[525] Mithin setzt die aus den Elementen der voraussichtlichen Entwicklung und der Chancen und Risiken aufgezeigten künftigen Entwicklung unmittelbar an postenspezifisch relevanten Determinantenkonstellationen an: Durch die Analyse preis- oder mengenrelevanter Determinanten wird die Unsicherheit sowohl dem Grunde als auch der Höhe nach unmittelbar zum Gegenstand der Beurteilung.[526]

2. Mathematisch-stochastische Wahrscheinlichkeitsverteilung

a) Unbestritten ist, dass die alleinige Angabe einer einwertig quantifizierten Prognose unter Unsicherheit eine nicht existente Scheingenauigkeit widerspiegelt.[527] Konsequenterweise befürworten Teile der wissenschaftlichen Literatur explizit die mathematisch-stochastische Ermittlung von Wahrscheinlichkeitsverteilungen. Als geeignet erscheint regelmäßig eine Normalverteilung,[528] da zu deren Ermittlung wenige (subjek-

---

523 Vgl. DÖRNER, DIETRICH: Der Prognosebericht nach § 289 Abs. 2 Nr. 2 HGB – Überlegungen zur Verminderung der Diskrepanz zwischen Publizitätsanforderungen und Publizitätspraxis. A. a. O., hier S. 233.

524 A. A. DÖRNER, DIETRICH: Der Prognosebericht nach § 289 Abs. 2 Nr. 2 HGB – Überlegungen zur Verminderung der Diskrepanz zwischen Publizitätsanforderungen und Publizitätspraxis. A. a. O., hier S. 233.

525 Vgl. MOXTER, ADOLF: Grundsätze ordnungsmäßiger Unternehmensbewertung. 2. Aufl. A. a. O., hier S. 112; BALLWIESER, WOLFGANG: Unternehmensbewertung. A. a. O., hier S. 56; WAGNER, FRANZ W.: Periodenabgrenzung als Prognoseverfahren – Konzeption und Anwendungsbereich der „einkommensapproximativen Bilanzierung". A. a. O., hier S. 1195 f.; a. A. DÖRNER, DIETRICH: Der Prognosebericht nach § 289 Abs. 2 Nr. 2 HGB – Überlegungen zur Verminderung der Diskrepanz zwischen Publizitätsanforderungen und Publizitätspraxis. A. a. O., hier S. 233.

526 Vereinfacht können die Überlegungen auch auf das von *Ballwieser* aufgrund der genannten Eigenschaften als „[t]heoretisch sinnvoll" erscheindende Metamodell der „Zahlungsstromprojektion aufgrund expliziter Unternehmensplanung mithilfe eines Zustandsbaums" zurückgeführt werden. Vgl. BALLWIESER, WOLFGANG: Unternehmensbewertung und Komplexitätsreduktion. A. a. O., hier S. 41–46; grundlegend vgl. LAUX, HELMUT: Unternehmensbewertung bei Unsicherheit. In: ZfB, 41. Jg. (1971), S. 525–540, hier S. 528–531.

527 Vgl. stellvertretend FLEISCHER, HOLGER: Prognoseberichterstattung im Kapitalmarktrecht und Haftung für fehlerhafte Prognosen. A. a. O., hier S. 14 f. (m. w. N.); RÜCKLE, DIETER: Externe Prognosen und Prognoseprüfung. A. a. O., hier S. 64; BRETZKE, WOLF-RÜDIGER: Zur Frage der Überprüfbarkeit von Prognosen im Geschäftsbericht. WPg, 27. Jg. (1974), S. 292–296, hier S. 296.

528 Vgl. insbes. BAETGE, JÖRG/SCHULZE, DENNIS: Möglichkeiten der Objektivierung der Lageberichterstattung über „Risiken der zukünftigen Entwicklung". In DB, 51. Jg. (1998), S. 937–948, hier S. 942; DÖRNER, DIETRICH: Der Prognosebericht nach § 289 Abs. 2 Nr. 2 HGB – Überle-

tive) Schätzwerte genügen,[529] um die Bandbreite unsicherer Zielgrößen und den Erwartungswert als formal objektivierten Kalkül abzubilden.

b) Richtig ist zweifellos, dass die Einbettung subjektiver Schätzwerte in einen formalen Kalkül jenen Teil der Unsicherheit typisiert, der die (ermessenbehaftete) Beurteilung der Auswirkung erwarteter Determinantenausprägungen auf die Zielgröße betrifft: Im Rahmen einer Normalverteilung wird der Erwartungswert als sog. erwarteter Wert einer formalen Ordnung der Schätzwerte abgebildet. Gegen eine solche Abbildung ist aus entscheidungsorientierter Perspektive einzuwenden, dass der Erwartungswert bei angenommen diskreter Verteilung nicht mit dem interessierenden wahrscheinlichsten Wert übereinstimmen wird.[530] Dessen bewusst, wird auch die Angabe des Intervalls, in dem sich der Erwartungswert bewegt, gefordert. Da der Erwartungswert nicht dem wahrscheinlichsten Wert gleichzusetzen ist, wird die Zielgröße faktisch als Intervall angegeben; gemeinhin wird diesem eine geringe Entscheidungsrelevanz beigemessen.[531]

Vor diesem Hintergrund erscheint eine mathematisch-stochastische Typisierung der Ertragskraft zur Darstellung der voraussichtlichen Entwicklung weder erforderlich noch förderlich: Ebenso wie bei mathematisch-ökonometrischen Verfahren wird die Qualität der Aussage entscheidend durch die „Güte der Schätzung der unabhängigen, nicht durch das Modell bestimmten (exogenen) Variablen“[532] bestimmt.

c) Dem Prinzip der Beurteilung der künftigen Entwicklung ist sowohl die Quantifizierung von Erwartungswerten als auch die Angabe von Intervallen möglicher Zielströme fremd.

Der Rechnungslegende sollte bei der Darstellung der (zukunftsbezogenen) Ertragskraft zwischen der glaubwürdigsten Ausprägung und alternativen Ausprägungen unter-

---

gungen zur Verminderung der Diskrepanz zwischen Publizitätsanforderungen und Publizitätspraxis. In: Rechnungslegung, Prüfung und Beratung. Festschrift zum 70. Geburtstag von Professor Dr. *Rainer Ludewig*, hrsg. v. *Jörg Baetge* u. a. Düsseldorf 1996, S. 217–251, hier S. 238; BAMBERG, GÜNTER/COENENBERG, ADOLF G.: Betriebswirtschaftliche Entscheidungslehre. A. a. O., hier S. 79 f.

529 Vgl. BIERMANN, BERND/GROSSER, KARIN: Taschenlexikon Finanzmathematik, Statistik. A. a. O., hier S. 190.

530 Vgl. BALLWIESER, WOLFGANG: Die Wahl des Kalkulationszinsfußes bei der Unternehmensbewertung unter Berücksichtigung von Risiko und Geldentwertung. In: BfuP, 33. Jg. (1981), S. 97–114, hier S. 101.

531 Vgl. stellvertretend ADLER/DÜRING/SCHMALTZ: Kommentierung zu § 289 HGB. A. a. O., hier Rz. 108.

532 MACHARZINA, KLAUS: Unternehmensführung. A. a. O., hier S. 744 f.

scheiden:[533] Informations-GoB begründen einen Informationsanspruch; dieser ist dann informationell nicht ohne Wert, wenn die Aussage (individuell) nachvollziehbar ist. In diesem Sinne können quantitative Angaben jedoch nur dann als entscheidungsrelevant bezeichnet werden, wenn sie in erläuterter Form geeignet sind, berichterstattende Unternehmen zu vergleichen. Auf bloße Intervallangaben oder die Angabe eines Erwartungswerts trifft dies nicht zu; der Rechtsklarheit abträglich sind diese aus genannten Gründen nicht geeignet, den entscheidungsrelevanten Geschäftswert schutzzweckadäquat einklagbar abzubilden.

Nachvollziehbar erscheint vielmehr das aufgezeigte System von Prognosebasis- und Prognoseprinzipien: Die differenzierte Darstellung der künftigen Entwicklung als „voraussichtliche Entwicklung mit ihren wesentlichen Chancen und Risiken" (§ 289 Abs. 1 Satz 4 HGB) erlaubt eine Unterscheidung der Auswirkung nicht beeinflussbarer Umweltzustände und dispositiver Maßnahmen des Managements auf die Ertragskraft des Unternehmens.[534] Darauf aufbauend kann der Adressat eine individuelle Beurteilung seiner finanziellen Erwartungen sowie der Qualität des Managements formulieren.

3. Unsicherheit der punktuellen Prognose als Problem der Durchsetzung

a) In der Literatur zum Lagebericht wird aufgrund der Prognosen inhärenten Unsicherheit regelmäßig gegen eine Punktprognose argumentiert.[535] Teile der Literatur wiederum sehen eine Lösung in der Erläuterung der Punktprognose und einer ex post Abweichungsanalyse.[536] Nicht unproblematisch ist, dass beide Größen, die faktisch nicht wissbare Prognose und der tatsächlich realisierte Gewinn, ermessenbehaftet sind.[537] Ganz in diesem Sinne stellt *Bretzke* fest, dass die Prognose künftiger Gewinne

---

533 Vgl. auch KRIPKE, HOMER: The SEC, The Accountants, Some Myths and Some Realities. In: N.Y.U.L. Rev., Vol. 45 (1970), S. 1151–1205, hier S. 1199; KITCH, EDMUND W.: The Theory and Practice of Securities Disclosure. A. a. O., hier S. 779; FRANKE, GÜNTER/HAX, HERBERT: Finanzwirtschaft des Unternehmens und Kapitalmarkt. A. a. O., hier S. 259.

534 Vgl. oben S. 92.

535 Vgl. stellvertretend BRETZKE, WOLF-RÜDIGER: Zur Frage der Überprüfbarkeit von Prognosen im Geschäftsbericht. A. a. O., hier S. 296.

536 Vgl. stellvertetend RÜCKLE, DIETER: Externe Prognosen und Prognoseprüfung. A. a. O., hier S. 64 f.

537 Ebenso FLEISCHER, HOLGER: Prognoseberichterstattung im Kapitalmarktrecht und Haftung für fehlerhafte Prognosen. A. a. O., hier S. 11; DROBECK, JÖRG: Die Prognosepublizität im Prospekt über öffentlich angebotene Kapitalanlagen und deren Beurteilung nach *IDW S 4*. In: WPg, 54. Jg. (2001), S. 1223–1234, hier S. 1226 f.; SIEBEN, GÜNTER: Offene Fragen bei der Erstellung und Prüfung des Lageberichts. A. a. O., hier S. 592; SEC: Disclosure to Investors: A Reappraisal of Federal Administrative Policies under the '33 and '34 Acts. 1969, hier S. 96.

„Entscheidungsfreiräume" eröffnet, „die für den Vorstand auch dann nicht einfach zu schließen sind, wenn er den Lagebericht nicht als ein Instrument zur Manipulation der externen Berichtsempfänger zu mißbrauchen beabsichtigt."[538] Es ist (wohl) eben diese Problematik, die eine Durchsetzung konkreter Angaben zu voraussichtlich oder künftig erwarteten Gewinnen als Informationsanspruch faktisch begrenzt.[539] Im US-amerikanischen Kapitalmarktrecht sind solche Angaben denn auch genuin freiwilliger Natur; aufgrund ihrer Unsicherheit sind sie unter bestimmten Voraussetzungen von der Haftung ausgenommen.[540]

b) In Bezug auf den handelsrechtlichen Lagebericht beruht (auch) die Prognosehaftung auf der Grundlage des § 331 Nr. 1 HGB:[541] Wer die „Verhältnisse der Kapitalgesellschaft [...] unrichtig wiedergibt oder verschleiert", kann strafrechtlich belangt werden. Voraussetzung hierfür ist allerdings der vom geschädigten Anleger zu erbringende Nachweis des „vorsätzlichen Handelns"[542]. Insbesondere bei Angaben zu unsicheren Erwartungen begründet dies in Verbindung mit dem Grundsatz der Tatbestandsbestimmtheit (Art. 103 Abs. 2 GG) eine restriktive Anwendung.[543] Materielle Rechnungslegungsregeln wie § 289 HGB werden – entgegen dem traditionellen Verständnis[544] – hingegen erst in jüngerer Zeit als Schutzgesetz i. S. d. § 823 Abs. 2 BGB ver-

---

538 BRETZKE, WOLF-RÜDIGER: Inhalt und Prüfung des Lageberichts: Anmerkungen zur gegenwärtigen und zukünftigen Praxis der Prognosepublizität. A. a. O., hier S. 343; empirische Studien bestätigen eine geringe Übereinstimmung von prognostiziertem und realisiertem Gewinn. Vgl. FAZ Nr. 214 vom 14.9.2005, hier S. 23.

539 „U.S. managers long have argued that disclosure of forward-looking information exposes them to legal and regulatory risk if their forecasts turn out to be inaccurate. In the United Kingdom, the Financial Services Act creates liability for managers responsible for untrue or misleading statements in listing particulars or prospectuses." Vgl. FROST, CAROL A./RAMIN, KURT P.: Corporate Financial Disclosure: A Global Assessment. In: International Finance and Accounting Handbook, edited by *Frederick D.S. Choi*. 3rd edition. Hoboken, New Jersey: John Wiley & Sons, 2003, hier S. 13.23;

540 Zur *safe harbor rule*, die freiwillige Prognosen unter bestimmten Voraussetzungen von einer Haftung befreit vgl. LOSS, LOUIS/SELIGMAN, JOEL: Fundamentals of Securities Regulation. 5th edition. A. a. O., hier S. 161–165.

541 Vgl. DANNECKER, GERHARD: Kommentierung zu § 331 HGB. In: HGB-Bilanzrecht. Rechnungslegung. Abschlußprüfung. Publizität. Großkommentar. 2. Teilband: §§ 290-342 a HGB. Konzernabschluß, Prüfung und Publizität, hrsg. v. *Peter Ulmer*. Berlin/New York 2002, hier Rz. 36–40; REIFSCHNEIDER, CHRISTINA: Informationeller Anlegerschutz. Ökonomische Analyse der Konkretisierung und Durchsetzung sekundärmarktbezogener Informationspflichten in Deutschland und den USA. A. a. O., hier S. 137.

542 Vgl. DANNECKER, GERHARD: Kommentierung zu § 331 HGB. A. a. O., hier Rz. 55.

543 Vgl. BAUMS, THEODOR/FISCHER, CHRISTIAN: Haftung des Prospekt- und des Abschlussprüfers gegenüber den Anlegern. Arbeitspapier Nr. 115 des Instituts für Bankrecht der Johann Wolfgang Goethe-Universität. Frankfurt am Main 2003, hier S. 13 f.; SAUER, KNUT: Haftung für Flaschinformation des Sekundärmarktes. A. a. O., hier S. 49.

544 Vgl. BRELLOCHS, MICHAEL: Publizität und Haftung von Aktiengesellschaften im System des Europäischen Kapitalmarktrechts. München 2005, hier S. 143.

standen.[545] Gestärkt wird deren zivilrechtliche Durchsetzung durch die gemäß dem Gesetz zur Umsetzung der EU-Transparenzrichtlinie (TUG) explizit konstituierte kapitalmarktrechtliche Haftung bei fehlerhafter Regelpublizität. Damit einhergehend wird das wertungsabhängige Verständnis materieller Normen zum grundlegenden Problem jeder Haftung bzw. Ausgangspunkt der judikativen Wertung einklagbarer Informationsansprüche.

c) Überlegungen, dass eine Haftungsfreistellung von Angaben zur voraussichtlichen Entwicklung erforderlich wäre, um den Rechnungslegenden zur Offenlegung von Prognosen zu motivieren, werden hier nicht geteilt. Vielmehr werden konkrete Angaben zur voraussichtlichen Entwicklung als zentrale Voraussetzung einer schutzzweckadäquaten Ausfüllung der Aufgabe des Lageberichts im deutschen Corporate-Governance-System verstanden. Sofern zweckadäquat konkretisiert, setzt deren Durchsetzung an der sorgfältigen Erstellung und Darstellung der Prognosen an.[546]

Die Bedeutung normativ begründeter Informationssätze wird deutlich, wenn man Schutzfunktion und unbestimmte Rechtsnorm gegenüberstellt: Zwar ist „unbestritten“, dass prognoseorientierte Informationssätze „typischerweise weniger objektiviert sind als vergangenheitsbezogene Daten“[547]. In wirtschaftlicher Betrachtungsweise werden jedoch nicht nur (judikativ zu konkretisierende) Grenzen skizziert.[548] Das systematische Verständnis erlaubt in konsequenter Orientierung am Normzweck auch eine konzise Würdigung der vermittelten Informationsinhalte. Beides impliziert eine Zurückdrängung subjektiven Ermessens zugunsten einklagbarer Sorgfaltspflichten.[549]

Zwar wurde mit dem schutzwürdigen *unsophisticated investor*[550] bzw. dessen fehlender Kenntnis der Materie in den USA lange Zeit die Ablehnung einer am Informati-

---

545 Vgl. FLEISCHER, HOLGER: Prognoseberichterstattung im Kapitalmarktrecht und Haftung für fehlerhafte Prognosen. A. a. O., hier S. 8 (m. w. N.).

546 Vgl. FLEISCHER, HOLGER: Prognoseberichterstattung im Kapitalmarktrecht und Haftung für fehlerhafte Prognosen. A. a. O., hier S. 14 f.

547 WÜSTEMANN, JENS: Institutionenökonomik und internationale Rechnungslegungsordnungen. A. a. O., hier S. 84 (beide Zitate).

548 Zum Problem vgl. unten S. 138–145.

549 Vgl. DANNECKER, GERHARD: Kommentierung zu § 331 HGB. A. a. O., hier Rz. 42; BRETZKE, WOLF-RÜDIGER: Inhalt und Prüfung des Lageberichts: Anmerkungen zur gegenwärtigen und zukünftigen Praxis der Prognosepublizität. A. a. O., hier S. 342; IJIRI, YUJI: Theory of Accounting Measurement. A. a. O., hier S. 183

550 Vgl. zur *sophistication* des *investors* im Us-amerikanischen Wertpapierrecht REIFSCHNEIDER, CHRISTINA: Informationeller Anlegerschutz. Ökonomische Analyse der Konkretisierung und Durchsetzung sekundärmarktbezogener Informationspflichten in Deutschland und den USA. A. a. O., hier S. 10 f.; *dieselbe*: Behavioral Law and Economics: Überlegungen zu den Konsequenzen moderner Rationalitätskonzepte für die Gestaltung informationellen Kapitalmarktrechts. Working Paper No. 04-35. SFB 504. University of Mannheim 2004, hier S. 16–20.

onsinteresse orientierten Informationspflicht bzgl. der *projections of future economic performance* begründet.[551] Angesichts nicht prinzipienbasiert konkretisierter Informationsansprüche ist dem aufgrund der faktisch nicht richtig ermittelbaren Prognose der *künftigen* wirtschaftlichen Lage prinzipiell auch nicht zu widersprechen. In Bezug auf die gemäß handelsrechtlichen GoB ermittelte und dargestellte Ertragskraft ist eine solche Argumentation hingegen unangebracht: Die Auslegung des Gesetzes erfolgt unabhängig von Rationalitätskonzepten anhand der Methode der wirtschaftlichen Betrachtungsweise.[552] Dementsprechend folgt aus der eingangs aufgezeigten Entscheidungssituation des identifizierten Adressaten, dass dieser zum Treffen einer interessewahrenden Entscheidung eine (testierte) Größe benötigt, die es ihm ermöglicht, die (erläuterte) aktuelle wirtschaftliche Lage des Unternehmens im Vergleich mit anderen Unternehmen (grob) zu beurteilen und eine fundierte Investitions- bzw. Desinvestitionentscheidung zu treffen – mithin ist Rechenschaftslegung ohne konkrete quantitative Angaben weder denkbar noch gewollt.[553]

Mit der „herrschende[n] Meinung" darin konform zu gehen, dass „die Unternehmensleitung einen weiten Gestaltungsspielraum [besitzt], über welche Gegenstandsbereiche der künftigen Entwicklung sie mit welcher Präzision berichten will"[554], würde bedeuten, als materielle Schutznorm *per se* einklagbare bzw. durchsetzbare Informationsansprüche *ad absurdum* zu führen.

---

551 Stellvertetend für die Entwicklung dieser Argumentation bzw. der Prognosepublizität im US-amerikanischen Kapitalmarktrecht vgl. LOSS, LOUIS/SELIGMAN, JOEL: Fundamentals of Securities Regulation. 5th edition. A. a. O., hier S. 156–161; *Kripke* enttarnt das angeführte Argument als Lobbyismus professioneller Finanzanalysten. Vgl. KRIPKE, HOMER: The SEC, The Accountants, Some Myths and Some Realities. A. a. O., hier S. 1199; Dieses These wurde von der Literatur aufgegriffen, die Art der Prognosepublizität gleichzeitig als kaum schutzzweckadäquat beschrieben. Vgl. stellvertretend LOSS, LOUIS/SELIGMAN, JOEL: Fundamentals of Securities Regulation. 3rd edition. New York, New York: Aspen Publishers, 1995, hier S. 29 und S. 159; KITCH, EDMUND W.: The Theory and Practice of Securities Disclosure. A. a. O., hier S. 779.

552 Vgl. REIFSCHNEIDER, CHRISTINA: Behavioral Law and Economics: Überlegungen zu den Konsequenzen moderner Rationalitätskonzepte für die Gestaltung informationellen Kapitalmarktrechts. A. a. O., hier S. 22 f.

553 Vgl. zu einer Übersicht HENNRICHS, JOACHIM: Prognosen im Bilanzrecht. A. a. O., hier S. 701 f.; zu Recht kritisch aufgrund nicht nachvollziehbarer Wertungen im Rahmen der Fair-Value-Bewertung vgl. bspw. KLEINDIEK, DETLEF: Neue Goodwill-Bilanzierung nach US-GAAP und europäisches Bilanzrecht – Stellungnahme zum E-DRS 1 a. In: BB, 56. Jg. (2001), S. 2572–2577, hier S. 2576; LÜDENBACH, NORBERT/FREIBERG, JENS: Zweifelhafter Objektivierungsbetrag des Fair Value Measurements-Projekts für die IFRS-Bilanz. In: KoR, 6. Jg. (2006), S. 437–458, hier S. 444; WÜSTEMANN, JENS/BISCHOF, JANNIS: Der Grundsatz der Fair-Value-Bewertung von Schulden nach IFRS: Zweck, Inhalte und Grenzen. A. a. O., hier S. 90 (m. w. N.).

554 PECHTL, HANS: Die Prognosekraft des Prognoseberichts. Eine empirische Untersuchung am Beispiel deutscher Aktiengesellschaften. In: ZfbF, 52. Jg. (2000), S. 141–159, hier S. 143.

III. Kritischer Vergleich mit der Beurteilung der künftigen Entwicklung nach SEC-Recht

1. Quantifizierung des predictive value

a) Mehrwertigkeit von accounting estimates

aa) Die gemäß *item* 303 geforderte Posteninhaltsanalyse ist konzeptionell nicht mit der oben beschriebenen „voraussichtlichen Entwicklung" – diese schließt in direkter Prognose auch nicht trendspezifische Umweltentwicklungen ein – gleichzusetzen. Leitbild ist vielmehr der *predictive value*, also die Aufbereitung des *net income* dergestalt,[555] dass ausgehend von Elementen mit hoher Wiederkehrvermutung (*known*) Trends und Unsicherheiten aufgezeigt werden.[556] Primäre Zielsetzung einer solchen (trendorientierten) Analyse ist, den Investor vor Fehlbeurteilungen der veröffentlichten Jahresabschlüsse zu schützen. Über die unvollständige Prognoseorientierung einer bilanziellen Gewinnermittlung hinaus, soll die künftig erwartete Entwicklung (*registrant's future prospects*) in indirekter Prognoseorientierung den tatsächlichen Verhältnissen (*more accurate picture*) angenähert werden.[557]

bb) Dass *accounting estimates*[558] bzw. eine prognoseorientierte Ereigniskonzeption[559] ohne umfangreiche Erläuterungen der angestrebten Entscheidungsrelevanz wenig zuträglich sind, ist in der US-amerikanischen Literatur unbestritten.[560]

---

555 Vgl. LANGE, CHRISTOPH: Jahresabschlussinformationen und Unternehmensbeurteilung. A. a. O., hier S. 207.

556 Zum *predictive-value-criterion* für die Beurteilung bzw. Ausgestaltung finanzieller Unternehmensinformationen vgl. auch AICPA: Objectives of Financial Statements. Report of the Study Group on teh Objectives of Financial Statements. New York, New York: AICPA, 1993, hier S. 45–47; CARSBERG, BRYAN/ARNOLD, JOHN/HOPE, ANTHONY: Predictive Value: A Criterion for Choice of Accounting Methods. In: Studies in Accounting, edited by *W. T. Baxter* und *Sidney Davidson*. 3rd edition. London 1977, S. 403–423, hier S. 404; FASB: SFAC No. 2. Qualitative Characteristics of Accounting Information. 1980, hier Par. 22–25 und Par. 29; GRIFFIN, PAUL. A. (Hrsg.): Usefulness to Investors and Creditors of Information Provided by Financial Reporting: A Review of Empirical Accounting Research. Stamford, Conn. FASB, 1982, hier insbes. S. 135–139.

557 Vgl. OXFORD ASSET MANAGEMENT, LTD. V. JAHARIS, 297 F.3d 1182, 1192 (11th Cir. 2002).

558 „Future events and their effects cannot be perceived with certainty; estimating, therefore, requires the exercise of judgment. Thus accounting estimates change as new events occur." So APB: Opinion No. 20. Accounting Changes. 1971, hier Par. 10.

559 Vgl. zur Abstufung der Prognoseorientierung im Rahmen der Bilanzierung IJIRI, YUJI: Theory of accounting measurement. A. a. O., hier S. 89.

560 Vgl. stellvertretend BALL, RAY/BROWN, PHILIP: An empirical evaluation of accounting income numbers. In: J. Acc. Res., Vol. 6, No. 2 (1968), S. 159–178, hier S. 160; vgl. auch FASB: SFAC No. 2. Qualitative Characteristics of Accounting Information. 1980, hier Par. 72.

Problematisch ist, wie bspw. *Arnold/Holder* feststellen, die regelungsunscharfe Erläuterung dieser Schätzungen[561] in den *financial statements*:[562] Die Standards des FASB und das SOP 94-6 (AICPA) bleiben insofern unbestimmt, als Erstere i. d. R. zunehmend eine sachverhaltsspezifische Erläuterung von Annahmen, Methoden[563] und alternativer quantitativer Ausprägung fordern.[564] Letztere kennzeichnet hingegen ein Wesentlichkeitskriterium, das aus der potenziellen Auswirkung erwarteter Änderungen unsicherer Schätzungen konstruiert ist; allerdings genügt SOP 94-6 eine Angabe der Art der Unsicherheit (*nature of uncertainty*) und ein Hinweis, dass eine zeitnahe Veränderung dieser Schätzung zu erwarten ist (*at least reasonably possible*).[565] Was für im Rahmen der Fair-Value-Bewertung erforderliche Schätzungen gilt, trifft auch auf die subjektive Schätzung des Wertes bspw. von Eventualitäten (*contingencies*) zu:[566] In der bilanziellen Erfassung regelungsunscharf[567] ist das zugrunde liegende Intervall (*range of loss*) der erwarteten Auswirkung auf das Ergebnis anzugeben; jedoch wird weder eine entscheidungsrelevante Angabe der zugrunde liegenden Ursache (*nature of the accrual*) oder der Höhe (*amount accrued*) der periodisierten Aufwendung (*loss contingency*) noch die Angabe der dem Intervall zugrunde liegenden Wahrscheinlichkeiten gefordert.[568] SOP 94-6 wiederum fordert die Darstellung möglicher wesentlicher Veränderungen der gemäß SFAS No. 5 periodisierten Beträge. Explizit ausgeschlossen ist allerdings die Beschreibung der zugrunde liegenden Methoden und An-

---

561 Vgl. zum Begriff der Schätzung FLEISCHER, HOLGER: Prognoseberichterstattung im Kapitalmarktrecht und Haftung für fehlerhafte Prognosen. A. a. O., hier S. 2.

562 Vgl. ARNOLD, JERRY L./HOLDER, WILLIAM W.: At War – Disclosure of Measurement Uncertainties. In: J. Acc., Vol. 186, No. 6 (1998), S. 99–106, hier S. 105 AICPA: SOP 94-6. Disclosure of Certain Significant Risks and Uncertainties. December 1994, hier Appendix, Par. B-20; AICPA: AU § 508. Reports on Audited Financial Statements. April 1998; APBO No. 20. A. a. O., hier Par. 10; APB: Opinion No. 22. Disclosure of Accounting Policies. 1972, hier Par. 33.

563 APBO No. 22 definiert *accounting policies* als „the specific accounting principles and the methods of applying those principles that are judged by the management of the entity to be the most appropriate in the circumstances to present fairly financial position, results of operations, and cash flows in accordance with generally accepted accounting principles." So APBO No. 22. A. a. O., hier Par. 6.

564 Vgl. bspw. FASB: SFAS No. 107. Disclosures about Fair Value of Financial Instruments. 1991, hier Par. 10; FASB: SFAS No. 123. Accounting for Stock-Based Compensation. 1995, hier Par. 45; FASB: SFAS No. 132 (revised 2003). Employers' Disclosures about Pensions and Other Postretirement Benefits. 2003; FASB: SFAS No. 144. Accounting for the Impairment or Disposal of Long-Lived Assets. 2001; ohne eine entsprechende Informationspflicht vgl. FASB: SFAS No. 13. Accounting for Leases. 1975; FASB: SFAS No. 43. Accounting for Compensated Absences. 1980; FASB: SFAS No. 67. Accounting for Costs and Initial Operations of Real Estate Projects. 1982; FASB: SFAS No. 91. Accounting for Nonrefundable Fees and Costs Associated with Originating or Acquiring Loans and Initial Direct Costs of Leases. 1986.

565 Vgl. AICPA: SOP 94-6. A. a. O., hier Par. 13 f.

566 Vgl. FASB: SFAS No. 5. A. a. O., hier Par. 1.

567 Vgl. Wüstemann, Jens: Generally Accepted Accounting Principles. A. a. O., hier S. 145 f.

568 Vgl. SFAS No. 5. A. a. O., hier Par. 9 f.

nahmen.[569] Hinsichtlich Eventualverbindlichkeiten (*loss contingencies*) klärend konkretisiert die SEC gemäß SAB No. 92 spezifische Angabepflichten.

cc) Eine andere Form der Erläuterung von *accounting estimates* sieht die SEC im Rahmen der MD&A vor:[570] Aus Perspektive des Adressaten typischerweise in Ergänzung der *financial statements*[571] sollen im Rahmen deren Analyse insbesondere auch *critical accounting policies* erläutert werden.[572] Voraussetzung hierfür ist, dass den Schätzungen Annahmen zugrunde liegen, die höchst unsicher (*highly uncertain*) sind. Dieses Kriterium konkretisierend müssen kumulativ wahrscheinliche, alternativ verwendbare Schätzungen vorliegen; die Veränderung der bilanzierten Schätzungen von Periode zu Periode ist zu erwarten (*reasonably likely to occur*). Eine Informationspflicht besteht, wenn entsprechende Schätzungen bzw. deren Änderung einen wesentlichen Einfluss auf die Darstellung der Vermögens- und Finanzlage (*financial condition*) oder der Ertragslage oder deren (relative) Veränderung nehmen.[573]

Sowohl die erforderliche Beurteilung höchst unsicherer Annahmen als auch deren Erläuterungen begründeten einen Sturm der Kritik an der *proposed rule* zu *critical accounting policies* – nach dieser wird, neben umfangreichen Erläuterungen zur „financial reporting philosophy“[574] des Unternehmens,[575] insbesondere auch die Quantifizierung[576] alternativ begründeter Schätzungen in der MD&A gefordert. Gemäß SEC stellen entsprechende Angaben aufgrund ihrer Eignung, die Prognoserelevanz (*quality*) sowie die potenzielle Volatilität des Gewinns zu erläutern, ein zentrales Element entscheidungsnützlicher Informationsvermittlung dar.[577] Angesichts der Ablehnung einer verpflichtenden Normierung der *proposed rule* weisen *Ruder/Sun/Sycz* auf deren Be-

---

569 Vgl. ARNOLD, JERRY L./HOLDER, WILLIAM W.: At War – Disclosure of Measurement Uncertainties. A. a. O., hier S. 104.

570 Vgl. SEC: Release Nos. 33-8040, 34-45149, FR-60. Cautinary Advice Regarding Disclosure About Critical Accounting Policies. December 12th, 2001; SEC: Release Nos. 33-8098, 34-45907. Proposed Rule: Disclosure in Management's Discussion and Analyses about the Application of Critical Accounting Policies. May 10th, 2002.

571 Vgl. SEC: Release Nos. 33-8098, 34-45907. A. a. O., hier S. 157; BRYAN, STEPHEN: Management Discussion and Analysis. In: Accountants' Handbook. 9. Aufl. New York, New York: John Wiley & Sons, 1999, Chapter 4, hier S. 2.

572 Vgl. SEC: Release Nos. 33-8040, 34-45149, FR-60. A. a. O.

573 Vgl. SEC: Release Nos. 33-8098, 34-45907. A. a. O., hier S. 9.

574 BRATTON, WILLIAM W.: Shareholder value and auditor independence. In: Duke L.J., Vol. 53, No. 2 (2003), S. 439–489, hier S. 476.

575 Vgl. DEXHEIMER, SIGRID: Gewinnerläuterungsgrundsätze nach US-GAAP und SEC-Recht. A. a. O., hier S. 91–94.

576 Vgl. SEC: Release Nos. 33-8098, 34-45907. A. a. O., hier S. 52–55.

577 Vgl. *ebenda*, hier S. 157.

deutung im Sinne der *best practice* hin.[578] Sofern bspw. wesentliche Änderungen der langfristig zu erwartenden Rendite aus Pensionsplänen zu erwarten sind, sollten alternative Schätzungen (*range of reasonably likely outcomes*) aufgezeigt und quantifiziert werden.[579]

dd) Für ein entscheidungserhebliches Verständnis von *financial statements*, die eine prognoseorientierte Ereigniskonzeption abbilden, ist die mehrwertige Erläuterung von *critical accounting policies* aufgrund der inhärenten Unsicherheit der einbezogenen voraussichtlichen Entwicklung unabdingbar.[580] Dies gilt – man denke an die *percentage-of-completion method* – auch für die oben in wirtschaftlicher Betrachtungsweise als prognoserelevant beschriebenen Aufwendungen und Erträge. Davon abgesehen zielen die Prognosebasisprinzipien auch im Falle eines auf einem IFRS-Abschluss zu erstellenden Lageberichts, wie gezeigt, jedoch auf die Darstellung umsatzproportionaler Größen. Grundlegend ist die durch Realisations- und Anschaffungskostenprinzip objektivierte Zuordnung von Aufwendungen und Erträgen sowie die i. V. m. dem Abschlusstichtagsprinzip konkretisierte Ereigniskonzeption. Hinsichtlich der darauf aufbauenden Prognose wäre im Rahmen einer gemäß IFRS entobjektivierten Ertragsrealisierung entsprechend dem Kriterium des *transfer of the risks and rewards of ownership* zwar ein zeitlich (begrenzter) Einbezug erwarteter *revenues* und *expenses* denkbar;[581] die interessierende künftig erwartete Veränderung ökonomischer Bedingungen am Absatzmarkt wird jedoch erst in Betrachtung eines im Sinne der Prognoseprinzipien über bereits kontrahierte Aufträge hinausgehenden Zeitraums ersichtlich.

b) Quantifizierung der Auswirkung von known facts

Item 303 können zumindest Hinweise bzgl. einer Beurteilung entnommen werden: Die erwartete *künftige* Entwicklung ist anhand von bekannten Trends und Unsicherheiten,

---

578 Vgl. RUDER, DAVID S./SUN YUJI/SYCZ, AREK: The SEC at 70: The securities and exchange commission's pre- and post-enron responses to corporate financial fraud. A. a. O., hier S. 1126; BARRET, MATTHEW J.: The SEC at 70: The SEC and accounting, in part through the eyes of Pacioli. In: N.D.L.Rev., Vol. 80 (March 2005), S. 837–892, hier S. 880.

579 SEC: Release Nos. 33-8350, 34-48960, FR-72. A. a. O., hier Abs. „V. Critical Accounting Estimates".

580 Ebenso WEISS, ELLIOTT J.: Some thoughts on an agenda for the public company accounting oversight. In: Duke L.J., Vol. 53 (November 2003), S. 491–515, hier S. 495.

581 Vgl. zum Kriterium FASB: SFAC No. 6. A. a. O., hier Par. 183–185; GRAU, ANDREAS: Gewinnrealisierung nach International Accounting Standards. A. a. O., hier S. 95 f. (m. w. N.); WESNER, PETER: Bilanzierungsgrundsätze im Wertpapierrecht der USA. Wiesbaden 1984, hier S. 65 f.

die einen wesentlichen Einfluss auf Ergebnisgrößen nehmen, zu beschreiben.[582] Konkretisierend stellt die SEC in einer Verlautbarung fest, dass die Quantifizierung wesentlicher Einflüsse bekannter Trends und Unsicherheiten deren Verständnis zuträglich sein kann. Soweit in diesem Sinne wesentlich und verfügbar (*is reasonably available*) gilt deren Quantifizierung als verpflichtend.[583]

Dass damit grundsätzlich keine Quantifizierung der geplanten künftigen Lage, sondern in Orientierung am *predictive value* eine – bildlich gesprochen – fächerartige Aufspreizung des *net income* anhand (prognoserelevanter) Trends gemeint ist, folgt aus der Abgrenzung zu einer optionalen Darstellung der künftigen Lage (*forward-looking information*).[584]

c) Glaubwürdigkeit einer Darstellung der künftigen Lage

Die Darstellung der künftigen Lage wird vom AICPA konkretisiert: Es handelt sich um die glaubwürdigste (*most probable*) Vermögens-, Finanz- und Ertragslage einer oder mehrerer künftiger Geschäftsjahre: *Most probable* meint, dass die Prognose auf den wahrscheinlichsten Umweltzuständen (*most likely set of conditions*) und Dispositionen (*most likely course of action*) beruht.[585] Eine mathematisch-ökonometrische Interpretation dieser Verlautbarungen zeigt *Mennenöh* auf; um diese formal abzubilden, muss er interessanterweise vom Wortlaut abweichen.[586] In Orientierung am Leitbild nachvollziehbarer Informationsvermittlung wird man eine Beurteilung der künftigen Entwicklung anhand eines Zustands- oder Entscheidungsbaums intuitiv vorziehen.[587]

---

582 Vgl. 17 C.F.R § 229.303 (a)(3)(ii); instruction No. 3.

583 Vgl. SEC: Release Nos. 33-8350, 34-48960, FR-72. A. a. O., hier Abs. „III. Overall Approach to MD&A".

584 „As discussed in the 1989 Release, the disclosures required to address known material trends and uncertainties in the discussion and analysis should not be confused with optional forward-looking information. Not all forward-looking information falls within the realm of optional disclosure. In particular, material forward-looking information regarding known material trends and uncertainties is required to be disclosed as part of the required discussion of those matters and the analysis of their effects. In addition, forward-looking information is required in connection with the disclosure in MD&A regarding off-balance sheet arrangements." So SEC: Release Nos. 33-8350, 34-48960, FR-72. A. a. O., hier Abs. „III. Overall Approach to MD&A".

585 AICPA: Guidelines for Systems for the Preparation of Financial Forecasts. March 1975, hier S. 3 (Hervorhebungen nicht im Original); AICPA: Statement of Position on Presentation and Disclosure of Financial Forecasts. August 1975, hier S. 2.

586 Vgl. MENNENÖH, HARTWIG: Prognosepublizität. Vorschläge zur ungewißheitsorientierten Gestaltung einer prospektiven Berichterstattung von Unternehmen an externe Adressaten. Bochum 1984, hier S. 92–95.

587 Vgl. auch BARRET, MATTHEW J.: The SEC at 70: The SEC and accounting, in part through the eyes of Pacioli. A. a. O., hier S. 874.

2. Implikationen einer vom net income ausgehenden Abbildung des predictive value

a) Zur individuellen Nachvollziehbarkeit: *predictive value* als konzeptionelle Lösung der Diskrepanz von Regelungszweck und regelungsunscharfen Bilanzierungs- und Bewertungsnormen

Ein schwer wiegendes Problem der gemäß US-GAAP abgebildeten finanziellen Größen ist unbestreitbar die mit einer prognoseorientierten Ereigniskonzeption einhergehende Regelungsunschärfe.[588]

Befürwortet man eine prognoseorientierte Ereigniskonzeption, so muss die trendorientierte Aufbereitung des *net income* zum zentralen Element der Rechnungslegung werden.[589] Bedenklich ist, dass eine detaillierte Analyse der Vermögensveränderung aufgrund der im folgenden Abschnitt aufgezeigten Grenzen jedoch kaum adressatenorientiert gerechtfertigt werden kann. Vielmehr wird die narrative Herausbildung eines *predictive value* notwendige Konsequenz einer mit der vermeintlichen Entscheidungsrelevanz begründeten Entobjektivierung: Nicht die Sicherstellung, sondern die (nachträgliche) Verbesserung der *quality of earnings* wird zum zentralen Problem der Rechnungslegung. Der Widerstand betroffener Interessengruppen gegen eine adressatenorientiert nachvollziehbare Erläuterung von *critical accounting policies* zeigt – heute wie vor 30 Jahren[590] – wie eng der Gestaltungsraum, auch einer Durchsetzungsinstanz wie der SEC, diesbezüglich ist.[591]

b) Zur Entscheidungsrelevanz: predictive value als Indikator des künftigen Gewinns

aa) Im Zusammenhang mit verpflichtender und freiwilliger Informationsvermittlung unterscheidet die US-amerikanische SEC,[592] wie auch die kapitalmarktrechtliche Literatur,[593] regelmäßig zwischen *past* und *future earnings*. *Past earnings* bilden die im

---

[588] Vgl. bspw. BRATTON, WILLIAM W.: Shareholder value and auditor independence. A. a. O., hier S. 477–479; WÜSTEMANN, JENS: Generally Accepted Accounting Principles. A. a. O., hier S. 165; vgl. auch KUHNER, CHRISTOHER: Auf dem Weg zur Prinzipienbasierung der kapitalmarktorientierten Rechnungslegung? – Einige Anmerkungen zum aktuellen Diskussionsstand – In.: WPg, 57. Jg. (2004), S. 261–271, hier S. 268.

[589] Ähnlich BRYAN, STEPHEN: Management Discussion and Analysis. A. a. O., hier S. 2.

[590] Vgl. SELIGMAN, JOEL: The transformation of Wall Street: a history of the Securities and Exchange Commission and modern corporate finance. In: Rev. edition York, Pn: The Maple Press Company, 1995, hier S. 557.

[591] Vgl. BRATTON, WILLIAM W.: Shareholder value and auditor independence. A. a. O., hier S. 476.

[592] Vgl. 17 C.F.R. § 229.10 (b).

[593] Vgl. stellvertretend LOSS, LOUIS/SELIGMAN, JOEL: Fundamentals of Securities Regulation. 5th edition. A. a. O., hier S. 156.

vergangenen Geschäftsjahr realisierten leistungswirtschaftlichen Netto-Erträge ab. *Future earnings* werden ex ante hingegen durch erwartete bzw. geplante Ereignisse, Entwicklungen und Zustände begründet. Letzteren gilt das unmittelbar an ökonomisch starken Prämissen orientierte Informationsinteresse; deren Angabe ist grundsätzlich freiwillig. Verpflichtend ist die indirekt prognoseorientierte Erläuterung der *past earnings*, also der von ihrer Art und ihrer Regelmäßigkeit untypischen Ereignisse, Geschäftsvorfälle oder makroökonomischen Einflüsse bereinigten,[594] bei relativ konstanten Geschäftsbedingungen annahmegemäß wiederkehrenden *results of operations*. In positiver Wertung wird so der leistungswirtschaftlich begründete Reinvermögensanstieg abgebildet. Unberücksichtigt bleiben jedoch die interessierenden Geschäftswertänderungen: „Auch die Earnings informieren infolgedessen durchaus irreführend über die Veränderung des Shareholder Value."[595] Inwiefern dies im Rahmen der Erläuterung wesentlicher Ereignisse, Trends und Unsicherheiten, die annahmegemäß Ursache künftiger Gewinne sind, relativiert wird,[596] ist eine Frage der Auslegung dieser Norm.[597]

Impliziter Maßstab deren Ermittlung ist der Abgleich der gegenüber *past earnings* veränderten, *future earnings* begründenden Geschäftsbedingungen. Soweit man (hier) der Einfachheit halber von dispositiv begründeten Veränderungen absieht, umfassen potenziell informationspflichtige Ereignisse, Trends und Unsicherheiten grundsätzlich eine Vielzahl unterschiedlichster Ausprägungsmuster möglicher Geschäftsbedingungen. Dabei werden mit zunehmendem Detailgrad, bspw. der Analyse einzelner Segmente, vermehrt gegenläufige Ausprägungen einbezogen.[598]

bb) Mit der (handelsrechtlichen) Erläuterung der voraussichtlichen Entwicklung sind derartige Trends lediglich insofern vergleichbar, als beide auf einer Trägheitsprojektion basieren. Unterschiede folgen aus dem Vergleich der (Detail-) Ebene, dem Einbezug künftig erwarteter[599] Umweltzustände und der Angabe konkreter künftiger Erwartungen des Rechnungslegenden: Das Prinzip der Beurteilung der künftigen Entwicklung fordert eine Quantifizierung der Veränderung von Aufwendungen und Erträgen.

---

594 Vgl. 17 C.F.R § 229.303 (a)(3)(i).
595 Vgl. MOXTER, ADOLF: Rechnungslegungsmythen. A. a. O., hier S. 2144.
596 Vgl. 17 C.F.R § 229.303, instruction no. 3.
597 Vgl. unten S. 132–136.
598 Vgl. oben S. 33–37.
599 Während diese im handelsrechtlichen Lagebericht gemäß § 289 Abs. 1 Satz 4 HGB informationspflichtig sind, bildet deren Unsicherheit einen Grund, diese in der MD&A nicht als prognoseorientierten Trend, sondern gegenwartsbezogen als Unsicherheit zu erläutern. Vgl. unten S. 132–136.

Diese ist gemäß dem Prinzip der Erläuterung der künftigen Entwicklung zu begründen. Trends folgen dagegen (ohne eine objektivierte Prognosebasis) aus der detaillierteren Analyse auch gegenläufiger, eingetretener und erwarteter Dterminantenkombinationen einzelner Posten. Diese Trends sollen, wie gezeigt, zwar quantifiziert werden. Eine konkrete Aussage der erwarteten Entwicklung, welche in Verbindung mit einer objektivierten Prognosebasis geeignet ist die (ermessensbehaftete) Darstellung gegenläufiger Trends zu substituieren, wird aber nicht gefordert.[600]

Im Ergebnis sieht sich der Adressat Daten gegenüber, die zwar Einschätzungen des Rechnungslegenden widerspiegeln, diese jedoch nur bedingt entscheidungsrelevant wiedergeben. Von wettbewerbsbedingten Grenzen abstrahierend fragt man sich mit *Heller*, weshalb das US-amerikanische Wertpapierrecht in kapitalmarktorientierter Betrachtungsweise keine Offenlegung der eigentlich entscheidungsrelevanten Prognose künftiger Gewinne fordert.[601] Klar in der Fragestellung, pragmatisch bei der Antwort stellt *Heller* fest, dass grundlegend davon ausgegangen wird, dass es Aufgabe des Adressaten ist, Einschätzungen der künftigen Entwicklung aus den vermittelten Tatsachen (*facts*) abzuleiten.[602]

Interessanterweise sollte die dem Adressaten zugemessene Kompetenz jahrelang konträr[603] zu der erst 1979 mit der gemäß rule 175 kodifizierten Haftungsbefreiung von *forward-looking information* faktisch geänderten Meinung der SEC stehen.[604] Dabei ist die weiterhin fehlende Verpflichtung des Rechnungslegenden zur Abgabe einer eindeutigen Beurteilung im Hinblick auf die angestrebte Entscheidungsrelevanz nicht unproblematisch: Unbestreitbar ist, dass externen Adressaten in einer Wettbewerbsordnung keine den Kenntnisstand des Rechnungslegenden widerspiegelnde Information vermittelt werden kann. Demzufolge ist der Rechnungslegende in der besten Position Prognosen zu formulieren.[605] Auf eine konkrete Beurteilung zu verzichten bedeutet

---

600 Vgl. zur Analyse der vergangenen (ergebnisrelevanten) Etntwicklung anhand von Leistungsindikatoren oben S. 52 f.

601 Vgl. HELLER, HARRY: Disclosure Requirements Under Federal Securities Regulation. Bus. Law. Vol. 16 (1961), S. 300–307, hier S. 304.

602 Vgl. *ebenda*, hier S. 307.

603 „A real danger exists, in the study's judgment, that projections appearing in prospectuses and other documents filed under the securities laws and reviewed by the Commission would be accorded a greater measure of validity by the unsophisticated investor than they would deserve.“ So SEC: Disclosure to Investors: A Reappraisal of Federal Administrative Policies under the '33 and '34 Acts. A. a. O., hier S. 96.

604 Vgl. LOSS, LOUIS/SELIGMAN, JOEL: Fundamentals of Securities Regulation. 5th edition. A. a. O., hier S. 157.

605 Vgl. KRIPKE, HOMER: The SEC, The Accountants, Some Myths and Some Realities. A. a. O., hier S. 1198.

eine Benachteiligung insbesondere der Kleinanleger gegenüber institutionellen Investoren.[606] Mithin tritt der informationelle Schutz des Kleinanlegers in kapitalmarktorientierter Betrachtungsweise zurück:[607] Da die Veränderung des Preises (annahmegemäß) Ausdruck der Veränderung des Werts des Unternehmens ist, benötigt der Kleinanleger faktisch keine schutzzweckorientierte Rechnungslegung. Die Preisbildung erfolgt im Wesentlichen durch institutionelle Anleger, die zum einen kompetent sind, die offengelegten (umfassenden) Informationen auszuwerten, dem Rechnungslegenden zum anderen aber auch gezielte Fragen zu diesen Informationen stellen können.

Bezüglich der haftungsbefreiten Prognose weisen *Loss/Seligman* darauf hin, dass die inzwischen vertretene (nicht unproblematische) Annahme, der Investor könne zwischen sicheren und unsicheren Informationselementen unterscheiden und begründete Erwartungen formulieren, einem (wohlverstandenen) Schutzzweck nicht genügt. Mindestens ebenso wichtig sei eine an dieser Annahme orientierte Informationsvermittlung.[608] Deren Kern bestehe in einer konkreten Beurteilung der Zukunft des Unternehmens durch den Rechnungslegenden: „No other single change could add as much meaning to the unmanageable and unfocused flood of facts in present Commission documents."[609]

B. Prinzip der Erläuterung der künftigen Entwicklung

I. Prinzipienbildung

1. Normative Aussage in wirtschaftlicher Betrachtungsweise

Gegenstand einer schutzzweckadäquaten Lageberichterstattung ist, wie eingangs aufgezeigt, die Rechenschaftslegung des Rechnungslegenden über die vergangene Geschäftstätigkeit. In diesem Sinne ist im Rahmen des Prinzips der Erläuterung der künftigen Entwicklung der durch vergangene Dispositionen und erwartete Umweltentwicklungen sowie durch Chancen und Risiken geprägte Geschäftswert zukunftsbezogen

---

606 Vgl. KITCH, EDMUND W.: The Theory and Practice of Securities Disclosure. A. a. O., hier S. 779; KRIPKE, HOMER: The SEC, The Accountants, Some Myths and Some Realities. A. a. O., hier S. 1199.

607 Vgl. insbes. HUGH, BECK C.: The substantive limits of liability for inaccurate predictions. In: A. Bus. L. J., Vol. 44 (2007), S. 161–179, hier S. 164.

608 Vgl. i. d. S. SEC: Release Nos. 33-8350, 34-48960, FR-72. A. a. O., hier Abs. „Analysis".

609 KRIPKE, HOMER: The SEC, The Accountants, Some Myths and Some Realities. A. a. O., hier S. 1199.

darzustellen. Ausgehend von gegenwartsbezogenen Informationssätzen gilt es die Beurteilung der künftigen Entwicklung individuell nachvollziehbar zu begründen.[610]

In diesem Sinne ist die Unsicherheit der künftigen Entwicklung anhand einer geordneten Menge von Informationssätzen darzustellen. Zu erläutern ist die Auswirkung (nicht beeinflusster) erwarteter Ereignisse, Entwicklungen und Zustände auf die erwartete Entwicklung von Leistungsindikatoren unter der Annahme konstanter Dispositionen.

Geplante, hier so gut wie sicher, also auch von Dritten unabhängig, erstmals Einfluss nehmende Maßnahmen des Managements sind als Chancen aufzuzeigen. Umweltentwicklungen auf die nicht wie in der Vergangenheit reagiert werden kann, ohne die Entwicklung des Unternehmens zu gefährden, sind als Risiken zu erläutern. Daneben sind explizit auch die „zugrunde liegenden Annahmen anzugeben" (§ 289 Abs. 1 Satz 4 HGB).

2. Materiell-ökonomische Bedeutung

a) Voraussichtliche Entwicklung

aa) Nicht beeinflusste (glaubwürdigste) Entwicklung

Kennzeichnend für die Prognoseprinzipien ist die zentrale Bedeutung der Projektion erwarteter Umweltzustände.[611] Projektion meint in diesem Zusammenhang die Prognose von Umweltzuständen unter der Annahme, dass das Unternehmen auf intern oder extern begründete Ereignisse entsprechend dem in der Vergangenheit angewendeten dispositiven Muster reagiert.[612] Maßgeblich ist also jene erwartete Entwicklung preis- und mengen-relevanter Determinanten,[613] die aus nicht (initiativ) beeinflussten Er-

---

610 Vgl. auch EISENFÜHR, FRANZ/WEBER, MARTIN: Rationales Entscheiden. 4. Aufl. Berlin u. a. 2003, hier S. 156; HIRSHLEIFER, JACK/RILEY, JOHN G.: The Analytics of Uncertainty and Information. A. a. O., hier S. 11; THEIL, HENRI: Applied Economic Forecasting. A. a. O., hier S. 10.

611 Vgl. zum Umweltzustandsprognoseprinzip WÜSTEMANN, JENS: Institutionenökonomik und internationale Rechnungslegungsordnungen. A. a. O., hier S. 86 f.

612 Vgl. zur Trägheitsprojektion BALLWIESER, WOLFGANG: Unternehmensbewertung und Komplexitätsreduktion. A. a. O., hier S. 80.

613 Auch *Ballwieser* hebt die „[t]heoretisch sinnvoll[e]" Projektion nicht beeinflussbarer Umweltzustände hervor und weist, ohne näher darauf einzugehen, darauf hin, dass kein „Abbild" der Realität projeziert wird. Vgl. BALLWIESER, WOLFGANG: Unternehmensbewertung und Komplexitätsreduktion. A. a. O., hier S. 41; LAUX, HELMUT: Unternehmensbewertung bei Unsicherheit. A. a. O., hier S. 528 f.

eignissen und Ereignisfolgen resultiert.[614] Von Relevanz ist diese Abgrenzung insbesondere bei Oligopolen.

Die Menge entsprechender Informationssätze wird sinnvollerweise anhand wohlverstandener Leistungsindikatoren geordnet. Wesentliche Veränderungen gegenüber deren vergangenheitsbezogenen Ausprägung sind zu begründen. Objektivierend sollte dabei von der am Abschlussstichtag gegebene Lage auf relevanten Märkten ausgegangen werden.

bb) Determinanten der nicht beeinflussten Entwicklung

aaa) Der BFH bezeichnet den (originären) Geschäftswert als „Mehrwert, der einem gewerblichen Unternehmen über den Substanzwert der einzelnen materiellen und immateriellen Wirtschaftsgüter abzüglich Schulden hinaus innewohnt“[615]. Dessen Ermittlung anhand künftig erwarteter Ein- und Auszahlungen verweist auf die hier interessierenden Determinanten: Dem Geschäftswert liegen insbesondere auf externen Märkten in Abhängigkeit von der Wettbewerbssituation (erwartungsgemäß) realisierbare Wettbewerbsvorteile zugrunde.[616] In gewinnorientiertem Verständnis umfassen diese die „Gesamtheit der Beziehungen zur betrieblichen Umwelt, zu tatsächlichen und möglichen Kunden, Lieferanten, Mitarbeitern, Kapitalbeteiligten und Kreditgebern“[617].

bbb) Bezogen auf die Erläuterung der voraussichtlichen Entwicklung der (aktuellen) wirtschaftlichen Lage des Unternehmens auf relevanten Märkten, also der erwarteten Umweltzustände,[618] interessiert die Entwicklung sämtlicher (wesentlicher) preis- und mengenrelevanten Determinanten; zugrunde liegende Ereignisse bzw. Ereignisfolgen

---

614 Ähnlich SIEBEN, GÜNTER: Offene Fragen bei der Erstellung und Prüfung des Lageberichts. A. a. O., hier S. 593; BRETZKE, WOLF-RÜDIGER: Inhalt und Prüfung des Lageberichts: Anmerkungen zur gegenwärtigen und zukünftigen Praxis der Prognosepublizität. A. a. O., hier S. 343 f.; zur entsprechenden Definition eines Umweltzustands vgl. BALLWIESER, WOLFGANG: Unternehmensbewertung und Komplexitätsreduktion. A. a. O., hier S. 59.

615 BFH-Urteil vom 18. Februar 1993, IV R 40/92, BFHE 171, 422; DUHR, ANDREAS: Grundsätze ordnungsmäßiger Geschäftswertbilanzierung. A. a. O., hier S. 11–16 (m. w. N.).

616 Vgl. PORTER, MICHAEL E.: Wettbewerbsvorteile. A. a. O., hier S. 27; BFH-Urteil vom 29. Juli 1982, IV R 49/78, BStBl. II 1982, 650, 651.

617 SANDIG, CURT: Der Ruf der Unternehmung. Wesen und betriebswirtschaftliche Bedeutung. Stuttgart 1962, hier S. 6 und insbes. S. 34 f.; KUHNER, CHRISTOPH: Geschäftszweckgebundene Bewertungskonzeptionen in der externen Rechnungslegung von Unternehmen. A. a. O., hier S. 83.

618 Vgl. WÜSTEMANN, JENS: Institutionenökonomik und internationale Rechnungslegungsordnungen. A. a. O., hier S. 86.

sind zu erläutern. Man wird „sich freilich im allgemeinen mit Tendenzaussagen begnügen müssen.“[619]

Ausgehend von der dargestellten Lage und den erläuterten Leistungsindikatoren denke man bspw. an Nachfrageverschiebungen, die, durch Ereignisfolgen wie bspw. technologische Veränderungen begründet, bereits in der Vergangenheit Einfluss auf die Absatzmenge genommen haben und dies annahmegemäß auch in Zukunft tun werden.

Daneben können u. a. auch branchenspezifische Entwicklungen maßgeblicher Bestimmungsgrund für die voraussichtliche Entwicklung sein. Im Falle einer durch starken Wettbewerb begründeten Preisminimierung auf für das Unternehmen zentralen Märkten ist diese, wiederum ausgehend von der Prognosebasis, zu erläutern. Dabei sollte sowohl die erwartete Entwicklung wesentlicher Determinanten als auch das unternehmenstypische dispositive Reaktionsmuster aufgezeigt werden.[620]

Ebenso werden regelmäßig auch in der Vergangenheit initiierte Maßnahmen, bspw. Investitionen in Werbung oder Forschung und Entwicklung, deren Einfluss sich, wie *interne* Aufzeichnungen zeigen, in der Entwicklung vergangener Umsatzerlöse widerspiegelt, ein ursächliches Element der voraussichtlichen Entwicklung darstellen. Deren erwartungsgemäß begründete Auswirkung auf die voraussichtliche Entwicklung sollte vor dem Hintergrund erwarteter Umweltzustände aufgezeigt werden; dabei ist auch auf die zugrunde liegenden Investitionen hinzuweisen.

Hinsichtlich der Ordnung konkretisierender Informationssätze sollte die im Rahmen der Analyse der Lage verwendete Klassifizierung von Determinanten fortgeführt werden.

b) Chancen und Risiken

aa) Unsicherheit der künftigen Entwicklung

aaa) Die gemäß § 289 Abs. 1 Satz 4 HGB normierten Chancen und Risiken bilden im Sinne eines entscheidungsorientierten Prinzips der Erläuterung der künftigen Entwicklung die Prognosen inhärente Unsicherheit ab: Zwar ist auch im Rahmen der Erläuterung der voraussichtlichen Entwicklung auf die Unsicherheit bzw. die Annahme der Trägheitsprojektion einzugehen – „zugrunde liegende Annahmen sind anzugeben“ (§

---

[619] MOXTER, ADOLF: Grundsätze ordnungsgemäßer Rechnungslegung. A. a. O., hier S. 245 f.

[620] Dem Adressaten wird hierdurch (zumindest in der Tendenz) ermöglicht künftig evtl. notwendige Änderungen im Reaktionsmuster – deren Angabe bspw. gemäß § 15 WpHG vorausgesetzt – auf die dann aktuelle Situation des Unternehmens zu beziehen.

289 Abs. 1 Satz 4 HGB). Wesentlich für die Abbildung der künftigen Entwicklung ist aber die mit den im oben definierten Sinne verstandenen Chancen und Risiken aufgezeigte Unsicherheit.[621] Dabei fordert eine zweckadäquate Erläuterung der Chancen und Risiken keine allgemeine Beschreibung der Unsicherheit im Sinne der Ungewissheit, sondern eine nachvollziehbare Erläuterung subjektiv wahrscheinlicher Unsicherheiten:[622] Die „voraussichtliche Entwicklung [ist] *mit* ihren wesentlichen Chancen und Risiken […]" (§ 289 Abs. 1 Satz 4 HGB, Hervorhebung durch den Verf.) darzustellen.

bbb) Von besonderer Bedeutung ist zweifellos eine Erläuterung der Chancen und Risiken dergestalt, dass der Adressat „Rückschlüsse auf zu erwartende[.] Strukturveränderungen"[623] ziehen kann. Bspw. in Bezug auf erwartete technologische Veränderungen erfordert dies, dass die damit verbundenen Chancen und Risiken ersichtlich werden; es genügt in diesem Falle nicht, diese Ereignisse zu nennen: Als Chancen und Risiken sind deren Hintergründe sowie deren mögliche Bedeutung für das Unternehmen (differenzierter) zu erläutern.[624] Konkret werden damit ereignisbezogen subjektiv wahrscheinliche Unsicherheiten in Bezug auf ihre Ausprägung jeweils auch unter Einbezug ungewisser Umstände, denen keine Wahrscheinlichkeit beigemessen werden kann, erläutert.

Ein anderes Beispiel wären Preisveränderungen auf Rohstoffmärkten. Sollten sich diese nicht als kontinuierliche Entwicklung darstellen, wäre auf die durch mögliche Preissschwankungen begründete Unsicherheit der künftigen Entwicklung im Sinne wohlverstandener Chancen und Risiken einzugehen.

ccc) Im Sinne einer zweckadäquaten Beurteilung sollte der jeweilige Einfluss wesentlicher Chancen und Risiken, ausgehend von der voraussichtlichen Entwicklung, aufgezeigt werden.

---

[621] Vgl. oben S. 94.

[622] Vgl. zu Ausprägungen des Unsicherheitsbegriffs WÜSTEMANN, JENS: Institutionenökonomik und internationale Rechnungslegungsordnungen. A. a. O., hier S. 9 f. (m. w. N.); *Wittmann* zeigt auf, dass die Termini Chancen und Risiken im Sprachgebrauch entgegen dem hier zweckadäquaten Verständnis auch „nicht vorhersehbare oder nicht genau vorhergesehene Umstände" umfassen. Vgl. WITTMANN, WALDEMAR: Unternehmung und unvollkommene Information. A. a. O., hier S. 37; zu einer mathematisch-stochastischen Definition vgl. DAMODARAN, ASWATH: Investment Valuation. Tools and Techniques for Determining the Value of *Any* Asset. 2nd edition. New York, New York: John Wiley & Sons, 2002, hier S. 158.

[623] BRETZKE, WOLF-RÜDIGER: Inhalt und Prüfung des Lageberichts: Anmerkungen zur gegenwärtigen und zukünftigen Praxis der Prognosepublizität. A. a. O., hier S. 339.

[624] Ebenso ELLROTT, HELMUT: Kommentierung zu § 289 HGB. 6. Aufl. A. a. O., hier Rz. 43.

bb) Maßnahmen der Vergangenheit und neu initiierte Maßnahmen sowie erstmals entwicklungsprägende Umwelteinflüsse

aaa) Hintergrund der oben aufgezeigten Abgrenzung der Einflussnahme auf die künftige Entwicklung ist das Abschlussstichtagsprinzip:[625] Die Darstellung der künftigen Entwicklung schließt Maßnahmen, die sich erstmals auf den Geschäftsverlauf auswirken, unabhängig davon, ob diese bereits in der Vergangenheit umgesetzt wurden oder erst im neuen Geschäftsjahr umgesetzt werden, ein. (Lediglich) geplante Maßnahmen, deren Umsetzung im kommenden Geschäftsjahr nicht in geplanter Form auf die Geschäftstätigkeit Einfluss nehmen wird, werden nicht zu dem am Abschlussstichtag bestehenden Geschäftswert gezählt; diesen zeichnet vielmehr aus, dass der Einfluss der Maßnahme auf die Geschäftstätigkeit und das Geschäftsergebnis im kommenden Geschäftsjahr so gut wie sicher ist. Neben diesen Chancen werden wesentliche, erstmals entwicklungsprägende Umwelteinflüsse, die sich negativ auf die künftige Entwicklung auswirken, als Risiken verstanden. Exemplarisch denke man bspw. an den Ablauf eines Patentschutzes.

bbb) Da die stichtagsbezogene Abgrenzung beeinflusster Ereignisse aus Perspektive einer kontinuierlichen und sorgfältigen Unternehmensführung – diese erfordert eine permanente Auseinandersetzung mit komplexen Entwicklungsmöglichkeiten und Gefahren – fiktiv ist, resultieren (theoretische) Abgrenzungsprobleme; die Erläuterung im Lagebericht sollte den sachlogischen Zusammenhängen folgen.

Ein entsprechender Sachverhalt kann sich dadurch charakterisieren, dass das dispositiv begründete Ereignis die nachvollziehbare Reaktion auf in der Vergangenheit negativ entwicklungsprägende Ereignisse bildet. In Frage kommt bspw. eine Restrukturierung oder eine geplante Markterschließung, also Maßnahmen, die sich als Element einer Wettbewerbsbedingungen geschuldeten kontinuierlich angelegten, sorgfältigen Unternehmensführung darstellen. Bei (negativ) entwicklungsprägenden Umwelteinflüssen denke man bspw. an eine bereits bekannte Gesetzesänderung. Angenommen es wäre zu erwarten, dass die Kunden bspw. aufgrund veränderter steuerlicher Anreize vermehrt alltagstaugliche Kleinlastwagen kaufen, so wäre dies für einen Anbieter von Limousinen ein als Risiko zu erläuterndes, die künftige Entwicklung preis- und mengenrelevanter Determinanten negativ beeinflussendes Ereignis.

---

625 Vgl. zu dessen Bedeutung MOXTER, ADOLF: Grundsätze ordnungsgemäßer Rechnungslegung. A. a. O., hier S. 17; zur objektivierenden Ereigniskonzeption vgl. oben S. 10 f.

Im Hinblick auf initiierte Gegenmaßnahmen ist alternativ folgende Situation denkbar: Der Hersteller von Limousinen habe bereits ein (auch) auf einzelne Märkte begrenztes, verkaufsförderndes Angebot gemacht, die Kraftfahrzeugsteuer während der ersten zwei Jahre nach Kauf zu übernehmen. Anhand entsprechender Aufzeichnungen könne er auf die Akzeptanz dieser Maßnahme hinweisen; angesichts der Gesetzesänderung plane er nun, diese (kostenintensive) Maßnahme auf weitere Märkte auszudehnen. Zu klären ist, inwiefern es sich bei dieser Maßnahem um Chancen i. S. d. § 289 Abs. 1 Satz 4 HGB oder um zu der Erläuterung von Risiken i. S. d. § 289 Abs. 1 Satz 4 HGB gehörende Gegenmaßnahmen handelt. Für das Verständnis als Gegenmaßnahme spricht, dass es sich um eine Anpassung an eine nicht beeinflussbare Umweltentwicklung handelt; Chancen bezeichnen nach der hier verwendeten Definition hingegen insofern initiative Maßnahmen als nicht beeinflussbare Umweltentwicklungen genutzt werden sollen. Da eine Gegenmaßnahme die Auswirkung von Risiken (tendenziell) aufhebt, somit also die Gefahr einer ungerechtfertigt nivellierten Darstellung besteht, sollte der mögliche Nachweis des Erfolgs einer Informationspflicht als (maßgebliches) Kriterium zugrunde liegen: Konkret würde nicht nur die Planung genügen. Vielmehr sollte die erwartete Auswirkung – wie im beschriebenen Fall anhand von Marktstudien gegeben – nachvollziehbar begründbar sein.

Daneben kann es sich bei den hier in Frage stehenden Ereignissen auch um solche handeln, die bereits in der Vergangenheit eine Auswirkung auf die Entwicklung des Unternehmens genommen haben. Bei deren Erläuterung gilt grundsätzlich: Zunächst sind diese Ereignisse bzw. Ereignisfolgen im Rahmen der Analyse von Geschäftsverlauf und Lage zu erläutern; deren weitere Auswirkung – man denke bspw. an kontinuierlich sinkende Absatzzahlen aufgrund technologischer Veralterung – ist Gegenstand der Erläuterung der voraussichtlichen Entwicklung. Die kommende Einführung eines (modernen) Konkurrenzprodukts wäre als Risiko zu erläutern.

ccc) Grundsätzlich kann die Forderung, die „voraussichtliche Entwicklung mit ihren wesentlichen Chancen und Risiken zu beurteilen und zu erläutern" (§ 289 Abs. 1 Satz 4 HGB) gegenüber der vorhergehenden Rechtslage sowohl als Klarstellung als auch als Ausweitung der direkten Prognoseorientierung verstanden werden. Letzterem folgend, ist die Erläuterung von „Vorgänge[n] von besonderer Bedeutung, die nach dem Schluß des Geschäftsjahrs eingetreten sind" (§ 289 Abs. 2 Nr. 1 HGB), als redundant zu bezeichnen: Diente diese in der Vergangenheit der Sicherstellung einer zeitnahen Informationsvermittlung wesentlicher Änderungen, so sind entsprechende Ereignisse nach geltendem Recht gemäß § 289 Abs. 1 Satz 4 HGB darzustellen.

c) Angabe zugrunde liegender Annahmen

aa) Grundsätzlich unbestritten ist die Bedeutung der „Angabe zugrunde liegender Annahmen“ (§ 289 Abs. 1 Satz 4 HGB): Entsprechende Angaben sind erforderlich, wenn dem Adressaten die Möglichkeit gegeben werden soll, die dargestellte künftige Entwicklung individuell nachzuvollziehen;[626] er benötigt Angaben zu den Prämissen bzw. den „Randbedingung(en) der Prognose“[627].

Im Hinblick auf die materielle Ausprägung dieser Norm sei an deren systematische Einbettung erinnert: Im Gegensatz zu dem in der Literatur regelmäßig erfolgenden Verweis auf statistisch-mathematische Prognoseverfahren als Element des Lageberichts beruht die Prognose i. S. d. Prognoseprinzipien auf einer objektivierten Prognosebasis. Darauf aufbauend erfolgt im Rahmen genannter Prinzipien eine Projektion der künftigen Entwicklung;[628] diese basiert auf bekannten bzw. begründbar erwarteten Ereignissen und Ereignisfolgen.

Die Erläuterung der „voraussichtlichen Entwicklung mit ihren wesentlichen Chancen und Risiken“ (§ 289 Abs. 1 Satz 4 HGB) bezieht sich im Rahmen dynamischer Wettbewerbsverhältnisse und basierend auf der gemäß dem Prinzip der Analyse von Geschäftsverlauf und Lage vergangenheits- bzw. gegenwartsorientiert abgebildeten Lage des Unternehmens insbesondere auf bekannte zahlungswirksame Veränderungen dieser Lage. Diese Veränderungen werden gemäß dem Prinzip der Erläuterung der künftigen Entwicklung durch die Darstellung der voraussichtlichen Entwicklung objektiviert. Der unternehmensspezifische Grad der Unsicherheit der voraussichtlichen Entwicklung wird anhand von Chancen und Risiken abgebildet; Chancen und Risiken werden durch zwei Elemente typisiert: die Wahrscheinlichkeit des Eintritts und die erwartete Auswirkung.[629]

---

[626] Vgl. BRETZKE, WOLF-RÜDIGER: Inhalt und Prüfung des Lageberichts: Anmerkungen zur gegenwärtigen und zukünftigen Praxis der Prognosepublizität. A. a. O., hier S. 343 f.; DÖRNER, DIETRICH: Der Prognosebericht nach § 289 Abs. 2 Nr. 2 HGB – Überlegungen zur Verminderung der Diskrepanz zwischen Publizitätsanforderungen und Publizitätspraxis. A. a. O., hier S. 238; *Theil* versteht dies als Grunsatz einer ordnungsmäßigen Prognose. Vgl. THEIL, HENRI: Applied Economic Forecasting. A. a. O., hier S. 13.

[627] BAETGE, JÖRG/FISCHER, THOMAS R./PASKERT, DIERK: Der Lagebericht. Aufstellung, Prüfung und Offenlegung. Stuttgart 1989, hier S. 44; RÜCKLE, DIETER: Externe Prognosen und Prognoseprüfung. A. a. O., hier S. 63 f.

[628] Vgl. zur Bedeutung einer Prognosebasis auch IJIRI, YUJI: Theory of Accounting Measurement. A. a. O., hier S. 153.

[629] Vgl. AK "Externe und Interne Überwachung der Unternehmung" SG: Probleme der Prognoseprüfung. In: DB, 56. Jg. (2003), S. 105–111, hier S. 106.

Dabei handelt es sich bei ex ante nicht antizipierte Abweichungen von der erwarteten Entwicklung, die grundsätzlich den mathematisch-statistischen Risikobegriff prägen,[630] um kein Element wohlverstandener Chancen und Risiken.[631] Vielmehr impliziert die Orientierung am Informationsinteresse schutzwürdiger Adressaten, dass die Darstellung der künftigen Entwicklung und der zugrunde liegenden Annahmen ein lückenloses (vollständiges) Bild der zukunftsbezogen definierten Ertragskraft zeichnen sollte. Daraus folgt, dass die Angabe zugrunde liegender Annahmen neben der Plausibilisierung von im Rahmen der Erläuterung aufgezeigten funktionalen Abhängigkeiten von Determinanten und Zahlungsgrößen auch jene (wesentlichen) Beurteilungen des Rechnungslegenden umfassen sollte, die sich, ohne dass im Rahmen der Erläuterung der voraussichtlichen Entwicklung darauf eingegangen worden wäre, durch ihre angenommene Konstanz im Zeitablauf ausdrücken. Entsprechende Angaben sind insbesondere dann erforderlich, wenn aufgrund hinreichend konkretisierter, interner Planungen – man denke an Restrukturierungsmaßnahmen – eine als Chance (oder Risiko) zu erläuternde Abweichung der künftigen Entwicklung zu erwarten ist: Dem Adressaten wird anhand des Vergleichs der jeweils zugrunde liegenden Annahmen ermöglicht, die aufgezeigte Auswirkung auf die Ertragskraft zumindest tendenziell nachvollziehen zu können.[632]

bb) Konkret ist zu begründen, worauf die Einschätzung der künftigen Entwicklung beruht.[633] Hierzu sind vergangene Entwicklungen,[634] Erfahrungen, Expertenmeinungen, Frühindikatoren bzw. *betriebswirtschaftliche* Leistungsindikatoren[635] etc. anzuführen. Der Umfang entsprechender Informationen, die auch *Grundlage* der Unternehmensplanung sind,[636] folgt aus der Unsicherheit der künftigen Entwicklung.

Insbesondere, wenn eine Darstellung alternativer (voraussichtlicher) Entwicklungen nicht vorgenommen wird, ist die Angabe der Unsicherheit erwarteter bzw. aufge-

---

630 Vgl. OXELHEIM, LARS/WIHLBORG, CLAS G.: Macroeconomic Uncertainty. A. a. O., hier S. 18; bspw. zum *Value at Risk* vgl. FRANKE, GÜNTER/HAX, HERBERT: Finanzwirtschaft des Unternehmens und Kapitalmarkt. A. a. O., hier S. 270 und S. 600 f.

631 A. A. BAETGE, JÖRG/SCHULZE, DENNIS: Möglichkeiten der Objektivierung der Lageberichterstattung über „Risiken der zukünftigen Entwicklung". A. a. O., hier S. 942.

632 Vgl. für das US-amerikanische Kapitalmarktrecht HAZEN, THOMAS LEE: The Law of Securities Regulation. 4th edition. St. Paul, Minn.: West Publishing, 2002, hier S. 604.

633 Vgl. THEIL, HENRI: Applied Economic Forecasting. A. a. O., hier S. 10.

634 Vgl. MOXTER, ADOLF: Grundsätze ordnungsmäßiger Unternehmensbewertung. A. a. O., hier S. 152.

635 Vgl. MACHARZINA, KLAUS: Unternehmensführung. A. a. O., hier S. 747.

636 Vgl. GLEIßNER, WERNER/FÜSER, KARSTEN: Moderne Frühwarn- und Prognosesysteme für Unternehmensplanung und Risikomanagement. In: DB, 53. Jg. (2000), S. 933–942, hier S. 938 f.

zeigter funktionaler Abhängigkeiten von (Entscheidungs-)Relevanz.[637] Werden alternative Entwicklungen dargestellt, so sind auch die der Bandbreite der voraussichtlichen Entwicklung mit ihren wesentlichen Chancen und Risiken zugrunde liegenden Einschätzungen zu plausibilisieren:[638] Im Rahmen dieser Informationspflicht sind jene Ausprägungen der voraussichtlichen Determinantenkonstellationen (explizit) hervorzuheben, die aus Perspektive des Rechnungslegenden die Unterscheidung der glaubwürdigsten Entwicklung und der alternativen Entwicklungen entscheidend begründen.[639]

cc) Aufgrund der untrennbaren Zusammenhänge sollte die Angabe „zugrunde liegender Annahmen“ unmittelbar im Zusammenhang mit der Beurteilung und Erläuterung der voraussichtlichen Entwicklung vorgenommen werden.

Bspw. in Bezug auf eine Restrukturierung sollte die „zu erwartende[.] Strukturveränderung“[640] in diesem Falle dergestalt aufgezeigt werden, dass der Adressat die Auswirkung auf die Bedeutung von in der Vergangenheit zentralen preis- und mengenrelevanten Determinanten nachvollziehen kann. Soweit hinreichend konkretisiert, wäre auch der Einfluss auf die Situation des Unternehmens auf relevanten Märkten aufzuzeigen; durch die Restrukturierung begründete bzw. verbleibende Risiken sollten angegeben werden.

Um den Stand der Maßnahme nachvollziehen zu können, sollte im Rahmen der zugrunde liegenden Annahmen dabei auf die zentralen Kernpunkte des Restrukturierungsplans eingegangen werden.[641] Daneben sind die mit der Restrukturierung verbundenen Erwartungen bspw. bzgl. der künftigen Wettbewerbsposition zu begründen.

dd) Anhand dieser Angaben wird der Adressat in die Lage versetzt, die Einschätzungen des Rechnungslegenden nachzuvollziehen und (grob) mit seinen individuellen Erwartungen – diese können im Zweifelsfall auch vom Rechnungslegenden nicht antizipierte Zustände umfassen – abzugleichen.

---

[637] Vgl. auch BALLWIESER, WOLFGANG: Unternehmensbewertung und Komplexitätsreduktion. A. a. O., hier S. 24.

[638] Vgl. THEIL, HENRI: Applied Economic Forecasting. A. a. O., hier S. 13.

[639] Vgl. MOXTER, ADOLF: Grundsätze ordnungsgemäßer Rechnungslegung. A. a. O., hier S. 261.

[640] BRETZKE, WOLF-RÜDIGER: Inhalt und Prüfung des Lageberichts: Anmerkungen zur gegenwärtigen und zukünftigen Praxis der Prognosepublizität. A. a. O., hier S. 339.

[641] Vgl. SEC: Summary by the Division of Corporation Finance of Significant Issues Addressed in the Review of the Periodic Reports of the Fortune 500 Companies2003. Im Internet unter: http://www.sec. gov/divisions/corpfin/fortune500rep.htm (zuletzt besucht am 8. Januar 2008), hier Abs. Restructuring Charges.

Der Lagebericht bildet damit auch eine objektivierte Basis der mit anderen Informationsträgern sukzessive aufgezeigten, tatsächlichen wirtschaftlichen Entwicklung des Unternehmens.[642]

II. Kritische Würdigung zentraler Literaturthesen zur Entscheidungsrelevanz und Nachvollziehbarkeit

1. Geplante bzw. erwartete Unternehmensentwicklung

a) Im Gegensatz zum oben beschriebenen Verständnis wird die „voraussichtliche Entwicklung" (§ 289 Abs. 1 Satz 4 HGB) von der Literatur zum Lagebericht regelmäßig unmittelbar als künftige Entwicklung verstanden: Konkret sollen im Prognosebericht neben den „Erwartungen der Geschäftsführung hinsichtlich der allgemeinen wirtschaftlichen Entwicklungen der Branche und deren Auswirkungen auf die Gesellschaft" „auch Aussagen über [...] die geplanten Maßnahmen und deren Auswirkungen auf die Gesellschaft"[643] gemacht werden.[644] Daneben werden „Chancen und Risiken" bzw. die künftige Entwicklung positive bzw. negativ beeinflussende Ereignisse typischerweise als eigener Berichtsgegenstand verstanden.[645] Gemäß *Ellrott* sind diese „unter Angabe der Ursachen, Abhängigkeiten und Auswirkungen sowie der Einschät-

---

642 Diese Eigenschaft begründet m. E. auch unabhängig von der theoretisch begründbaren „Begrenzung" der sachlichen Reichweite der voraussichtlichen Entwicklung ein wichtiges Argument, gegen die Behauptung, dass eine Orientierung an sog. „harten Fakten" irreführend wäre, wenn (beeinflussbare bzw. beeinflusste) „Strukturveränderungen und Trendbrüche" hinreichend sicher antizipierbar sind. Vgl. auch BRETZKE, WOLF-RÜDIGER: Inhalt und Prüfung des Lageberichts: Anmerkungen zur gegenwärtigen und zukünftigen Praxis der Prognosepublizität. A. a. O., hier S. 340.

643 ELLROTT, HELMUT: Kommentierung zu § 289 HGB. 5. Aufl. A. a. O., hier Rz. 35 (beide Zitate).

644 Ebenso bspw. WITTEN, VOLKER: Zur Erstellung und Prüfung des Lageberichts. A. a. O., hier S. 349; ELLROTT, HELMUT: Kommentierung zu § 289 HGB. 6. Aufl. A. a. O., hier Rz. 38; WOLF, KLAUS: Neuerungen im (Konzern-)Lagebericht durch das Bilanzrechtsreformgesetz (BilReG) – Anforderungen und ihre praktische Umsetzung. A. a. O., hier S. 442; KAISER, KARIN: Auswirkungen des Bilanzrechtsreformgesetzes auf die zukunftsorientierte Lageberichterstattung. A. a. O., hier S. 409 und S. 412; BUCHHEIM, REGINE/KNORR, LIESEL: Der Lagebericht nach DRS 15 und internationale Entwicklungen. A. a. O., hier S. 422; BAETGE, JÖRG/SCHULZE, DENNIS: Möglichkeiten der Objektivierung der Lageberichterstattung über „Risiken der künftigen Entwicklung" – Ein Vorschlag zur praktischen Umsetzung der vom KonTraG verlangten Berichtspflichten –. A. a. O., hier S. 939; SELCHERT, FRIEDRICH W./GREINERT, MARKUS: B 510. Aufstellung des Lageberichts. A. a. O., hier Rz. 111 f.

645 Vgl. ELLROTT, HELMUT: Kommentierung zu § 289 HGB. 6. Aufl. A. a. O., hier Rz. 43; KAJÜTER, PETER: Berichterstattung über Chancen und Risiken im Lagebericht. A. a. O., hier S. 430.

zung der Eintrittswahrscheinlichkeiten durch die Geschäftsführung“[646] zu beurteilen und zu erläutern. Allerdings kann eine Abgrenzung von Prognose- und Chancen-/Risikobericht bei einem solchen Verständnis der Chancen und Risiken nicht trennscharf sein. Tatsächlich kann es sich bei (strategisch begründeten) Chancen aus Perspektive des Unternehmens letztlich um nichts anderes als (wesentliche) geplante Maßnahmen handeln.

b) Unterschiedlich ist auch das als informationspflichtig verstandene Informationsniveau sowie die zu dessen Konkretisierung heran zu ziehenden Kriterien. Wie *Maul* kritisch feststellt, wird „eine möglichst uneingeschränkte Berichterstattung im Lagebericht“[647] gefordert: Grundlegend für die Darstellungen im Prognosebericht ist ein aus ökonomisch starken Prämissen abgeleitetes Informationsinteresse; der informationelle Wert der Regelpublizität bzw. des Lageberichts resultiert demnach aus der Abbildung des Unternehmenswerts durch den Marktpreis bei mittelstrenger Informationseffizienz des Kapitalmarkts.[648]

Als Grenze dergestalt begründeter Informationspflichten wird das Untenehmensinteresse im Sinne wettbewerbsschädigender Auswirkungen angeführt.[649] Tatsächlich

---

646 ELLROTT, HELMUT: Kommentierung zu § 289 HGB. 6. Aufl. A. a. O., hier Rz. 48; BAETGE, JÖRG/SCHULZE, DENNIS: Möglichkeiten der Objektivierung der Lageberichterstattung über „Risiken der künftigen Entwicklung“ – Ein Vorschlag zur praktischen Umsetzung der vom KonTraG verlangten Berichtspflichten –. A. a. O., hier S. 942; KÜTING, KARLHEINZ/HÜTTEN, CHRISTOPH: Die Lageberichterstattung über Risiken der künftigen Entwicklung. Annäherung an die geplante Änderung der §§ 289, 315 HGB durch das KonTraG. In: AG, 42. Jg. (1997), S. 250–256, hier S. 252; DRS 5 (Risikoberichterstattung), hier Rz. 9; DRS 15 (Lageberichterstattung), hier Rz. 8.

647 MAUL, KARL-HEINZ: Der Lagebericht nach der 4. EG-Richtlinie und dem Entwurf des Bilanzrichtlinie-Gesetzes. A. a. O., hier S. 191.

648 Vgl. REIFSCHNEIDER, CHRISTINA: Behavioral Law and Economics: Überlegungen zu den Konsequenzen moderner Rationalitätskonzepte für die Gestaltung informationellen Kapitalmarktrechts. A. a. O., hier S. 13; BALLWIESER, WOLFGANG: Entwicklung der Theorie der Rechnungslegung in den USA. A. a. O., hier S. 114.

649 Vgl. KAISER, KARIN: Auswirkungen des Bilanzrechtsreformgesetzes auf die zukunftsorientierte Lageberichterstattung. A. a. O., hier S. 417; ELLROTT, HELMUT: Kommentierung zu § 289 HGB. 6. Aufl. A. a. O., hier Rz. 51; KAJÜTER, PETER: Berichterstattung über Chancen und Risiken im Lagebericht. A. a. O., hier S. 430. (Mögliche) Informationsinteressen empirisch untersuchend vgl. FEY, GERD: Prüfung kapitalmarktorientierter Unternehmensberichte - Erweiterung der Abschlussprüfung nach nationalen und internationalen Prüfungsgrundsätzen -. In: WPg, 53 Jg. (2000), S. 1097–1108, hier S. 1099 f.; zur Argumentation mit dem Informationsinteresse vgl. BRETZKE, WOLF-RÜDIGER: Inhalt und Prüfung des Lageberichtes: Anmerkungen zur gegenwärtigen und zukünftigen Praxis der Prognosepublizität. A. a. O., hier S. 339; SORG, PETER: Die voraussichtliche Entwicklung der Kapitalgesellschaft – Anmerkungen zu Form und Inhalt der Angaben im Lagebericht –. In: WPg, 41. Jg. (1988), 381–389, hier S. 387 f.; DÖRNER, DIETRICH: Der Prognosebericht nach § 289 Abs. 2 Nr. 2 HGB – Überlegungen zur Verminderung der Diskrepanz zwischen Publizitätsanforderungen und Publizitätspraxis. A. a. O., hier S. 239; ELLROTT, HELMUT: Kommentierung zu § 289 HGB. 6. Aufl. A. a. O., hier Rz. 9; BÖCKING,

handelt es sich um die gewichtende Wertung dominierender (Adressaten-) Interessen;[650] das Unternehmensinteresse ist also weder Ausdruck des normierten Regelsystems noch der konkreten Entscheidungssituation schutzbedürftiger Adressaten.

Auf betriebswirtschaftlicher Ebene wird davon ausgegangen, dass der Rechnungslegende die informationspflichtige Einblickstiefe und -weite an demselben Konstrukt prüfen soll, das (Rechts-)Wertungen zugrunde liegt. Mithin wurde in der Vergangenheit die These formuliert, dass zur Darstellung von Plänen „relativ vage Formulierungen" genügen würden, „solange sichergestellt ist, dass über die voraussichtlichen Auswirkungen dieser Pläne hinreichend genau berichtet wird"[651]. In Folge des BilReG wurde diese These insofern aktualisiert, als nun eine konkrete Erläuterung der künftigen Entwicklung gefordert wird.[652]

Angesichts des institutionellen Rahmens der Lageberichterstattung wird diesen Thesen nicht gefolgt. Bei der Konkretisierung schutzzweckadäquater Informationsinteressen sollte grundsätzlich beachtet werden, dass der in Frage stehende Informationsinhalt objektiviert abbildbar ist.[653] Im Sinne der Nachvollziehbarkeit wird dies bei Aussagen zur künftigen Entwicklung, zweifellos nur dann (zumindest) in Grundzügen der Fall sein,[654] wenn eine umfassende Dispositionsprognose Element der Informationspflicht ist.[655] Dagegen – und damit auch gegen eine detaillierte Prognose der tatsächlich[656] erwarteten Lage – spricht jedoch die ebenfalls zu berücksichtigende institutionelle

---

HANS-JOACHIM/HEROLD, CHRISTIAN/WIEDERHOLD, PHILIPP: Modernisierung des HGB in Richtung IAS/IFRS. A. a. O., hier S. 404.

650 Vgl. WÜSTEMANN, JENS: Institutionenökonomik und internationale Rechnungslegungsordnungen. A. a. O., hier S. 43.

651 BRETZKE, WOLF-RÜDIGER: Inhalt und Prüfung des Lageberichts: Anmerkungen zur gegenwärtigen und zukünftigen Praxis der Prognosepublizität. A. a. O., hier S. 344 f.; KRAWITZ, NORBERT: Zur Prüfung des Lageberichts nach neuem Recht. A. a. O., hier S. 226; ELLROTT, HELMUT: Kommentierung zu § 289 HGB. 5. Aufl. A. a. O., hier Rz. 35.

652 Vgl. ELLROTT, HELMUT: Kommentierung zu § 289 HGB. 6. Aufl. A. a. O., hier Rz. 14 und Rz. 36.

653 WÜSTEMANN, JENS: Institutionenökonomik und internationale Rechnungslegungsordnungen. A. a. O., hier S. 62.

654 Das Problem aufzeigend vgl. BRETZKE, WOLF-RÜDIGER: Möglichkeiten und Grenzen einer wissenschaftlichen Lösung praktischer Prognoseprobleme. A. a. O., hier S. 506; BRETZKE, WOLF-RÜDIGER: Inhalt und Prüfung des Lageberichts: Anmerkungen zur gegenwärtigen und zukünftigen Praxis der Prognosepublizität. A. a. O., hier S. 343; SIEBEN, GÜNTER: Offene Fragen bei der Erstellung und Prüfung des Lageberichts. A. a. O., hier S. 592.

655 Vgl. WÜSTEMANN, JENS: Institutionenökonomik und internationale Rechnungslegungsordnungen. A. a. O., hier S. 88; MOXTER, ADOLF: Betriebswirtschaftliche Gewinnermittlung. A. a. O., hier S. 233.

656 Vgl. MOXTER, ADOLF: Die Vorschriften zur Rechnungslegung und Abschlußprüfung im Referentenentwurf eines Gesetzes zur Kontrolle und Transparenz im Unternehmensbereich. A. a. O., hier S. 724 f.

Ausprägung der betrachteten Wettbewerbsordnung:[657] Neben (möglichen) wettbewerbsschädlichen bzw. konsumstromverändernden Auswirkungen verbieten auch kartellrechtliche Überlegungen,[658] eine Offenlegung der Ausprägung tatsächlich geplanter preis- und mengenrelevanter Determinanten zu fordern.[659]

c) Vor diesem Hintergrund ist es folgerichtig, wenn der Rechtsausschuss zum Gesetzesentwurf eines BilReG mit implizitem Verweis auf die Wettbewerbsordnung eine Streichung der geforderten Beschreibung der „wesentlichen Ziele und Strategien der gesetzlichen Vertreter für die Kapitalgesellschaft“[660] empfohlen hat.[661] Der Gesetzgeber folgte dieser Empfehlung.[662] In Frage steht, inwiefern dann die Forderung nach einer detaillierten Erläuterung geplanter Maßnahmen gerechtfertigt ist: Faktisch zeigt eine detaillierte Erläuterung strategisch begründeter Chancen die wesentlichen Ziele und Strategien auf. Die vorab geäußerte Klarstellung, dass „außer auf die Risiken auch

---

657 Ausgehend von der Prämisse rational agierender Adressaten kommen *Ewert/Wagenhofer* zu dem Ergebnis, dass von einer Informationsvermittlung, „die über die Offenlegung der reinen Jahresabschlüsse hinausgeht und etwa auch Interna, Erwartungen, Prognosen und ähnliche Sachverhalte der Öffentlichkeit übermittelt“, negative Effekte begründet werden können. So EWERT, RALF/WAGENHOFER, ALFRED: Unternehmenspublizität und Konkurrenzwirkungen. A. a. O., hier S. 301; EWERT, RALF: Abschlußprüfung, Dritthaftung und Prüfungsgrundsätze – Ergebnisse einer ökonomischen Analyse. In: BfuP, 51. Jg. (1999), S. 94–108, hier S. 104 f.

658 Man denke hier an Oligopolmärkte in denen einzelne (dominante) Unternehmen dispositiv Einfluss auf (brachenspezifische) Umweltzustände nehmen können. Informationspflichten, die als interessewahrende Signale dominanter Unternehmen fungieren können, werden als institutionelle Ausprägung der Wettbewerbsordnung hier nicht befürwortet; dies gilt auch vor dem Hintergrund alternativer Möglichkeiten einer Absprache. Zum ähnlich gelagerten Problem im Rahmen von Verbänden vgl. LOTZE, ANDREAS: Kartellrechtliche Restriktionen der Verbandstätigkeit. In: Enforcement – Die Durchsetzung des Wettbewerbsrechts. Referate des XXXVII. FIW-Symposions erweitert durch Referate des XXXI. FIW-Seminars. Köln u. a. 2005, S. 117–148, hier S. 127 und S. 133 f.; *Albach* definiert als Rahmen eines Wettbewerbsrechts u. a. : „Markttransparenz über die Aktionen der Wettbewerber ist schädlich für den Wettbewerb, auch über vergangene Aktivitäten.“ So ALBACH, HORST: Gobal Competitive Strategies for Scienceware Products. In: The Economics of High-Technology Competition and Cooperation in Global Markets, hrsg. v. *Georg Koopmann* und *Hans-Eckart Scharrer*. Baden-Baden 1996, S. 203–225, hier S. 212; vgl. auch WALTER, MICHAEL: Enge Oligopole und Wettbewerbspolitik. Gesetzmäßigkeiten des Videospiel- und des Mobilfunkmarktes. Wiesbaden 2001, hier S. 156 f.

659 Ebenso MOXTER, ADOLF: Die Vorschriften zur Rechnungslegung und Abschlußprüfung im Referentenentwurf eines Gesetzes zur Kontrolle und Transparenz im Unternehmensbereich. A. a. O., hier S. 723; EBKE, WERNER F.: Kommentierung zu § 317 HGB. A. a. O., hier Rz. 53 und Rz. 36.

660 BT-Drucks. 326/04 vom 30.04.2004, hier S. 4.

661 Vgl. zur Begründung des Rechtsausschusses BT-Drucks. 15/4054 vom 27.10.2004, hier S. 37 f.

662 Empirische Untersuchungen weisen auf eine Ablehnung der Offenlegung (strategischer) Chancen hin. Vgl. KAJÜTER, PETER: Risikoberichterstattung: Empirische Befunde und der Entwurf des DRS 5. In: DB, 54. Jg. (2001), S. 105–111, hier S. 109; KAJÜTER, PETER/WINKLER, CARSTEN: Praxis der Risikoberichterstattung deutscher Konzerne. In: WPg, 57. Jg. (2004), S. 249–260, hier S. 254.

auf die Chancen der *künftigen* Entwickung […] einzugehen"[663] ist, ist in Anbetracht des Gesetzestextes (wohl) nach wie vor gültig ist. Aus der (offensichtlichen) Absage einer Beurteilung und Erläuterung geplanter Maßnahmen folgt jedoch: Beides, Streichung und Klarstellung, kann insofern kongruent verstanden werden, als die künftige Entwicklung durch die oben dargelegte Verbindung der voraussichtlichen Entwicklung mit Chancen und Risiken abzubilden ist; die voraussichtliche Entwicklung objektiviert die Darstellung der künftigen Entwicklung.

Fraglich ist, ob die Offenlegung detaillierter Angaben zur künftigen Entwicklung außerhalb der neoklassischen Modellwelt überhaupt Gegenstand von Adressateninteressen sein kann.[664]

d) Die Akzeptanz oder sogar Befürwortung einer Abwägung von Informations- und Unternehmensinteresse durch den Rechnungslegenden von weiten Teilen der betriebswirtschaftlichen Literatur ist nicht unproblematisch: Informations-GoB stellen Rechtsnormen dar, denen im System der Corporate-Governance eine konkrete Rolle beizumessen ist.

Richtig ist zwar, dass die externe Darstellung vom Abschlussprüfer mit internen Planungsunterlagen abzugleichen ist. Allein das Grundproblem einer Irreführung des Adressaten aufgrund der faktisch nicht wissbaren künftigen Entwicklung bleibt bestehen.[665] Auch das Testat des Abschlussprüfers bezieht sich auf den Abgleich von interner Planung und externer Darstellung, nicht auf die Entscheidungsrelevanz der Informationen. Beides wiegt umso schwerer, als dem Adressaten ein nachvollziehbares Verständnis im Sinne des Dispositionsprognoseprinzips aus guten Gründen vorenthalten werden muss. Angesichts in der Literatur zum Lagebericht unbestimmt bleibender, aber unbestreitbar existierender Einblicksgrenzen sollte eine mit der undifferenzierten Forderung nach der Darstellung der künftigen Entwicklung konzeptionell angelegte Regelungsunschärfe eigentlich vermieden werden.[666]

Daneben darf es nicht erstaunen, dass die Gewichtung von Einblickstiefe und -grenze nicht zweckadäquat im Sinne schutzwürdiger Adressaten bzw. wenig entscheidungs-

---

663 BT-Drucks. 326/04 vom 30.04.2004, hier S. 62 (Hervorhebung nicht im Original).

664 Vgl. EWERT, RALF/WAGENHOFER, ALFRED: Unternehmenspublizität und Konkurrenzwirkungen. A. a. O., hier S. 301; WÜSTEMANN, JENS: Institutionenökonomik und internationale Rechnungslegungsordnungen. A. a. O., hier S. 93 f.; MOXTER, ADOLF: Der Einfluß von Publizitätsvorschriften auf das unternehmerische Verhalten. A. a. O., hier S. 19–39.

665 Vgl. SEC: Disclosure to Investors: A Reappraisal of Federal Administrative Policies under the '33 and '34 Acts. A. a. O., hier S. 96.

666 Vgl. zur Begründung von Einblicksgrenzen durch die Marktprozesstheorie vgl. MERKT, HANNO: Unternehmenspublizität. A. a. O., hier S. 211.

orientiert erfolgt, wenn man dem Rechnungslegenden regelungsunscharfe Kriterien zur Hand gibt.[667] Die Auslegung von Rechtsnormen wird damit faktisch dem Rechnungslegenden aufgetragen. Dies kann zwar mit der nicht unproblematischen Durchsetzung zukunftsbezogener Angaben begründet werden.[668] Unbestreitbar ist aber, dass eine induktive Ermittlung nicht mit dem Rechtsnormcharakter (schutzzweckadäquater) handelsrechtlicher GoB vereinbar ist.[669] Auch einzelfallorientierte judikative Wertungen rechtsklarer Informationsansprüche können letztlich nur aus einem prinzipienbasierten Verständnis des in Frage stehenden Normensystems resultieren:[670] *Wüstemann* zeigt auf, dass das Konstrukt des Unternehmensinteresses als Ausgangspunkt denkbar ungeeignet ist. Durch derartige Kriterien drohen „erhebliche Mißbräuche und, in jedem Fall, Unbestimmtheiten."[671] Die ökonomische Analyse dieser Rechtsnormen sollte sich in wirtschaftlicher Betrachtungsweise daher insbesondere an deren Rechtsklarheit orientieren; zentral sind der Objektivierung zugängliche Prinzipien.[672]

e) Aus Perspektive informationeller Grundwertungen der deutschen Recnungslegungsordnung ist die Forderung nach einer Darstellung der künftigen Entwicklung nicht unproblematisch. Zwar entwickelt das BVerfG ein primär an der Allokationseffizienz des Kapitalmarkts und weniger an dessen Informationseffizienz orientiertes Kriterium der Gewichtung konträrer Interessen: Die Bildung von stillen Reserven und deren Geheimhaltung könne nicht nur im „Interesse der Gesellschaft, sondern auch im Interesse anderer Aktionäre liegen"; im Fall sind dies – im Gegensatz zum Kleinaktionär – Großaktionäre, bei denen die „unternehmerische Komponente der Unternehmensbeteiligung im Vordergrund"[673] steht.[674] Übertragen auf die Lagebe-

---

[667] Vgl. auch BALLWIESER, WOLFGANG: Fragen der Rechtsform-, Konzern- und Branchenunabhängigkeit der Grundsätze ordnungsmäßiger Buchführung. In: Rechenschaftslegung im Wandel. Festschrift für *Wolfgang Dieter Budde*, hrsg. v. *Gerhart Förschle*, *Klaus Kaiser* und *Adolf Moxter*. München 1995, S. 43–66, hier S. 45.

[668] Vgl. bspw. BUSSE VON COLBE, WALTHER: Prognosepublizität von Aktiengesellschaften. A. a. O., hier S. 115.

[669] Vgl. WÜSTEMANN, JENS: Institutionenökonomik und internationale Rechnungslegungsordnungen. A. a. O., hier S.117;

[670] Vgl. auch MOXTER, ADOLF: Entwicklung der Theorie der handels- und steuerrechtlichen Gewinnermittlung. In: ZfbF-Sonderheft 32/1993, S. 61–84, hier S. 79 f.

[671] WÜSTEMANN, JENS: Institutionenökonomik und internationale Rechnungslegungsordnungen. A. a. O., hier S. 43 (m. w. N.).

[672] Objektivierung meint hier die Möglichkeit einer systeminhärenten und damit vom unmittelbaren Ermessen des Rechnungslegenden losgelösten Beurteilung von Sachverhalten. Vgl. auch IJIRI, YUJI: Theory of Accounting Measurement. A. a. O., hier S. 183.

[673] Beschluss des Bundesverfassungsgerichts vom 20. September 1999 – 1 BvR 168/93. A. a. O., hier Abs. 25 (beide Zitate).

[674] Vgl. WÜSTEMANN, JENS: Institutionenökonomik und internationale Rechnungslegungsordnungen. A. a. O., hier S. 128.

richterstattung wird man jedoch auch in dieser Wertung bereits an deren Vereinbarkeit mit der Forderung einer Berichterstattung über „bestehende Planungen“[675] zweifeln müssen.

2. Risiken der künftigen Entwicklung sowie Insolvenzrisiko

a) In einer Vielzahl wissenschaftlicher Beiträge bilden „Risiken der künftigen Entwicklung“ (§ 289 Abs. 1 HGB a. F.) den Ausgangspunkt ihres inhaltlichen Verständnisses von „Chancen und Risiken“ (§ 289 Abs. 1 Satz 4 HGB n. F.).[676] Grundsätzlich ist dem auch zuzustimmen: Chancen und Risiken stellen in kapitaltheoretischer Betrachtung letztlich nichts anderes als Ausprägungen der Unsicherheit künftiger Gewinne dar.[677] Damit werden regelmäßig auch jene Risiken als informationspflichtig erachtet, die auf mögliche negative Ausprägungen von Determinanten geplanter Maßnahmen zurückzuführen sind.[678] Tatsächlich ist eine Erläuterung und Beurteilung dieser Risiken, ohne Bezug auf die (strategische) Ausrichtung des Unternehmens zu nehmen, kaum möglich. Die voraussichtliche Entwicklung als Trägheitsprojektion und Bezugspunkt für die Erläuterung von Chancen und Risiken zu verstehen ist eine Möglichkeit, dieses Dilemma zu lösen.

b) Die terminologische Differenzierung von voraussichtlicher und künftiger Entwicklung wurde und wird weitgehend verkannt; *Moxter* weist bereits 1997 auf die Bedeutung einer Erläuterung von Risiken der künftigen Entwicklung hin: „Da eine nähere Beschreibung getroffener oder geplanter geschäftspolitischer Maßnahmen nicht in Betracht kommt, kann das Gesetz mit den ‚Risiken der künftigen Entwicklung‘ nur das meinen, was man recht unscharf als strukturelle Risiken bezeichnet.“ Konkret beziehe

---

675 DRS 15 (Lageberichterstattung), hier Rz. 34.

676 Vgl. stellvertretend KIRSCH, HANS-JÜRGEN/SCHEELE, ALEXANDER: Neugestaltung von Prognose- und Risikoberichterstattung im Lagebericht durch das Bilanzrechtsreformgesetz. In: WPg, 58. Jg. (2005), S. 1149–1154, hier S. 1154; OSER, PETER/ORTH, CHRISTIAN/PFITZER, NORBERT: Offene Fragen und Systemwidrigkeiten des Bilanzrechtsreformgesetzes (BilReG). In: DB, 57. Jg. (2004), S. 2593–2602, hier S. 2597; DÖRNER, DIETRICH/BISCHOF, STEFAN: Zweifelsfragen zur Berichterstattung über die Risiken der künftigen Entwicklung im Lagebericht. In: WPg, 52. Jg. (1999), S. 445–455, hier S. 446.

677 Vgl. stellvertretend SÜCHTING, JOACHIM: Finanzmanagement. Theorie und Politik der Unternehmensfinanzierung. 6. Aufl. Wiesbaden 1995, hier S. 419–421.

678 Vgl. DÖRNER, DIETRICH/WOLLMERT, PETER/BISCHOF, STEFAN: Risikoberichterstattung im Konzernlagebericht. A. a. O., hier S. 322; DRS 5 (Risikoberichterstattung), hier Rz. 18; KÜTING, KARLHEINZ/HÜTTEN, CHRISTOPH: Die Lageberichterstattung über Risiken der künftigen Entwicklung. Annäherung an die geplante Änderung der §§ 289, 315 HGB durch das KonTraG. A. a. O., hier S. 253; KAJÜTER, PETER: Berichterstattung über Chancen und Risiken im Lagebericht. A. a. O., hier S. 430; ELLROTT, HELMUT: Kommentierung zu § 289 HGB. 5. Aufl. A. a. O., hier Rz. 28.

sich die Informationspflicht darauf, „inwieweit bereits eingetretene bzw. mögliche *Entwicklungen* gewichtiger Einzahlungs- und Auszahlungsdeterminanten ein Insolvenzrisiko auslösen könnten.“[679]

Moxter löst sich damit sowohl von einem (pauschal) auf allgemeine Unternehmensrisiken[680] bezogenen Verständnis des Risikobegriffs als auch von einem *unmittelbar* kapitaltheoretischen Verständnis der handelsrechtlichen Risiken der künftigen Entwicklung bzw., gemäß geltendem Recht, von Chancen und Risiken: Nicht der künftig (geplante) Gewinn und dessen unsicherheitsbedingte Volatilität begründen deren materielles Verständnis.[681] Entscheidend ist vielmehr das normative Verständnis des Gesetzes. Es entspricht diesem Ansatz, „Chancen und Risiken“ (§ 289 Abs. 1 Satz 4 HGB) in wirtschaftlicher Betrachtungsweise heute, wie oben erfolgt, zu definieren;[682] geplante Maßnahmen und Maßnahmen, deren Umsetzung entscheidend von Dritten abhängt, sind dabei kein Element der zu beurteilenden und zu erläuternden Chancen.[683] Das der künftigen Entwicklung inhärente Insolvenzrisiko ist gemäß § 289 Abs. 2 HGB darzustellen.[684]

3. Plausibilisierung des Prognoseverfahrens

a) Unbestritten ist die Bedeutung der Angabe zugrunde liegender Annahmen für die Nachvollziehbarkeit zukunftsbezogener Einschätzungen.[685] Die materielle Ausprägung

---

679 MOXTER, ADOLF: Die Vorschriften zur Rechnungslegung und Abschlußprüfung im Referentenentwurf eines Gesetzes zur Kontrolle und Transparenz im Unternehmensbereich. A. a. O., hier S. 723 (beide Zitate; Hervorhebung nicht im Original).

680 Vgl. stellvertretend WEBER, CLAUS-PETER: Risikoberichterstattung nach dem E-DRS 5. A. a. O., hier S. 144.

681 Finanztheoretisch ist das Risiko definiert „in terms of variance in actual returns around an expected return; thus, an investment is riskless when actual returns are always equal to the expected return.“ So DAMODARAN, ASWATH: Investment Valuation. Tools and Techniques for Determining the Value of *Any* Asset. A. a. O., hier S. 158.

682 Vgl. oben S. 92 und S. 114; zur Rechtsauslegung vor BilReG vgl. EBKE, WERNER F.: Kommentierung zu § 317 HGB. A. a. O., hier Rz. 53 und Rz. 36; MOXTER, ADOLF: Die Vorschriften zur Rechnungslegung und Abschlußprüfung im Referentenentwurf eines Gesetzes zur Kontrolle und Transparenz im Unternehmensbereich. A. a. O., hier S. 723.

683 Zur (insofern entsprechenden) Gesetzesauslegung vor Verabschiedung des BilReG vgl. EBKE, WERNER F.: Kommentierung zu § 317 HGB. A. a. O., hier Rz. 53 und Rz. 36; MOXTER, ADOLF: Die Vorschriften zur Rechnungslegung und Abschlußprüfung im Referentenentwurf eines Gesetzes zur Kontrolle und Transparenz im Unternehmensbereich. A. a. O., hier S. 723.

684 Vgl. MOXTER, ADOLF: Die Vorschriften zur Rechnungslegung und Abschlußprüfung im Referentenentwurf eines Gesetzes zur Kontrolle und Transparenz im Unternehmensbereich. A. a. O., hier S. 723.

685 Vgl. stellvertretend BRETZKE, WOLF-RÜDIGER: Inhalt und Prüfung des Lageberichts: Anmerkungen zur gegenwärtigen und zukünftigen Praxis der Prognosepublizität. A. a. O., hier S. 343 f.

dieser Informationsnorm wird allerdings, ebenso wie die Grenzen solcher Angaben, heterogen diskutiert:[686] Bis zur Kodifizierung des BilReG reichte das Meinungsbild von der vorsichtigen Ablehnung[687] bis hin zur ausdrücklichen Befürwortung[688] einer solchen Informationspflicht als Element ordnungsmäßiger Lageberichterstattung.

Im Folgenden interessieren Angaben, die erforderlich sind, um das zugrunde liegende Prognoseverfahren entscheidungsrelevant nachvollziehen zu können.

b) Zunächst weist die Prognose anhand mathematisch-statistischer Modelle oder anhand von Entscheidungsbäumen keinen Unterschied auf: Beiden ist gemeinsam, dass exogene Variablen (nicht beeinflussbare Determinanten) und die jeweiligen Dispositionen anhand subjektiver Schätzungen bestimmt werden müssen.[689] Insofern wird bspw. auch im Rahmen der Prämissen einer Regression eine den obigen Ausführungen entsprechende Begründung der Einschätzungen des Rechnungslegenden erforderlich sein.[690] Zu beachten ist jedoch, dass „die Art der Planung bzw. der Projektion die Zurechnungsbasis der Glaubwürdigkeiten problematisch macht"[691]. Weiter wird in den Worten *Ballwiesers* die Unsicherheitsstruktur durch einen mathematisch-statistischen Kalkül „vernebelt[.]"[692]. Dies impliziert Folgendes: Soweit im Rahmen dieser Modelle eine oben geforderte Begründung der Wahrscheinlichkeitsverteilung alternativer Entwicklungen erfolgen soll, ist diese letztlich losgelöst vom Prognoseverfahren zu plausibilisieren. Dabei sollte die Plausibilisierung zunächst mithin den (formalisierten) Gesetzmäßigkeiten entsprechen. Diese sind zu begründen. Mögliche Abweichungen wären zu erläutern. Eine Relativierung der Unsicherheitsproblematik durch das „Durchspielen" alternativer „Annahmen bezüglich der Entwicklung der (ihrerseits nicht regressionsanalytisch schätzbaren) Einflussgrößen" ist nur bedingt geeignet die Glaubwürdigkeiten zu explizieren: Zwar wird auf diese Weise „ein mehrwertiges Erwartungsspektrum" abgeleitet, „welches die künftige Entwicklung der Prognosevariablen

---

686 Vgl. aus juristischer Perspektive FLEISCHER, HOLGER: Prognoseberichterstattung im Kapitalmarktrecht und Haftung für fehlerhafte Prognosen. A. a. O., hier S. 12 f.

687 ELLROTT, HELMUT: Kommentierung zu § 289 HGB. 5. Aufl. A. a. O., hier Rz. 35.

688 Vgl. DÖRNER, DIETRICH: Der Prognosebericht nach § 289 Abs. 2 Nr. 2 HGB – Überlegungen zur Verminderung der Diskrepanz zwischen Publizitätsanforderungen und Publizitätspraxis. A. a. O., hier S. 238 (m. w. N.).

689 Vgl. MACHARZINA, KLAUS: Unternehmensführung. A. a. O., hier S. 744 f.

690 Ebenso SIEBEN, GÜNTER: Offene Fragen bei der Erstellung und Prüfung des Lageberichts. A. a. O., hier S. 593; DÖRNER, DIETRICH: Der Prognosebericht nach § 289 Abs. 2 Nr. 2 HGB – Überlegungen zur Verminderung der Diskrepanz zwischen Publizitätsanforderungen und Publizitätspraxis. A. a. O., hier S. 238.

691 BALLWIESER, WOLFGANG: Unternehmensbewertung und Komplexitätsreduktion. A. a. O., hier S. 61.

692 *Ebenda*, hier S. 60.

als breiteres Möglichkeitsfeld zeichnet und damit die nicht weiter reduzierbare Unsicherheit offenlegt“[693]. Die Explizierung der Unsicherheitsstruktur der Planung der künftigen Entwicklung bleibt aber problematisch. Erst das Konzept des Entscheidungsbaums,[694] das „die Glaubwürdigkeiten für Umweltaktionen von den Aktionen des Unternehmensbewerters abhängig macht“[695], erlaubt deren Abbildung.

c) Im Hinblick auf das schutzzweckadäquate Prinzipiensystem ist zu differenzieren: Wie oben gezeigt bedingt die Formalisierung der Unsicherheitsproblematik zum einen eine gegenüber dem erörterten Informationssystem erhöhte Komplexität insbesondere auch der Abschlussprüfung.[696] Zum anderen ist diese nicht erforderlich, um dem zweckadäquaten Informationsinhalt der Beurteilung und Erläuterung der voraussichtlichen Entwicklung zu genügen.

Dies heißt, dass unabhängig von dem zugrunde liegenden Prognoseverfahren keine Erklärung möglicherweise angewandter (formaler) Prognoseverfahren im Sinne wohlverstandener „zugrunde liegender Annahme“ erforderlich ist.[697] Vielmehr kennzeichnet es die Prognosebasis- und Prognoseprinzipien, dass diese selbst ein für den Adressaten nachvollziehbares Prognoseverfahren konstituieren.[698] Darauf kommt es an: Auch eine Erläuterung formaler Prognoseverfahren dient letztlich nur dem Verständnis der prognostizierten Ergebnisse.

---

693 BRETZKE, WOLF-RÜDIGER: Möglichkeiten und Grenzen einer wissenschaftlichen Lösung praktischer Prognoseprobleme. A. a. O., hier S. 512 (alle Zitate).

694 Vgl. FRANKE, GÜNTER/HAX, HERBERT: Finanzwirtschaft des Unternehmens und Kapitalmarkt. A. a. O., hier S. 284–290; WÜSTEMANN, JENS: Institutionenökonomik und internationale Rechnungslegungsordnungen. A. a. O., hier S. 9.

695 BALLWIESER, WOLFGANG: Unternehmensbewertung und Komplexitätsreduktion. A. a. O., hier S. 59.

696 Vgl. zum Problem MATSCHKE, MANFRED JÜRGEN: Prognosen im Rahmen der publizierten Rechnungslegung (I) – Ein Bericht über die Prognosen der Pensionszahlungen gemäß § 159 AktG –. In: DB, 34. Jg. (1981), S. 2289–2293, hier S. 2290; Bretzke, Wolf-Rüdiger: Zur Frage der Überprüfbarkeit von Prognosen im Geschäftsbericht. A. a. O., hier S. 293; BALLWIESER, WOLFGANG: Unternehmensbewertung und Komplexitätsreduktion. A. a. O., hier S. 63 f.

697 Mithin ist fraglich, ob diese Angaben dem formal weniger versierten Adressaten überhaupt nachvollziehbar vermittelt werden können. Ähnlich RÜCKLE, DIETER: Externe Prognosen und Prognoseprüfung. A. a. O., hier S. 63 f.; a. A. DÖRNER, DIETRICH: Der Prognosebericht nach § 289 Abs. 2 Nr. 2 HGB – Überlegungen zur Verminderung der Diskrepanz zwischen Publizitätsanforderungen und Publizitätspraxis. A. a. O., hier S. 236.

698 Zur Forderung nach Grundsätzen, die „ein vollständig determinierendes Normensystem für die Prognosebildung (aufstellen), welches subjektive Willkür seitens der Prognoseaufsteller vollständig eliminieren könnte“ vgl. HAGEST, JOACHIM/ KELLINGHUSEN, GEORG: Zur Problematik der Prognoseprüfung und der Entwicklung von Grundsätzen ordnungsmäßiger Prognosebildung. A. a. O., hier S. 413.

Zur Prüfung der voraussichtlichen Entwicklung im Sinne der Prognoseprinzipien genügt der Abgleich mit qualitativen Planungsunterlagen;[699] ausgehend von einer sorgfältig begründeten (mehrwertigen) Finanzplanung[700] kann sowohl die Beurteilung als auch die Erläuterung der voraussichtlichen Entwicklung auf ihre Plausibilität hin beurteilt werden.[701]

III. Kritischer Vergleich mit der Erläuterung der künftigen Entwicklung nach SEC-Recht

1. Erläuterung der Unsicherheit der erwarteten Entwicklung

a) Grundlegend für wertpapierrechtliche Prognosepflichten[702] zielt *item* 303 (MD&A) darauf ab, Informationen über die Prognoserelevanz sowie die potenzielle Volatilität des Gewinns zu erläutern.[703]

b) Bzgl. der Reichweite entsprechender Informationspflichten besteht auf abstrakter Ebene dahingehend Einigkeit, dass sich diese auf *facts* beziehen sollten.[704] Diese bezeichnen gemäß juristischem Sprachgebrauch Ereignisse oder Sachverhalte (*reality of events or things*), deren tatsächlicher Eintritt verifizierbar ist.[705] Inwiefern diese im

---

699 Vgl. allg. zur Prüfung des Lageberichts KROMMES, WERNER: Handbuch Jahresabschlussprüfung. A. a. O., hier S. 376–379; WITTEN, VOLKER: Zur Erstellung und Prüfung des Lageberichts. A. a. O., hier S. 355; LINK, ROBERT: Abschlussprüfung und Geschäftsrisiko. Frankfurt am Main 2005, hier S. 72.

700 Vgl. zu Grundsätzen der ordnungsgemäßen Erstellung eines Finanzplans MOXTER, ADOLF: Grundsätze ordnungsgemäßer Rechnungslegung. A. a. O., hier S. 264 ff.; MOXTER, ADOLF: Grundsätze ordnungsmäßiger Unternehmensbewertung. 1. Aufl. A. a. O., hier S. 130 ff; HOMMEL, MICHAEL/SCHMIDT, REINHARD M./WÜSTEMANN, JENS: Adolf Moxter und die Grundsätze ordnungsgemäßer Rechnungslegung – Kontinuität und Zukunft eines Forschungsleitbildes. A. a. O., hier S. 97; vgl. auch MATSCHKE, MANFRED JÜRGEN/HERING THOMAS/KLINGELHÖFER, HEINZ ECKART: Finanzanalyse und Finanzplanung. München 2002, hier insbes. S. 102; HAUSCHILDT, JÜRGEN/SACHS, GERD/WITTE, EBERHARD: Finanzplanung und Finanzkontrolle. München 1981, hier insbes. S. 114 f.

701 Die Bedeutung des PS 230 betonend vgl. KROMMES, WERNER: Handbuch Jahresabschlussprüfung. A. a. O., hier S. 99 und S. 376

702 Vgl. LOSS, LOUIS/SELIGMAN, JOEL: Fundamentals of Securities Regulation. 5th edition. A. a. O., hier S. 175.

703 Vgl. 17 C.F.R. § SEC 229.303, instruction to Par. 303 (a) no. 3; 17 C.F.R. § SEC 229.303 (a)(3)(ii); SEC: Release Nos. 33-8350, 34-48960, FR-72. A. a. O., hier S. 10; OXFORD ASSET MANAGEMENT, LTD. V. JAHARIS, 297 F.3d 1182, 1192 (11th Cir. 2002); HAZEN, THOMAS LEE: The Law of Securities Regulation. A. a. O., hier S. 168.

704 Vgl. 17 C.F.R. § SEC 229.303, instruction to Par. 303 (a) no. 7.

705 Vgl. BLACK, HENRY CAMPELL: Black's Law Dictionary, bearb. v. *Editorial* Staff. 6th edition. St. Paul, Minn.: West Publishing, 1990, hier S. 591; zur Differenzierung ereignis- und wirkungsbezogener Unsicherheiten im Lagebericht vgl. oben S. 112–116.

Gegensatz zu (freiwilliger)[706] *forward-looking information* zu Informationsansprüchen erstarken, folgt in judikativer Wertung aus der „Gewichtung des Objektivierungsprinzips“[707]: Grundsätzlich gelten zukunftsbezogene Trends dann als informationspflichtig, wenn interne Prognosen der künftigen Entwicklung einer (Trägheits-) Projektion vergleichbar sind.[708] Soweit ein Einfluss auf die Entwicklung des Unternehmens erwartungsgemäß nicht auszuschließen ist, sind jene ergebnisrelevanten Ereignisse, die nicht Element eines Trends sind, als Unsicherheiten (*uncertainty*) informationspflichtig.[709] Entsprechende Erwartungen umfassen sowohl Sachverhalte, deren Eintritt (*fruition*) subjektiv wahrscheinlich ist, als auch solche, denen keine Wahrscheinlichkeit beigemessen werden kann.[710]

In administrativer Wertung wird die Anwendung dieser Anleitung zur Bestimmung informationspflichtiger Berichtselemente von der SEC im Rahmen von *enforcement releases* durchgesetzt, wobei diesen *releases* „angesichts der häufigen Unbestimmtheit anzuwendender Normen“[711] (auch) eine wichtige Konkretisierungsfunktion beizumessen ist.[712]

c) In Anlehnung an den Fall *SEC v. Ronson Corp.* erörtert die SEC industriespezifische *trends*, die sich bilanziell – auf aggregierter Ebene nicht zu erkennen – bereits ausgewirkt haben:[713] Konkret ist der zugrunde liegende *event*, hier die Umstellung des Produktionsprozesses eines Großkunden, anzugeben; initiierte Gegenmaßnahmen und die erwartete Auswirkung sind zu plausibilisieren. In Bezug auf explizit

---

[706] Vgl. zu Berichtselementen einer *forward-looking information* 17 C.F.R. § 230.175 (c), 17 C.F.R. § 240.3b-6(c); LOSS, LOUIS/SELIGMAN, JOEL: Fundamentals of Securities Regulation. 5th edition. A. a. O., hier S. 160 f.; 17 C.F.R. § 229.10 (b); zur Begriffsbestimmung von *forecasts* vgl. bspw. PALLAIS, DON M.: Prospective financial statements. In: Accountants' Handbook. 9th edition. New York, New York et al.: John Wiley & Sons, 1999, Chapter 34, S. 1–32, hier S. 3.

[707] WÜSTEMANN, JENS: Institutionenökonomik und internationale Rechnungslegungsordnungen. A. a. O., hier S. 151.

[708] Vgl. HAZEN, THOMAS LEE: The Law of Securities Regulation. A. a. O., hier S. 168 und S. 604 f.; zum Wesentlichkeitstest der SEC vgl. bspw. SEC: Release Nos. 33-8350, 34-48960, FR-72. A. a. O., hier S. 36.

[709] *Known trends* und *uncertainties* gelten als „[o]ne of the most important elements necessary to an understanding of a company`s performance, and the extent to which reported financial information is indicative of future results“. So SEC: Release Nos. 33-8350, 34-48960, FR-72. A. a. O., hier S. 35.

[710] Vgl. SEC: Release Nos. 33-6835, 34-26831, IC-16961, FR-36. A. a. O., hier S. 1014 f.; In the Matter of CATERPILLAR, INC. Respondent Administrative Proceeding File No. 3-7692. SEC, SEA 1934, Release No. 30532. A. a. O., hier S. 794.

[711] WÜSTEMANN, JENS: Institutionenökonomik und internationale Rechnungslegungsordnungen. A. a. O., hier S. 142.

[712] Vgl. LOSS, LOUIS/SELIGMAN, JOEL: Fundamentals of Securities Regulation. 5th edition. A. a. O., hier S. 176.

[713] Vgl. SEC: Release Nos. 33-6835, 34-26831, IC-16961, FR-36. A. a. O., hier S. 1020.

extern verursachte Unsicherheiten fordert die SEC damit sowohl die Erläuterung aktueller Umweltzustände als auch gegebenenfalls die Angabe (dispositiver) Gegenmaßnahmen. Auch kontinuierlich sinkende Umsätze können einen informationspflichtigen *trend* begründen: *Shared Medical Systems Corporation* „failed to state that it was experiencing a material slowdown in growth due to lower than expected sales activity in late 1986 and early 1987"[714].

Hinsichtlich Unsicherheiten, die potenziell geeignet sind künftige Trends zu begründen, wird die Haltung der SEC an folgendem Beispiel ersichtlich: Um seine Forschung und Entwicklung zu beschleunigen, hatte *Advanced Micro Devices, Inc.* (AMD) auf Gebrauchsmuster eines Wettbewerbers zurückgegriffen. Der Wettbewerber hatte Klage eingereicht. AMD gab an, dass ein ungünstiger Ausgang des Verfahrens einen wesentlichen Einfluss auf AMD's künftiges Ergebnis haben würde. Darüber hinaus fordert die SEC die Erläuterung des Sachverhalts: Aufzuzeigen seien die negativen Folgen im Hinblick auf den Zugang von AMD auf entsprechende Märkte; diese Information „would have been especially important as the future *outlook* and growth of the company depended in part on the successful introduction and market acceptance of its 486 computer chip."[715] Daneben können Unsicherheiten aufgrund ihrer möglichen Auswirkung auf künftige *earnings* bspw. dann informationpflichtig sein, wenn diese aus makroökonomischen Veränderungen resultieren.[716] Ebenso sind Unsicherheiten, die mit einer Verschlechterung der Wettbewerbsposition einhergehen, aufzuzeigen.[717]

d) Zwar zukunftsbezogen begründet,[718] handelt es sich bei den skizzierten Fällen faktisch um nichts anderes als die Erläuterung zentraler Ertragsdeterminanten, deren Wiederkehr in dieser Ausprägung aufgrund der im Zeitraum der Berichterstellung bzw. der in der Vergangenheit beobachteten Volatilität unsicher ist.[719]

---

[714] In the Matter of SHARED MEDICAL SYSTEMS CORPORATION. Admin. Proc. File No. 3-8295. Release No. 34-33632. 1994 SEC Lexis 440, Feb. 17, 1994, hier S. 442.

[715] Vgl. In the Matter of ADVANCED MICRO DEVICES, INC. Exchange Act Release No. 37730. September 26, 1996; vgl. auch In re VAN LANDINGHAM AND PATZKE. Exchange Act Release No. 23349. 35 S.E.C Docket 1227. June 20, 1986. (Hervorhebung nicht im Original).

[716] Vgl. In the Matter of CATERPILLAR, INC. Respondent Administrative Proceeding File No. 3-7692. SEC, SEA 1934, Release No. 30532. A. a. O., hier S. 789; HAZEN, THOMAS LEE: The Law of Securities Regulation. A. a. O., hier S. 168.

[717] Vgl. In the Matter of SALANT CORPORATION AND MARTIN F. TYNAN. Exchange Act Release No. 34-34046, 56 S.E.C. Docket 1779. May 12, 1994; In the Matter of BANK OF BOSTON CORP. Release No. 81. 60 S.E.C. Docket 2695. December 22, 1995.

[718] Vgl. SEC: Release Nos. 33-8350, 34-48960, FR-72. A. a. O., hier S. 38.

[719] Vgl. KITCH, EDMUND W.: The theory and practice of securities disclosure. A. a. O., hier S. 811 ff.

Im handelsrechtlichen Lagebericht sind solche Ausführungen regelmäßig Gegenstand der Prognosebasisprinzipien; darauf basierende, erwartete Auswirkungen sind gemäß der Prognoseprinzipien darzustellen. Chancen und Risiken bezeichnen dabei (in der Beurteilung des Rechnungslegenden) gewichtete Abweichungen von der voraussichtlichen Entwicklung.

Für die MD&A konkretisiert die SEC zentrale Kriterien einer Informationspflicht im Fall *Bank of Boston*; deutlich wird die (unmittelbare) Orientierung an den *financial statements*: „[B]ecause BOB knew, or should have known, that (1) without explanation its financials were misleading,[720] and (2) BOB's financial statements and accompanying footnotes were insufficient."[721] Erst die Erläuterung dieser intern bekannten Sachverhalte erlaubt dem Investor eine Beurteilung der „quality of earnings"[722] bzw. der Prognoserelevanz des *net income* (*predictive value*).

2. Implikationen einer trendorientierten Prognose

a) Zur Entscheidungsrelevanz: strenge Objektivierung von known facts

aa) Kennzeichnend für die trendorientierte Prognose ist, wie nachfolgend erörtert, eine unmittelbar von der Unsicherheit der künftigen Entwicklung abhängige Erläuterung des Geschäftswerts anhand von *known trends* und *uncertainties*.[723] Problematisch ist dies hinsichtlich der gewollten Vermittlung entscheidungsrelevanter Information, wenn die Grenzen einer Informationspflicht von *known trends* in judikativer Wertung objektivierungsbedingt eng gezogen werden.[724]

In Bezug auf (gegenläufige) Trends konkretisiert der 11th Circuit die Informationspflicht gemäß *item* 303(a)(3)(ii).[725] Bezeichnet als Veränderungen innerhalb einer Ergebnisgröße müssen sich diese in der Vergangenheit bereits deutlich abzeich-

---

720 Vgl. auch In the Matter of CATERPILLAR, INC. Respondent Administrative Proceeding File No. 3-7692. SEC, SEA 1934, Release No. 30532. A. a. O., hier S. 791 f.

721 In the Matter of BANK OF BOSTON CORP. Release No. 81, 60 S.E.C. Docket 2695. December 22, 1995; vgl. auch LEVIT V. LYONDELL PETROCHEMICAL CO., 984 F.2d 1050, 1053 (9th Cir. 1993).

722 In the Matter of BANK OF BOSTON CORP. Release No. 81, 60 S.E.C. Docket 2695. December 22, 1995; HAZEN, THOMAS LEE: The Law of Securities Regulation. A. a. O., hier S. 168.

723 In direkter (Umweltzustands-)Prognose fordert das Prinzip der Beurteilung der voraussichtlichen Entwicklung dagegen entsprechende Angaben; diese sind gemäß dem Prinzip der Erläuterung der voraussichtlichen Entwicklung zu plausibilisieren.

724 Vgl. zu Problemen WÜSTEMANN, JENS: Institutionenökonomik und internationale Rechnungslegungsordnungen. A. a. O., hier S. 152.

725 Vgl. OXFORD ASSET MANAGEMENT, LTD. V. JAHARIS, 297 F.3d 1182, 1192 (11th Cir. 2002).

nen. Wesentlich sind diese Trends, wenn die offengelegte Ergebnisgröße ohne deren Erläuterung kein der aktuellen (*persistent conditions*) wirtschaftlichen Situation des Unternehmens entsprechendes Bild vermittelt. In entsprechender Wertung lehnte der *Court of Appeals* im Fall *Kapps Karl L. v. Torch Offshore, Inc.* die Angabe von *known trends* ab. Interessant ist die zeitliche Abstufung am Markt beobachtbarer Preisänderungen von Rohstoffen und der Einflussnahme auf das Ergebnis des Rechnungslegenden: Veränderte Rohstoffpreise führen (erwartungsgemäß) zu einer Anpassung der Aktivität von Kunden des Rechnungslegenden. Für den Rechnungslegenden folgt eine zeitlich verschobene Anpassung der Nachfrage. Die Kläger führen daher aus, dass eine vergangene Preissenkung von Rohstoffen sich bereits im Zeitpunkt der Berichterstattung als *known trend* in einer verminderten Aktivität der Kunden niederschlage; da dieser „event [...] will cause a material change in the relationship between costs and revenues,“[726] wäre er informationspflichtig. Der *Court of Appeals* bestätigt diese Zusammenhänge und stellt fest, dass vom Rechnungslegenden richtigerweise auf Volatilität und Einfluss von Preisänderungen hingewiesen wurde. Jedoch würde eben die Volatilität, verbunden mit der zeitlichen Verschiebung, gegen die Annahme sprechen, dass aktuell beobachtbare Veränderung der Geschäftsbedingungen künftig verminderte Umsätze begründen würden.

Auch im folgend skizzierten Fall wird davon ausgegangen, der Rechnungslegende könne grundsätzlich keine (objektivierte) Umweltzustandsprognose und damit keine Angabe von Trends vornehmen: Bei guter Geschäftsentwicklung hatte sich die Geschäftsführung von *Canandaigua* zur Generierung von Marktanteilen für eine aggressive Preisstrategie entschieden: Neue Produkte wurden unter Marktpreis angeboten, ohne den Kapitalmarkt hierüber zu informieren. Da die Berechnungen der Analysten von einer Preis- und keiner Marktanteilsstrategie ausgehen, liegt das erreichte Ergebnis, trotz Fortsetzung des Wachstumsprozesses, unter dem Erwarteten. Den Klägern zufolge hätte die Änderung der Strategie veröffentlicht werden müssen. Der Urteilsbegründung ist zu entnehmen, dass ein entscheidender Unterschied zwischen „events and trends affecting operations, such as the closure of a plant or the increase in cost of raw materials“[727] und wettbewerbsgerichteten Marketingstrategien und Plänen besteht:[728] Bei Ersteren handele es sich um (äußere) Umwelteinflüsse, denen sich das Management gegenübersieht, sowie etwaigen reaktiven (Gegen-) maßnahmen aufgrund (nega-

---

726 KAPPS KARL L. u. a. V. TORCH OFFSHORE, INC. u. a., 379 F.3d 207,219 (CA 5th Cir. 2004).
727 In re CANANDAIGUA Securities Litigation. 944 F. Supp. 1202, 1211 (S.D.N.Y. 1996).
728 Vgl. *ebenda*, 1210.

tiver) Veränderungen der Unternehmensumwelt;[729] sowohl (aktuell) unsichere Umweltzustände als auch etwaige Gegenmaßnahmen gelten als *known uncertainty* informationspflichtig. Davon abzugrenzen sind Einschätzungen oder Analysen der geschäfts- und wettbewerbsspezifischen Situation (*competitive business judgments*)[730], die das Management vornimmt, um darauf basierend die Lage des Unternehmens (business) zu verbessern. Die – in Abgrenzung bspw. zu einer geplanten Werksschließung – daraus erwachsenden (auch bereits umgesetzten) positiven Dispositionen und/oder Umweltzustandsprognosen stellen keine Informationspflicht dar.[731]

bb) Angesichts der skizzierten Wertungen kann die Reichweite von *known facts* in Bezug auf Trends als (äußerst) eng bezeichnet werden:[732] Ganz im Sinne der SEC werden *known trends* regelmäßig gegenwarts- und ergebnisbezogen verstanden:[733] Ein *known trend* liegt vor, wenn in der Vergangenheit wirksame Gesetzmäßigkeiten auch künftig von Relevanz sind. Kann dies, wie im oben skizzierten Fall, nicht beurteilt werden, so handelt es sich um eine *known uncertainty*. Bei dieser ist, im Gegensatz zu *known trends*, unsicher, ob die erwartete Umweltentwicklung tatsächlich in der erwarteten Form Einfluss auf das Ergebnis nehmen wird;[734] eine (konkrete) Beurteilung der erwarteten Auswirkung von Unsicherheiten ist vom Rechnungslegenden nicht vorzunehmen. Daneben sind (zukunftsbezogen) erwartete Ereignisse als *known events* zu identifizieren.[735]

cc) Vor dem Hintergrund des Schutzzwecks erscheint die indirekte Prognoseorientierung der wertpapierrechtlichen MD&A im Hinblick auf die Vermittlung entschei-

---

[729] Auch das Urteil des Supreme Court im Fall BASIC, INC. V. LEVINSON zeichnet sich durch einen solchen Kontext aus: Gefordert wird – zugegebenermaßen entobjektiviert – die Angabe eines in Planung befindlichen Unternehmenszusammenschlusses, jedoch keine (wettbewerbssensible) Umweltzustandsprognose. Vgl. BASIC, INC. V. LEVINSON, 485 U.S. 224, 250 (1988).

[730] Vgl. In re CANANDAIGUA Securities Litigation. 944 F. Supp. 1202, 1210 (S.D.N.Y. 1996).

[731] Vgl. zur materiellen Bedeutung des Dispositionsprognoseprinzips WÜSTEMANN, JENS: Institutionenökonomik und internationale Rechnungslegungsordnungen. A. a. O., hier S. 87 f.

[732] „[T]he Securities Act, like the hero of 'Dragnet', is interested exclusively in facts. Conjectures and speculations as to the future are left by the Act to the investor on the theory that he is as competent as anyone to predict the future from the given facts.“ So HELLER, HARRY: Disclosure Requirements Under Federal Securities Regulation. A. a. O., hier S. 307.

[733] Vgl. auch In re VERIFONE Securities Litigation, 11 F.3d 865, 867 (9th Cir. 1993); KOWAL V. MCI COMMUNICATIONS CORP, 16 F.3d 1271, 1279 (D.C. Cir. 1994); ROMANI V. SHEARSON LEHMAN HUTTON, 929 F.2d 875, 876 (CA 1st Cir. 1991); In re COMPAQ Securities Litigation, 848 F.Supp 1307, 1309 (S.D.Tex.1993); LEVIT V. LYONDELL PETROCHEMICAL CO. 984 F.2d 1050, 1057 (9th Cir. 1993).

[734] Vgl. HAZEN, THOMAS LEE: The Law of Securities Regulation. A. a. O., hier S. 604 f.

[735] Vgl. zur Rechtsunsicherheit bzgl. der Informationspflicht entsprechender Angaben LOSS, LOUIS/ SELIGMAN, JOEL: Fundamentals of Securities Regulation. 4h edition. New York, New York: Aspen Publishers, 2000, hier S. 148, Fn. 27.

dungsrelevanter Informationen eher ungeeignet:[736] Aus der gegenwartsbezogenen Objektivierung von *known trends* folgt, dass konkrete Hinweise auf die voraussichtliche Entwicklung nur unvollständig erfolgen.[737] Nicht unproblematisch ist auch die vom Rechnungslegenden vorzunehmende Abgrenzung von *known trends* und *known uncertainties*: Die Angabe von *known trends* kann aufgrund der Unsicherheit der Zukunft (jederzeit) als *known uncertainty* erfolgen. Abgebildet werden dann (lediglich) kritische Ertragsdeterminanten, ohne einen Hinweis auf deren erwartete Auswirkung. Im Gegensatz zu dieser einzelfallorientierten Objektivierung zeichnen die in dieser Arbeit entwickelten Prognoseprinzipien eine voraussichtliche Entwicklung unter der Annahme konstanter Gesetzmäßigkeiten bei erwarteten Umweltentwicklungen. So objektiviert, dient die voraussichtliche Entwicklung als Bezugspunkt für die direkt prognoseorientierte Erläuterung von Chancen und Risiken.

Auch in der US-amerikanischen Literatur ist die beschriebene Art der „Objektivierung" von *known trends* nicht unumstritten. Vielmehr werden sorgfältig erstellte Planungen selbst als *known fact* und als Kern der Vermittlung entscheidungsrelevanter Informationen verstanden;[738] sofern angesichts wettbewerbsbedingter Einblicksgrenzen rechtsklar eingefordert, ist dies unbestreitbar.

---

736 Vgl. Präambel SA 1933 und SEA 1934; LOSS, LOUIS/SELIGMAN, JOEL: Fundamentals of Securities Regulation. 5th edition. A. a. O., hier insbes. S. 36; KRIPKE, HOMER: The SEC, The Accountants, Some Myths and Some Realities. A. a. O., hier S. 1198; KITCH, EDMUND W.: The Theory and Practice of Securities Disclosure. A. a. O., hier S. 779.

737 A. A. *Hüfner*, der known trends als direkt prognoseorientierte Informationsvermittlung versteht. Vgl. HÜFNER, BERND: The SEC's MD&A: Does it Meet the Informational Demancs of Investors? – A Conceptual Evaluation –. In: SBR, Vol. 59 (January 2007), S. 58–84, hier S. 73.

738 Vgl. KRIPKE, HOMER: The SEC, The Accountants, Some Myths and Some Realities. A. a. O., hier S. 1198 f.; LOSS, LOUIS/SELIGMAN, JOEL: Fundamentals of Securities Regulation. 5th edition. A. a. O., hier S. 157; ASHER V. BAXTER INTERNATIONAL, INC., 377 F.3d 727, 734 (7th Cir. 2004).

b) Zur Nachvollziehbarkeit einer gemäß bespeaks caution doctrine begründeten Informationsstruktur

aa) Ein tatsächliches Problem stellt jedoch das kapitalmarkttheoretisch[739] begründete Prinzip der *full disclosure*[740] i. V. m. der *bespeaks caution doctrine* bzw. der Angabe von Risikofaktoren gemäß § 21 SEA dar:[741] Den aus *known trends* und *uncertainties* entwachsenden Haftungsrisiken kann der Rechnungslegende – aufgrund fehlender Nachvollziehbarkeit kaum entscheidungsrelevant – grundsätzlich durch freiwillige Prognosen,[742] genauer bspw. durch Angabe der künftig erwarteten Entwicklung des *net income* oder anderer Zielgrößen, gemeinsam mit den zugehörigen Risikofaktoren entgehen.[743] Mit *Loss/Seligman* besteht die Gefahr, dass der Rechnungslegende in bekanntem Muster versucht,[744] „to bury the shareholders in an avalanche of trivial information – a result that is hardly conducive to informed decisionmaking."[745]

bb) Verpflichtend i. S. e. *duty to update* werden solche (freiwilligen) Prognosen, wenn es sich um konkrete Aussagen handelt und sich die zugrunde liegenden Annahmen im Zeitablauf ändern: In Bezug auf die Offenlegung trendrelevanter strategischer Chan-

---

739 *Sauer* weist darauf hin, dass die *Efficient Capital Market Hypothesis* die hier beschriebene informationelle und keine fundamentale Effizienz im Sinne eines Abgleichs von Marktwert und innerem Wert meint. Vgl. SAUER, KNUT: Haftung für Falschinformation des Sekundärmarktes. A. a. O., hier S. 311; zur Unterscheidung von informationeller und fundamentaler Effizienz vgl. AYRES, IAN: Back to Basics: Regulating How Corporations Speak to the Market. In: Va. L. Rev., Vol. 77 No. 5 (1991), S. 945–999, hier S. 969; zur auf der *Efficient Capital Market Hypothesis* aufbauenden *Fraud on the Market Theory* vgl. HAZEN, THOMAS LEE: The Law of Securities Regulation. A. a. O., hier S. 615 f.; kritisch KITCH, EDMUND W.: The theory and practice of securities disclosure. A. a. O., hier S. 825.

740 Vgl. WÜSTEMANN, JENS: Institutionenökonomik und internationale Rechnungslegungsordnungen. A. a. O., hier S. 152 f.

741 Vgl. KOCH, CHRISTOPHER: Haftungserleichterungen bei der Offenlegung von Zukunftsinformationen in den USA. Working Paper No. 04-33. SFB 504. University of Mannheim 2004, hier S. 5–9, insbes. S. 9; BISCHOF, JANNIS: Zur Fraud-on-the-market-Theorie im US-amerikanischen informationellen Kapitalmarktrecht: Theoretische Grundlagen, Rechtsprechungsentwicklung und Materialien. Working Paper No. 05-13. SFB 504. University of Mannheim 2005, hier S. 17 f.; CALDERON, JEANNE/KOWAL, RACHEL: Safe harbors: Historical and current approaches to future forecasting. In: J. Corp. L., Vol. 22 (1997), S. 661–703, hier S. 667 f. (m. w. N.)

742 Vgl. HUGH, BECK C.: The substantive limits of liability for inaccurate predictions. A. a. O., hier S. 175–179; CALDERON, JEANNE/KOWAL, RACHEL: Safe harbors: Historical and current approaches to future forecasting. A. a. O., hier S. 676.

743 Vgl. MERKT, HANNO: Unternehmenspublizität. A. a. O., hier S. 462 f.; Teilweise fordern die Gerichte jedoch auch eine spezifische Relativierung formulierter Zukunftserwartungen. Vgl. den Nachweis bei KOCH, CHRISTOPHER: Haftungserleichterungen bei der Offenlegung von Zukunftsinformationen in den USA. A. a. O., hier S. 6 f.

744 Vgl. PAREDES, TROY A.: Blinded by the light: Information overload and ist consequences for Securities Regulation. In: W.U.L.Q., Vol. 81 (2003), S. 417–485, hier S. 417 (m. w. N.); SAUER, KNUT: Haftung für Falschinformation des Sekundärmarktes. A. a. O., hier S. 277.

745 LOSS, LOUIS/SELIGMAN, JOEL: Fundamentals of Securities Regulation. 5th edition. A. a. O., hier S. 579.

cen hatte *Philipp Morris* in der MD&A auf (aktuell) unsichere Umweltzustände hingewiesen, gleichzeitig jedoch ausgeführt,[746] dass auf deren Veränderungen entsprechend vergangener Aktionsmuster reagiert wird. Erwartet und (freiwillig) offengelegt wurde eine positiver Trend der *revenues*. Tatsächlich wurde die bislang maßgebliche Preisstrategie aufgrund später von internen Erwartungen abweichenden Umweltzuständen aufgegeben. Die dann verfolgte Marktanteilsstrategie hatte aufgrund von Preisreduzierungen erhebliche Ertragsausfälle zur Folge. In der Urteilsbegründung stellt der *District Court* fest, dass, obwohl auf ausgewählten Teilmärkten (probeweise) bereits vorab eine Marktanteilsstrategie umgesetzt wurde, eine Umsetzung (etwaiger) Pläne auf Konzernebene im Zeitpunkt der Berichterstattung eine bloße Eventualität (*contingency*)[747] gewesen sei. Gleichzeitig wurde – man denke an die zweite Stufe des *materiality test* der SEC – festgestellt, dass der Marketingplan im Falle einer Umsetzung zwar durchaus *material* sei.[748] Jedoch sind sich der *Court of Appeals* und der *District Court* darin einig, dass die Wertpapiergesetze nicht derart interpretiert werden können, von Unternehmen zu verlangen Wettbewerbern vorab preissensitive Informationen offenzulegen. Richtig sei, dass unter bestimmten Voraussetzungen eine Informationspflicht besteht, sobald in der Vergangenheit offengelegte Informationen aufgrund einer internen Aktualisierung irreführend sind (*duty to update*)[749]: Kündigt ein Unternehmen bspw. ein spezifisches Unternehmensziel und die Maßnahmen zu dessen Umsetzung an, bezieht dann jedoch alternative Maßnahmen in seine Planung ein (*serious consideration*), können diese informationspflichtig sein (*may come under an obligation*).[750] Davon zu unterscheiden ist ein „single vague statement"[751], das von einer

---

[746] Im Urteil wird darauf hingewiesen, dass es sich hierbei um keine dem Fall *Basic, Inc. v. Levinson* gleichzusetzende Ausgangssituation handelt: Die Aussage würde durch die Erläuterung unsicherer Umweltzustände relativiert. Vgl. SAN LEANDRO EMERGENY MED GROUP PROFIT SHARING PLAN V. PHILIP MORRIS CO. 75 F.3d 801, 809 (2nd Cir. 1996).

[747] Zum Problem der auch durch unterschiedlich konzipierte *materiality tests* begründeten, heterogenen Beurteilung der Reichweite von Informationspflichten vgl. ROMAJAS, SUZANNE J.: The duty to disclose forward-looking information: A look at the future of the MD&A. In: Fordham L. Rev., Vol. 61 (1993), S. 246–286, hier S. 254 ff.;TSC Industries, Inc., et al. v. Northway, Inc. 426 U.S. 438 (1976), 445; bzgl. der unterschiedlichen Wertung der *materiality* impulsgebend vgl. BERNSTEIN, LEOPOLD A.: The Concept of Materiality. In: Acc. Rev., Vol. 42 (1967), S. 86–95, hier S. 95.

[748] „Material facts include not only information disclosing the earnings and distributions of a company but also those facts which affect the probable future of the company and those which may affect the desire of investors to buy, sell, or hold the company's securities".SAN LEANDRO EMERGENY MED GROUP PROFIT SHARING PLAN V. PHILIP MORRIS CO. 75 F.3d 801, 809 (2nd Cir. 1996).

[749] Vgl. CALDERON, JEANNE/KOWAL, RACHEL: Safe harbors: Historical and current approaches to future forecasting. A. a. O., hier S. 693.

[750] Vgl. S SAN LEANDRO EMERGENY MED GROUP PROFIT SHARING PLAN V. PHILIP MORRIS CO. 75 F.3d 801, 809 f. (2nd Cir. 1996).

cautionary language begleitet wird. Derart auch im beschriebenen Fall offengelegt, dürfe der Investor nicht davon ausgehen, dass *Philip Morris* sich ausnahmslos der vergangenen Marketingstrategie verschrieben hätte; „unlike Time Warner," *Philip Morris* „did not ‚hype' a specific plan, thereby inducing investors to believe that alternatives were excluded"[752].

cc) Die *safe harbor rule* fordert viel: Losgelöst von der Frage einer Informationspflicht soll der Adressat nicht nur zwischen entscheidungsrelevanten *known facts* und solchen, die zwar von Interesse sein können, denen jedoch nur bedingt Glauben geschenkt werden sollte, unterscheiden. Vielmehr ist diese Einschätzung vorzunehmen, ohne die Prognose nachvollziehen zu können: Dieser zugrunde liegende Annahmen können nur im Hinblick auf ausgewählte Urteile als Informationspflicht gewertet werden.[753] Grundsätzlich genügt eine *cautionary language*,[754] bspw. über (existierende) Branchenrisiken,[755] die bzgl. ihres Eintritts unsichere Prognose im Sinne der Judikative mehrwertig zu relativieren. Auch die SEC äußert sich – damit die empfohlene Offenlegung von Prognosen für den Rechnungslegenden nicht unattraktiv ist[756] – zurückhaltend: Lediglich „[u]nder certain circumstances the disclosure of underlying assumptions may be material to an understanding of the projected results"[757].

IV. Ausblick: Lagebericht im System kapitalmarktrechtlicher Informationspflichten

1) Die Ermittlung handelsrechtlicher Gewinnanspruchsermittlungs-GoB erfolgt in wirtschaftlicher Betrachtungsweise durch Ökonomen und Juristen.[758] Grundsätzlich

---

751 *Ebenda*, hier S. 810.

752 *Ebenda.*

753 Vgl. zu einer Fallübersicht KOCH, CHRISTOPHER: Haftungserleichterungen bei der Offenlegung von Zukunftsinformationen in den USA. A. a. O., hier S. 7 (m. w. N.); die Bedeutung der Angabe zugrunde liegender Annahmen betonend vgl. SEC: Release Nos. 33-8350, 34-48960, FR-72. A. a. O., hier S. 39; GILLIS, JOHN G.: The SEC on Corporate Projections. In: Fin. A. J., Vol. 36 (1980), S. 14–15 und S. 75–76, hier S. 75.

754 Vgl. HAZEN, THOMAS LEE: The Law of Securities Regulation. A. a. O., hier S. 608.

755 Vgl. ROMANI V. SHEARSON LEHMAN HUTTON, 929 F.2d 875, 876 (CA 1st Cir. 1991).

756 Vgl. HUGH, BECK C.: The substantive limits of liability for inaccurate predictions. A. a. O., hier S. 164.

757 SEC: Release No. 33-6084, 44 FR 38810. 17 S.E.C Docket 1048. June 15, 1979, hier S. 1052.

758 Vgl. HOMMEL, MICHAEL/SCHMIDT, REINHARD M./WÜSTEMANN, JENS: *Adolf Moxter* und die Grundsätze ordnungsgemäßer Rechnungslegung – Kontinuität und Zukunft eines Forschungsleitbildes. A. a. O., hier S. 88.

gilt dies auch für Informations-GoB.[759] Allerdings ist die hierfür vorauszusetzende Durchsetzung von Informationsansprüchen anhand privater Sammelklagen gegenüber US-amerikanischen Klagemodi begrenzt.[760] In Konsequenz wird die materielle Bedeutung von Informationsnormen weniger durch eine judikative Normsetzung als vielmehr durch private Durchsetzungsinstanzen und durch Ökonomen bestimmt.[761] Unverändert bleibt jedoch die Notwendigkeit einer gesellschaftsrechtlich bzw. kapitalmarktrechtlich eingebetteten Konkretisierung insbesondere auch der Informations-GoB. In diesem Sinne widerspricht es der deutschen Rechnungslegung die materielle Konkretisierung von Informationsnormen dem Rechnungslegenden zu übertragen.[762] Faktisch folgt dies jedoch aus der regelungsunscharfen Formulierung umfassender Einblicksforderungen: Wie gezeigt bleiben sowohl Einblickstiefe als auch Einblicksgrenzen bei einem an ökonomisch starken Prämissen orientierten Normverständnis unbestimmt. Es obliegt dem Rechnungslegenden diese in Gewichtung von Adressateninteressen und eigenen Interessen zu bestimmen. Das erreichbare Schutzniveau einer ordnungsmäßigen Informationsvermittlung wird damit erheblich relativiert – zumindest, wenn man es ernst nimmt.[763]

Dass die einzelfallorientierte Objektivierung bzw. Konkretisierung von *known facts* nicht nur bei einer umfassenden Einblicksforderung, sondern auch bei einer (nur) indirekten Prognoseorientierung problematisch ist, zeigt die erfolgte Untersuchung des US-amerikanischen Wertpapierrechts. Selbst wenn die Normsetzung, wie im US-

---

759 Vgl. insbes. WÜSTEMANN, JENS: Institutionenökonomik und internationale Rechnungslegungsordnungen. A. a. O., hier S. 120–122.

760 Vgl. zu den Grenzen einer Normdurchsetzung durch private Sammelklagen WÜSTEMANN, JENS/REIFSCHNEIDER, CHRISTINA: Informationeller Anlegerschutz auf Kapitalmärkten – Ökonomische Analyse des Anspruches auf Schadensersatz aufgrund von Fehlinformationen. Unveröffentlichtes Manuskript. Mannheim 2005 (m. w. N.); WÜSTEMANN, JENS/KIERZEK, SONJA: Das europäische Harmonisierungsprogramm zur Rechnungslegung: Endorsement und Enforcement von IFRS. A. a. O., hier S. 22; vgl. auch BRELLOCHS, MICHAEL: Publizität und Haftung von Aktiengesellschaften im System des Europäischen Kapitalmarktrechts. A. a. O., hier S. 212–216; DÜHN, MATTHIAS: Schadensersatzhaftung börsennotierter Aktiengesellschaften für fehlerhafte Kapitalmarktinformationen. *de lege lata* und *de lege ferenda* Frankfurt am Main 2003, hier S. 195.

761 Vgl. zu den Grenzen einer schutzzweckadäquaten Informationsvermittlung anhand freiwilliger Informationssätze insbes. MERKT, HANNO: Unternehmenspublizität. A. a. O., hier S. 215–224.

762 Vgl. insbes. WÜSTEMANN, JENS: Institutionenökonomik und internationale Rechnungslegungsordnungen. A. a. O., hier S. 122 f.

763 Vgl. zur Einigkeit bzgl. des formalen Schutzzwecks HOPT, KLAUS J.: Grundsatz- und Praxisprobleme nach dem Wertpapierhandelsgesetz. In: ZHR, 159 Jg. (1995), S. 135–163, hier S. 159; MERKT, HANNO: Unternehmenspublizität. A. a. O., hier S. 210; MÖLLERS, THOMAS M. J.: Kapitalmarkttauglichkeit des deutschen Gesellschaftsrechts. A. a. O., hier S. 434; DÜHN, MATTHIAS: Schadensersatzhaftung börsennotierter Aktiengesellschaften für fehlerhafte Kapitalmarktinformationen. A. a. O., hier S. 56 f. (m. w. N.).

amerikanischen Wertpapierrecht von einem umfassenden Richterrecht ausgeht, bleibt die rechtsklare Konkretisierung von Informationspflichten und Einblicksgrenzen problematisch. In beiden Rechnungslegungsordnungen besteht daneben die Gefahr einer inkonsistenten und damit rechtsunsicheren Konkretisierung von Informationsinhalten durch verschiedene Durchsetzungsinstanzen.[764]

Eine Möglichkeit diesem Dilemma zu begegnen, besteht in der Herausbildung eines prinzipienbasierten Normsystems. Dieses erlaubt (normativ) schutzzweckadäquate Informationsinhalte lückenlos abzuleiten. Richtig ist, dass die Prinzipien in hohem Maße konkretisierungsbedürftig sind. Allerdings ist dies auch bei einzelfallorientiert konkretisierten Informationsinhalten der Fall. Der Unterschied liegt im Wesentlichen darin, dass die Konkretisierung von Prinzipien konzis (quasi-deduktiv)[765] aus dem Normzweck erfolgt. Einzellfallorientierten Informationsinhalten überlegen,[766] werden dabei nicht nur Informationsinteressen, sondern insbesondere auch Sorgfaltspflichten der Erstellung sowie der Darstellung des Lageberichts konkretisiert. In Konsequenz kann sowohl die ordnungsmäßige Prüfung als auch die Durchsetzung von Prognosen als Elemente einer schutzzweckadäquaten Rechnungslegung im System der deutschen Corporate Governance verstanden werden.

Das in wirtschaftlicher Betrachtungsweise entwickelte *System* der Lageberichts-GoB zeichnet sich durch die Verankerung der zwangsweise entobjektivierten Abbildung zukunftsbezogener Informationsinteressen auf einer objektivierten (vergangenheits- bzw. gegenwartsbezogenen) Prognosebasis aus: Maßgebliche Ankerpunkte dieses Prognoseverfahrens sind faktisch vorliegende (sichere und unsichere) Ausprägungen preis- und mengenrelevanter Determinanten prognoserelevanter Aufwendungen und Erträge. Darauf aufbauend ist die voraussichtliche Entwicklung insofern objektivierter Bezugspunkt der Erläuterung von Chancen und Risiken, als dieser die Annahme kon-

---

[764] Vgl. zum Problem BÖCKEM, HANNE: Die Durchsetzung von Rechnungslegungsstandards in Deutschland – Zur Notwendigkeit institutioneller Neuerungen –. In: DB, 53. Jg. (2000), S. 1185–1191, hier S. 1190; zur Durchsetzung der DPR und der BaFin vgl. GELHAUSEN, HANS FRIEDRICH/HÖNSCH, HENNING: Das neue Enforcement-Verfahren für Jahres- und Konzernabschlüsse. In: AG, 50. Jg. (2005), S. 511–529, hier S. 512; WÜSTEMANN, JENS/KIERZEK, SONJA: Das europäische Harmonisierungsprogramm zur Rechnungslegung: Endorsement und Enforcement von IFRS. A. a. O., hier S. 20 f.; zu den Anforderungen und Grenzen einer Durchsetzung anhand adverser Publizität vgl. BÖCKEM, HANNE: Die Durchsetzung von Rechnungslegungsstandards. Eine kapitalmarktorientierte Untersuchung. Frankfurt am Main 2000, hier S. 52 f. und S. 83.

[765] Vgl. WÜSTEMANN, JENS: Institutionenökonomik und internationale Rechnungslegungsordnungen. A. a. O., hier S. 122.

[766] Vgl. insbes. MERKT, HANNO: Unternehmenspublizität. A. a. O., hier S. 223 f.; WÜSTEMANN, JENS: Institutionenökonomik und internationale Rechnungslegungsordnungen. A. a. O., hier S. 123.

stanter Gesetzmäßigkeiten bei erwarteten Umweltentwicklungen zugrunde liegt. Es ist Aufgabe der Prognoseprinzipien die (zukunftsbezogene) Ertragskraft als Indikator individueller Konsumstromerwartungen zu beurteilen und zu erläutern.[767]

Methodisch wurde dieser theoretisch fundierter Sinn mit dem institutionenökonomisch begründeten Zweck als hermeneutischer Zirkel systematisch mit einzelnen Lageberichtsnormen abgeglichen;[768] die materielle Kongruenz von Zweck und System wurde in wirtschaftlicher Betrachtungsweise untersucht. Grundlegend für die Herausbildung eines lückenlosen Informationssystems konnte dabei eine in sich geschlossene Normkonkretisierung gegenüber systemfremden Informationsinhalten abgegrenzt werden.[769]

2) Aus Perspektive ökonomisch schwacher Prämissen bzw. in Orientierung am Schutzzweck in institutioneller Gestaltungen der Rechnungslegungsordnung wird die funktional verstandene Lageberichterstattung durch die Ad-hoc-Publizität ergänzt:[770] Die stichtagsbezogene Regelpublizität umfasst hinreichend konkretisierte, das heißt im kommenden Geschäftsjahr zur Umsetzung kommende Dispositionen sowie eine Umweltzustandsprognose. Gemäß § 15 WpHG sind darüber hinaus öffentlich nicht bekannte Informationen, insbesondere jene, die „wegen der Auswirkungen auf die Vermögens- oder Finanzlage oder auf den allgemeinen Geschäftsverlauf des Emittenten

---

767 Vgl. MOXTER, ADOLF: Über dynamische Abschreibungen. A. a. O., hier S. 480.

768 Vgl. BEISSE, HEINRICH: Auslegung. In: Handwörterbuch des Steuerrechts, hrsg. v. *Georg Stickrodt* u. a. Band I. 2. Aufl. München und Bonn 1981, S. 134–142, hier S. 136; MOXTER, ADOLF: Zwölf Thesen zum Stand der Bilanztheorie. Frankfurt am Main 1985 (nicht veröffentlicht), hier insbes. These 5; WÜSTEMANN, JENS: Institutionenökonomik und internationale Rechnungslegungsordnungen. A. a. O., hier S. 121; *derselbe*: Generally Accepted Accounting Principles. A. a. O., hier S. 94 f.

769 Vgl. MOXTER, ADOLF: Zum Sinn und Zweck des handelsrechtlichen Jahresabschlusses nach neuem Recht. A. a. O., hier S. 361.

770 Ebenso MERKT, HANNO: Unternehmenspublizität. A. a. O., hier S. 461; DÜHN, MATTHIAS: Schadensersatzhaftung börsennotierter Aktiengesellschaften für fehlerhafte Kapitalmarktinformationen. *de lege lata* und *de lege ferenda* Frankfurt am Main, hier S. 76 f.; a. A., mit der (wohl) herrschenden Meinung für einen Einbezug dispositiver Erwartungen in den Lagebericht und damit die Ad-hoc-Publizität als tatsachenbasiertes (objektiviertes) Berichtselement verstehend vgl. MÖLLERS, THOMAS M. J.: Kapitalmarkttauglichkeit des deutschen Gesellschaftsrechts. A. a. O., hier S. 437; zum Zusammenhang von Kapitalmarkt- und Bilanzrecht BUSSE VON COLBE, WALTHER: Die Entwicklung des Jahresabschlusses als Informationsinstrument. In: ZfbF-Sonderheft 32/1993, S. 11–29, hier S. 14 f.; BUSSE VON COLBE, WALTHER: Unternehmenskontrolle durch Rechnungslegung. In: Internationale Unternehmenskontrolle und Unternehmenskultur: Beiträge zu einem Symposium. *Bernhard Grossfeld* zum 60. Geburtstag, hrsg. v. *Otto Sandrock* und *Wilhelm Jäger*. Tübingen 1994, S. 37–57, hier S. 47; HOMMELHOFF, PETER: Anlegerinformationen im Aktien-, Bilanz- und Kapitalmarktrecht. In: ZGR, 29. Jg. (2000), S. 748–775, hier S. 749–752; MÖLLERS, THOMAS M. J.: Anlegerschutz durch Aktien- und Kapitalmarktrecht: Harmonisierung nach geltendem und künftigem Recht. In: ZGR, 26. Jg. (1997), S. 334–367, hier S. 340 f.; WEBER, STEFAN: Kapitalmarktrecht: Eine Untersuchung des österreichischen Rechts und des Europäischen Gemeinschaftsrechts. Wien u. a. 1999, hier S. 237; MERKT, HANNO: Unternehmenspublizität. A. a. O., hier S. 276.

geeignet ist, den Börsenpreis des Wertpapiers erheblich zu beeinflussen"[771], unter bestimmten Voraussetzungen informationspflichtig.[772] Ökonomisch betrachtet handelt es sich bei diesen Insiderinformationen um (wesentliche) Veränderungen des Geschäftswerts;[773] man denke bspw. an Restrukturierungsmaßnahmen, die sich im neuen Geschäftsjahr (erst) in Planung befinden. Vorauszusetzen ist, mit der herrschenden Meinung, dass deren Eintritt hinreichend wahrscheinlich ist;[774] *Reifschneider* zeigt auf, dass die für die Ad-hoc-Publizitätspflicht zu fordernde Einblickstiefe grundsätzlich dem handelsrechtlichen Einblicksgebot zu entsprechen hat.[775] Objektivierender Maßstab einer solchen, auch das Kriterium der Bewertungserheblichkeit umfassenden Informationspflicht wäre der Abgleich des im Lagebericht aus Perspektive des Abschlussstichtags zukunftsbezogen bestimmten Ertragskraft mit der Insiderinformation:[776] Eine (unterjährige) Ad-hoc-Publizitätspflicht würde somit dann bestehen, wenn die Abweichung wesentlich ist und die Vertraulichkeit der Insiderinformation nicht gewährleistet werden kann; entsprechend der aufgezeigten Prognoseprinzipien wäre – allerdings losgelöst vom Abschlussstichtagsprinzip – eine hinreichende Konkretisierung der Umsetzung der Planung zu fordern. Insofern folgt die Bewertungserheblich-

---

771 BRELLOCHS, MICHAEL: Publizität und Haftung von Aktiengesellschaften im System des Europäischen Kapitalmarktrechts. A. a. O., hier S. 73.

772 Vgl. REIFSCHNEIDER, CHRISTINA: Informationeller Anlegerschutz. Ökonomische Analyse der Konkretisierung und Durchsetzung sekundärmarktbezogener Informationspflichten in Deutschland und den USA. A. a. O., hier S. 127–129.

773 Es sei darauf hingewiesen, dass Vermögenslage im ökonomischen Sinne den Marktwert künftiger Nettozahlungsströme und Finanzlage deren finanzwirtschaftliche Determinanten meint. Vgl. WAGNER, STEFFEN: Grundsätze ordnungsmäßiger Bilanzierung in Frankreich. A. a. O., hier S. 230; MOXTER, ADOLF: Zur Prüfung des „true and fair view". A. a. O., hier S. 675.

774 Vgl. VEIL, RÜDIGER: Prognosen im Kapitalmarktrecht. A. a. O., hier S. 692; BRELLOCHS, MICHAEL: Publizität und Haftung von Aktiengesellschaften im System des Europäischen Kapitalmarktrechts. A. a. O., hier S. 148; MÖLLERS, THOMAS M. J./LEISCH, FRANZ CLEMENS: § 14 Ad-hoc-Publizität. In: Handbuch der Rechte und Pflichten von börsennotierten Unternehmen und Kapitalanlegern, hrsg. v. *Thomas M. J. Möllers* und *Klaus Rotter*. München 2003, hier Rz. 14; MERKT, HANNO: Unternehmenspublizität. A. a. O., hier S. 286 f.

775 Vgl. REIFSCHNEIDER, CHRISTINA: Informationeller Anlegerschutz. Ökonomische Analyse der Konkretisierung und Durchsetzung sekundärmarktbezogener Informationspflichten in Deutschland und den USA. A. a. O., hier S. 130–133 (m. w. N.).

776 Vgl. kritisch zur unmittelbaren Orientierung an der ECMH aus institutionenökonomischer Perspektive WÜSTEMANN, JENS: Disclosure Regimes and Corporate Governance. A. a. O., S. 717–726, hier S. 722–724; BALL, RAY: Infrastructure Requirements in the Area of Accounting and Disclosure Policy. A. a. O., hier S. 11; implizit i. d. S. MERKT, HANNO: Unternehmenspublizität. A. a. O., hier S. 461; ähnlich vgl. SAUER, KNUT: Haftung für Falschinformation des Sekundärmarktes. A. a. O., hier S. 106 und S. 267; vgl. auch GLASER, MARKUS/NÖTH, MARKUS/WEBER, MARTIN: Behavioral Finance. In: Blackwell Handbook of Judgment and Decision Making, hrsg. v. *Derek J. Koehler* und *Nigel Harvey*. Blackwell: Oxford 2004, S. 527–546.

keit nicht unmittelbar aus dem Einfluss der Information auf den Börsenkurs;[777] die konsistente Einbettung handelsrechtlicher Informationspflichten in das *System* kapitalmarktrechtlicher Publizitätspflichten erlaubt vielmehr eine lückenlose Orientierung am Informationsbedarf schutzwürdiger Adressaten.[778] Der scheinbaren Vernachlässigung des Funktionsschutzes des Kapitalmarkts kann mit dem Argument des methodologischen Individualismus begegnet werden:[779] Entscheidet ist eine Informationsvermittlung, die es dem (individuellen) Adressaten erlaubt interessewahrende Entscheidungen zu treffen; ist dies der Fall, so gilt auch der Funktionsschutz des Kapitalmarkts als erfüllt.

Das Verhältnis von Lagebericht und Jahresabschlusses wird dabei aus Perspektive des Adressaten dadurch bestimmt, dass der Jahresabschluss die Prognosebasis wirkungsbezogen abbildet;[780] im Lagebericht wird diese ursachenbezogen differenziert und die Veränderung des Geschäftswerts im Geschäftsjahr anhand der Determinanten prognoserelevanter Aufwendungen und Erträge plausibilisiert.[781]

Retrospektiv ergänzen sich die handelsrechtliche Regelpublizität und das Wertpapierrecht damit aus Perspektive des Adressaten dergestalt, dass Jahresabschluss und Lagebericht eine entscheidungsrelevante[782] und schutzzweckadäquate Kontrollfunktion zu-

---

777 Vgl. zum Problem der Regelungsunschärfe einer solchen Konzeption REIFSCHNEIDER, CHRISTINA: Informationeller Anlegerschutz. Ökonomische Analyse der Konkretisierung und Durchsetzung sekundärmarktbezogener Informationspflichten in Deutschland und den USA. A. a. O., hier S. 127–129.

778 Vgl. zum Zusammenhang von Regelpublizität und Ad-hoc-Publizität REIFSCHNEIDER, CHRISTINA: Informationeller Anlegerschutz. Ökonomische Analyse der Konkretisierung und Durchsetzung sekundärmarktbezogener Informationspflichten in Deutschland und den USA. A. a. O., hier S. 130 und S. 132.

779 Vgl. *ebenda*, hier S. 31 f.

780 Vgl. zur europäischen Zwei-Säulen-Theorie HOMMELHOFF, PETER: Kommentierung zu § 289 HGB. In: HGB-Bilanzrecht. Rechnungslegung. Abschlußprüfung. Publizität. Großkommentar. 1. Teilband: §§ 238–289 HGB. Grundlagen. Jahresabschluß der Personen- und Kapitalgesellschaft, hrsg. v. *Peter Ulmer*. Berlin/New York 2002, hier Rz. 13. Man wird diese im Sinne materieller Gleichwertigkeit zu verstehen haben: Gemäß § 264 Abs. 2 Satz 2 HGB normierte „zusätzliche Angaben" im Jahresabschluss sind dann erforderlich, wenn aus der Summe einzelner Informations-GoB kein die (wesentliche) Veränderung des Geschäftswerts umfassendes, „den tatsächlichen Verhältnissen entsprechendes Bild der Vermögens-, Finanz- und Ertragslage der Kapitalgesellschaft" vermittelt wird (§ 264 Abs. 2 Satz 1 HGB). Vgl. insbes. MOXTER, ADOLF: Grundsätze ordnungsgemäßer Rechnungslegung. A. a. O., hier S. 282 f.

781 Empirisch begründet die Bedeutung einer Darstellung von Elementen der voraussichtlichen Entwicklung als Indikator der künftigen Aktienrendite gegenüber Elementen der (geplanten) künftigen Entwicklung hervorhebend PECHTL, HANS: Die Prognosekraft des Prognoseberichts. A. a. O., hier S. 156 f.

782 Vgl. MOXTER, ADOLF: Betriebswirtschaftliche Gewinnermittlung. A. a. O., hier S. 223.

kommt:[783] Quantifiziert bzw. beurteilt und erläutert wird die Auswirkung der bis zum Abschlussstichtag objektiv abbildbaren wirtschaftlichen Zusammenhänge sowie der (unterjährig) anhand komplementärer Informationsinstrumente vermittelten prognoseorientierten Information.

Die so verstandene Kontrollfunktion kann zum einen auf dem Abgleich der vom Adressaten als glaubwürdigste künftige Entwicklung verstandenen Prognose mit dem marktbezogenen Sicherheitsäquivalent, zu dem entsprechende Zahlungsströme im Zeitpunkt des Abschlussstichtags am Markt gehandelt wurden,[784] beruhen.[785] Als Grundlage einer individuellen Entscheidungssituation wohl bedeutender,[786] erlaubt ein einfaches Bewertungskalkül zum anderen auch einen zumindest tendenziellen Abgleich mit der im vergangenen Geschäftsjahr erfolgten Wertänderung des Marktpreises (einschließlich Dividende):[787] Zu vergleichen ist diese mit der ebenfalls gegenüber dem vorangegangenen Stichtag erfolgten Änderung des Barwerts der individuell sicherheitsäquivalenten, mit einem risikofreien Zins diskontierten Konsumstromerwartung.[788] Mit *Moxter* kann auf dieser Basis „z. B. der potenzielle Unternehmenseigner

---

783 Vgl. auch DÜHN, MATTHIAS: Schadensersatzhaftung börsennotierter Aktiengesellschaften für fehlerhafte Kapitalmarktinformationen. A. a. O., hier S. 65; MOXTER, ADOLF: Die Grundsätze ordnungsmäßiger Bilanzierung und der Stand der Bilanztheorie. A. a. O., hier S. 37.

784 Vgl. MOXTER, ADOLF: Valuation of a Going Concern. A. a. O., hier Sp. 2440; *derselbe*: Betriebswirtschaftliche Gewinnermittlung. A. a. O., hier S. 41; *derselbe*: Grundsätze ordnungsmäßiger Unternehmensbewertung. 2. Aufl. A. a. O., hier S. 149.

785 Interessant wäre mithin eine empirische Validierung der Hypothese der Kontrollfunktion, genauer die Extraktion möglicher Ursachen einer Abweichung des Werts der Veränderung der Marktrendite vom Wert der Veränderung der i. S. d. Rechnungslegenden glaubwürdigsten Ertragskraft gegenüber dem Vorjahreswert sowie der Vergleich mit Indikatorfunktion von Dividenden. Vgl. auch BALL, RAY/BROWN, PHILIP: An empirical evaluation of accounting income numbers. In: J. Acc. Res., Vol. 6, No. 2 (1968), S. 159–178, hier S. 164 f.; zum Paradox einer abnehmenden Kursrelevanz eines objektivierten Prognoseverfahrens vgl. BALL, RAY: Infrastructure Requirements in the Area of Accounting and Disclosure Policy. A. a. O., hier S. 11.

786 Der Vergleich einzelner Unternehmen ist zwar durchaus konzeptionelles Element der aufgezeigten Prinzipien. Gegen die Verdichtung der vermittelten Information zu einem Wert, bspw. anhand von Multiplikatoren, spricht jedoch die zugrunde zu legende wirtschaftliche bzw. branchenspezifische Kompetenz. Vgl. BALLWIESER, WOLFGANG: Unternehmensbewertung. A. a. O., hier S. 197 f.

787 Vgl. MOXTER, ADOLF: Betriebswirtschaftliche Gewinnermittlung. A. a. O., hier S. 148.

788 Aufgrund der vielfältigen Gründe, die eine Abweichung des Marktpreises vom fairen Wert des Unternehmens verursachen können ist es entscheidend, die relative Änderung der Werte und nicht deren absolute Höhe zu vergleichen. Hierzu kann der Adressat, ausgehend von der glaubwürdigsten Entwicklung prognoserelevanter Aufwendungen und Erträge, seine (individuell) sicherheitsäquivalente Ertragserwartung mit einem risikolosen Zins diskontieren. Der zu subtrahierende Fair-Value des Fremdkapitals folgt aus dem Jahresabschluss (§§ 253 Abs. 1 HGB i. V. m. 266 und 285 Nr. 3 HGB). Zum APV-Ansatz vgl. BALLWIESER, WOLFGANG: Verbindung von Ertragswert- und Discounted Cashflow-Verfahren. In: Praxishandbuch der Unternehmensbewertung, hrsg. v. *Volker Peemöller*. 3. Aufl. Herne/Berlin 2003, Rn. 701–731, hier Rz. 718; DRUKARCZYK, JOCHEN: Unternehmensbewertung. 4. Aufl. München 2003, hier S. 214; zur Komplexitätsreduktion periodendurchschnittlicher Ertragserwartungen vgl. BALLWIESER, WOLFGANG: Unter-

(Anteilseigner) beurteilen, ob sich für ihn ein Engagement lohnt, und der gegenwärtige Unternehmenseigner (Anteilseigner) erhält Anhaltspunkte dafür, ob er sein Engagement vielleicht lösen soll: Fehlentscheidungen über den Kauf bzw. Verkauf von Unternehmen bzw. Unternehmensanteilen werden erschwert.“[789]

3) Eine Beachtung dieser ökonomisch geprägten Gedanken kann in der juristischen Diskussion zur Kapitalmarktpublizität mit Blick auf die von der wissenschaftlichen Literatur zum Lagebericht herausgearbeitete einzelfallorientierte Bestimmung von Informationspflichten sowie den (äußerst) unscharfen Einblicksgrenzen interessieren.[790]

Angesichts einer geforderten Darstellung der künftigen Entwicklung stellt sich u. a. die Frage deren Durchsetzung. Als mögliche Antwort wird eine Haftungsbefreiung der Prognosepublizität diskutiert.[791] Im Hinblick auf die Vermittlung schutzzweckadäquater Informationsinhalte ist dies allerdings nicht unproblematisch:[792] Wie gezeigt können in einem *unscharfen* Regelungsrahmen auch von einer Haftungsbefreiung negative Impulse für den Entscheidungsnutzen grundsätzlich entscheidungsrelevanter Prognosen ausgehen.[793]

„Rechtspolitisch besonders umkämpft ist“ daneben, wie *Fleischer* mit Blick auf das in der Literatur zum Lagebericht herrschende Verständnis feststellt,[794] „die Pflicht zur Offenlegung der Prognosebasis“[795]. Tatsächlich ist eine entscheidungsrelevante Erläuterung der künftigen Entwicklung ohne die Angabe zugrunde liegender Annahmen kaum denkbar. In Konsequenz findet man sich im oben beschriebenen Problemkreis

---

nehmensbewertung. A. a. O., hier S. 56; zu den Grenzen einer Bestimmung des Fair-Value des Fremdkapitals gemäß IAS/IFRS vgl. WÜSTEMANN, JENS/BISCHOF, JANNIS: Der Grundsatz der Fair-Value-Bewertung von Schulden nach IFRS: Zweck, Inhalte und Grenzen. A. a. O., hier S. 88–91.

[789] MOXTER, ADOLF: Betriebswirtschaftliche Gewinnermittlung. A. a. O., hier S. 223.

[790] Zur Diskussion SIEBEL, ULF R./GEBAUER, STEFAN: Prognosen im Aktien- und Kapitalmarktrecht - Lagebericht, Zwischenbericht, Verschmelzungsbericht, Prospekt usw. -, Teil II. In: WM, 55 Jg. (2001), S. 173–220, hier S. 186; FLEISCHER, HOLGER: Prognoseberichterstattung im Kapitalmarktrecht und Haftung für fehlerhafte Prognosen. A. a. O., hier S. 14 f.

[791] Vgl. FLEISCHER, HOLGER: Prognoseberichterstattung im Kapitalmarktrecht und Haftung für fehlerhafte Prognosen. A. a. O., hier S. 15.

[792] Vgl. auch MERKT, HANNO: Unternehmenspublizität. A. a. O., hier S. 424.

[793] Zur Durchsetzung einklagbarer Sorgfaltspflichten vgl. oben S. 90 und S. 97–100.

[794] Vgl. zum Problem auch PECHTL, HANS: Die Prognosekraft des Prognoseberichts. Eine empirische Untersuchung am Beispiel deutscher Aktiengesellschaften. A. a. O., hier S. 143.

[795] FLEISCHER, HOLGER: Prognoseberichterstattung im Kapitalmarktrecht und Haftung für fehlerhafte Prognosen. A. a. O., hier S. 12 f. (beide Zitate).

einer vom Rechnungslegenden Konkretisierung den Einblickstiefe und -grenzen wieder.[796]

Fraglich ist auch, ob eine Diskussion der Haftungsbefreiung und der Reichweite von Prognosen auf Grundlage ökonomisch starker Prämissen und einzelfallorientiert verstandener Informationspflichten fruchtbar sein kann;[797] da es sich um Wertungen, insbesondere hinsichtlich des Informationsniveaus, handelt, wird dies wohl umstritten bleiben.[798]

---

796 Zur systematischen Einbettung des Prognoseverfahrens in das skizzierte Prinzipiensystem vgl. oben S. 95.

797 Vgl. auch SIEBEL, ULF R./GEBAUER, STEFAN: Prognosen im Aktien- und Kapitalmarktrecht - Lagebericht, Zwischenbericht, Verschmelzungsbericht, Prospekt usw. -, Teil II. A. a. O., hier S. 186; zur Relevanz eines regelungsscharfen (objektivierten) Prognoseverfahrens für die Preisbildung am Kapitalmarkt vgl. BALL, RAY: Infrastructure Requirements in the Area of Accounting and Disclosure Policy. A. a. O., hier S. 11.

798 Vgl. zur weiteren Vertiefung REIFSCHNEIDER, CHRISTINA: Informationeller Anlegerschutz. Ökonomische Analyse der Konkretisierung und Durchsetzung sekundärmarktbezogener Informationspflichten in Deutschland und den USA. A. a. O., hier S. 134–166 (m. w. N.).

Thesenförmige Zusammenfassung

1. Grundsätzlich ist zwischen einem mit ökonomisch starken Prämissen und einem mit ökonomisch schwachen Prämissen begründeten Informationsinteresse zu unterscheiden. Bei Ersterem werden sämtliche Informationen, die geeignet sind den fairen Wert des Unternehmens am Kapitalmarkt abzubilden, als grundsätzlich informationspflichtig erachtet. Unumstritten bestehende Einblicksgrenzen sind das Ergebnis einzelfallorientierter Wertungen insbesondere des Unternehmensinteresses. Kennzeichnend für die Ableitung des Informationsinteresses aus ökonomisch schwachen Prämissen ist die Orientierung an der interessewahrenden (Anlage-)Entscheidung des schutzwürdigen Adressaten unter Berücksichtigung des institutionellen Rahmens. In theoretisch konsistenter Entscheidungsorientierung folgt, dass das Informationsinteresse einem Indikator des individuell zu erwartenden Konsumniveaubeitrags in gewinnorientierter Ausprägung gilt.

2. Das aus institutionenökonomischer Perspektive (wohlverstandene) Informationsinteresse bzgl. eines Indikators individueller Konsumstromerwartungen ist unter Berücksichtigung informationeller Grundwertungen und komplementärer Institutionen in wirtschaftlicher Betrachtungsweise zu konkretisieren. Demzufolge soll das lageberichtspezifische Prinzipiensystem eine objektivierte, das heißt das Ermessen des Rechnungslegenden zurück drängende, Beurteilung der wirtschaftlichen Lage des Unternehmens erlauben: Der typisierten Entscheidungssituation des schutzwürdigen Adressaten entsprechend bildet der Abgleich so fundierter individueller Erwartungen mit dem Marktpreis die Grundlage einer rationalen Abwägung des Kaufs oder Verkaufs von Unternehmensanteilen. In Konsequenz gilt der Normzweck des § 289 HGB nicht der Darstellung künftig geplanter Gewinne als Differenz der Veränderung des heutigen und des künftigen Erwartungswerts im Annahmenkranz ökonomisch starker Prämissen. Leitbild ist vielmehr jene Heuristik des ökonomischen Gewinns, welche künftig uniform erwartete Zahlungsströme des Unternehmens aus Perspektive des Abschlussstichtags als (zukunftsbezogene) Ertragskraft indikativ ermittelt.

3. In funktionalem Verständnis fordert das Prinzip der Analyse von Geschäftsverlauf und Lage eine gegenwartsbezogene Erläuterung der vergangenen Entwicklung sowie der aktuellen Ausprägung preis- und mengenrelevanter Determinanten. Im Sinne des Prinzips der Analyse des Geschäftsergebnisses ist darauf aufbauend die funktionale Abhängigkeit prognoserelevanter Aufwendungen und Erträge von diesen Determinanten entwicklungsbezogen aufzuzeigen. Leis-

tungsfaktoren werden demzufolge nicht wirkungsbezogen als Ertragsfaktoren, sondern als zweckadäquat geordnete Menge preis- und mengenrelevanter Determinanten verstanden. Gegenstand der Prognoseprinzipien ist die Beurteilung und Erläuterung der Auswirkung erwarteter Veränderungen preis- und mengenrelevanter Determinanten gegenüber der vergangenen Entwicklung von Leistungsindikatoren und prognoserelevanten Aufwendungen und Erträgen. In direkter Prognose wird die voraussichtliche Entwicklung allein durch erwartete, dispositiv nur reaktiv beeinflusste Umweltzustände bestimmt. So objektiviert konkretisiert sich die künftige Entwicklung aus der darauf aufbauenden Beurteilung und Erläuterung von Chancen und Risiken. Letztere bezeichnen initiativ und reaktiv begründete Abweichungen von der voraussichtlichen Entwicklung. Faktisch erfolgt eine gewinnorientierte Beurteilung und Erläuterung des am Abschlussstichtag gegebenen Geschäftswerts des Unternehmens.

4. Die von der Literatur zum Lagebericht geforderte Erläuterung von Erfolgsfaktoren ist systemfremd und damit ebensowenig schutzzweckadäquat wie eine umfassende Darstellung unternehmensinterner Steuerungsgrößen. Entsprechendes gilt für die Analyse von Bilanzierungs- und Bewertungsmethoden, wobei diesbezüglich zu unterscheiden ist, ob dem Lagebericht ein nach handelsrechtlichen GoB oder ein gemäß IFRS erstellter Abschluss zugrunde liegt. Auch die Beurteilung der voraussichtlichen Entwicklung anhand mathematisch-ökonometrischer Erwartungswerte und Bandbreiten sowie eine geplante Dispositionen umfassende Darstellung der künftigen Entwicklung konnten als systemfremd identifiziert werden.

5. Systemfremde Angaben können als freiwillige Angaben im Sinne der *best practice* ökonomisch durchaus sinnvoll sein. Voraussetzung hierfür ist allerdings deren deutliche Abgrenzung schutzzweckadäquat einklagbarer Informationsinhalte.

6. Die Durchsetzung zweckadäquater Informationsinhalte setzt grundsätzlich an deren ordnungsmäßigen Erstellung und Darstellung an. Um dieser Anforderung zu genügen, sind neben Informationspflichten insbesondere auch Sorgfaltspflichten von Bedeutung. Kennzeichnend für die herausgearbeiteten Prinzipien ist, dass diese beiden Anforderungen unmittelbar entsprechen: Da dem Prinzipiensystem ein (intuitives) Prognoseverfahren zugrunde liegt, folgen sowohl die Erstellung als auch die Darstellung denselben Prinzipien. Für den Abschlussprüfer bedeuten derart konkretisierte Sorgfaltspflichten, dass zur Prüfung des Lageberichts nicht auf unternehmensspezifische Prognoseverfahren zurückzugreifen ist. Ausgangs-

punkt, sowohl der Aufstellung als auch der Prüfung von Prognosen ist der gemäß den Grundsätzen ordnungsmäßiger Unternehmensführung zu erstellende Finanzplan. Im Hinblick auf die judikative Durchsetzung erlaubt dies eine für die explizite Systembildung vorauszusetzende Konkretisierung von Einblicksreichweite und -grenzen im Falle fehlender Informationen. Auch die Gefahr eines unterschiedlichen Verständnisses der Lageberichtsnormen durch unabhängige Prüfinstanzen auf der einen und der Judikative auf der anderen Seite wird dadurch zumindest eingeschränkt.

7. Das SEC-Recht kennt kein dem handelsrechtlichen Lagebericht vergleichbares Informationsinstrument. Diesem ähnliche Angaben resultieren aus *item* 101 und *item* 303. Nicht unproblematisch für einen rechtssicheren Einblick in die Situation des Unternehmens bleibt deren Abgrenzung und damit die Ordnung entscheidungsorientierter Informationssätzen jedoch regelungsunscharf: In Orientierung an ökonomisch starken Prämissen soll aus der Summe sämtlicher Informationen eine (informations-)effiziente Marktpreisbildung erfolgen. Unscharf ist auch die Abgrenzung von Informationspflichten und freiwilliger Prognosen. In Verbindung mit einer Haftungsbefreiung ist es dem Rechnungslegenden damit faktisch möglich konkrete, potenziell informationspflichtige Erwartungen durch freiwillige Prognosen zu substituieren. Deren Unsicherheit ist, im Hinblick auf Zielstrominteressen nur bedingt entscheidungserheblich, durch die begleitende Angabe von Risikofaktoren aufzuzeigen; eine Angabe der zugrunde liegenden Annahmen wird nicht gefordert.

8. Von der freiwilligen Prognose, die grundsätzlich der geplanten künftigen Entwicklung gilt, sind Trends zu unterscheiden. Diese sind mit der voraussichtlichen Entwicklung insofern vergleichbar, als Beide eine Trägheitsprojektion vergangener Gesetzmäßigkeiten darstellen. Wesentliche Unterschiede bestehen in deren Bestimmung sowie deren Reichweite. In judikativer Wertung sind einzelne Trends nur dann informationspflichtig, wenn künftige Umweltzustände mit einer hohen Wahrscheinlichkeit eine Prolongation vergangener Gesetzmäßigkeiten erwarten lassen. Ist dies unsicher, so ist die Zukunft wenig entscheidungserheblich nicht als Trend sondern als Unsicherheit der Wiederkehr vergangener Determinanten- und Ergebniskonstellationen zu beschreiben. Tatsächlich weisen periodische Informationspflichten gemäß SEC-Recht eine gegenüber handelsrechtlichen GoB unterschiedliche innere Systematik auf: Die indirekt prognoseorientierte Analyse der *financial condition and results of operations* ist primär der Regelungsunschärfe der Gewinnermittlungsnormen geschuldet: In Konsequenz einer

prognoseorientierten Ereigniskonzeption zielt die Aufbereitung des *net income* auf die Abbildung eines Indikators des künftigen Gewinns (*predictive value*). Dabei ist die trendorientierte Analyse um die Angabe (auch) dispositiver Chancen und Risiken sowie Ungewissheiten (*uncertainties*) zu ergänzen.

9. Den Prognosebasis- und Prognoseprinzipien ist eine solche Darstellung von Trends fremd: Vom Adressaten wird nicht verlangt eine eigene Einschätzung der künftigen Entwicklung zu formulieren. Es ist vielmehr Aufgabe des Rechnungslegenden in direkter Prognose künftiger Umweltzustände eine auf der Prognosebasis aufbauende Beurteilung und Erläuterung der künftigen Entwicklung vorzunehmen.

10. Eine an der internationalen Praxis und Rechtslage orientierte Informationsvermittlung unbesehen als Maßstab handelsrechtlicher Normen zu postulieren, widerspricht sowohl deren Rechtsnorm-Charakter als auch der Schutzfunktion des Systems der deutschen Corporate Governance.

Verzeichnis zitierter Schriften

ADERS, CHRISTIAN: Unternehmensbewertung bei Preisinstabilität und Inflation. Frankfurt am Main 1998.

ADLER/DÜRING/SCHMALTZ: Rechnungslegung und Prüfung der Unternehmen. Kommentar zum HGB, AktG, GmbHG, PublG nach den Vorschriften des Bilanzrichtlinien-Gesetzes, bearb. v. *Karl-Heinz Forster* u. a. Stuttgart 1995.

ADLER/DÜRING/SCHMALTZ: Rechnungslegung und Prüfung der Aktiengesellschaft. Handkommentar. Band 1. Völlig neu bearb. v. *Kurt Schmaltz* u. a. 4. Aufl. Stuttgart 1968.

AICPA: Statement of Position on Presentation and Disclosure of Financial Forecasts. August 1975.

AICPA: Guidelines for Systems for the Preparation of Financial Forecasts. March 1975.

AICPA: SOP 81-1. Accounting for Performance of Construction-Type and Certain Production-Type Contracts. July 1981.

AICPA: SOP 93-7. Reporting on Advertising Costs. December 1993.

AICPA: Objectives of Financial Statements. Report of the Study Group on the Objectives of Financial Statements. New York, New York: AICPA, 1993.

AICPA: Improving business reporting – a customer focus: Meeting the information needs of investors and creditors. New York, New York: AICPA, 1994.

AICPA: SOP 94-6. Disclosure of Certain Significant Risks and Uncertainties. December 1994.

AICPA: SOP 96-1. Environmental Remediation Liabilities. October 1996.

AICPA: AU § 508. Reports on Audited Financial Statements. April 1998.

AK DVFA/SG e. V.: Empfehlungen zur Ermittlung prognosefähiger Ergebnisse. In: DB, 56. Jg. (2003), S. 1913–1917.

AK „Immaterielle Werte im Rechnungswesen“ SG: Freiwillige externe Berichterstattung über immaterielle Werte. In: DB, 56. Jg. (2003), S. 1233–1237.

AK “Externe und Interne Überwachung der Unternehmung” SG: Probleme der Prognoseprüfung. In: DB, 56. Jg. (2003), S. 105–111.

ALBACH, HORST: Gobal Competitive Strategies for Scienceware Products. In: The Economics of High-Technology Competition and Cooperation in Global Markets, hrsg. v. *Georg Koopmann* und *Hans-Eckart Scharrer*. Baden-Baden 1996, S. 203–225.

ALVAREZ, MANUEL: Segmentberichterstattung und Segmentanalyse. Wiesbaden 2004.

APB: Opinion No. 20. Accounting Changes. 1971.

APB: Opinion No. 22. Disclosure of Accounting Policies. 1972.

ARNOLD, JERRY L./HOLDER, WILLIAM W.: At War – Disclosure of Measurement Uncertainties. In: J. Acc., Vol. 186, No. 6 (1998), S. 99–106.

ASB: Reporting Statement: Operating And Financial Review. January 2006. In: Acc., Vol. 137 (March 2006), S. 107–110.

AYRES, FRANCES L./RODGERS, JACCI L..: Further evidence on the impact of SFAS 52 on analysts' earnings forecasts. In: J. Int. Fin. M. Acc., Vol. 5 (June 1994), S. 120–141.

AYRES, IAN: Back to Basics: Regulating How Corporations Speak to the Market. In: Va. L. Rev., Vol. 77 No. 5 (1991), S. 945–999.

BAETGE, JÖRG/SCHULZE, DENNIS: Möglichkeiten der Objektivierung der Lageberichterstattung über „Risiken der zukünftigen Entwicklung“. In: DB, 51. Jg. (1998), S. 937–948.

BAETGE, JÖRG/FISCHER, THOMAS R./PASKERT, DIERK: Der Lagebericht. Aufstellung, Prüfung und Offenlegung. Stuttgart 1989.

BALACHANDRAN, KASHI R./CALLEN, JEFFREY L.: Advanced Manufacturing Technologies. In: The Blackwell Encyclopedic Dictionary of Accounting. Volume I, hrsg. v. *Rashad Abdel-khalik*. Cambridge u. a. Blackwell Publishers, 1997, S. 17–21.

BALL, RAY: Infrastructure Requirements in the Area of Accounting and Disclosure Policy. Brookings-Wharton Papers on Financial Services. 4th Annual Conference, January 2001.

BALL, RAY/BROWN, PHILIP: An empirical evaluation of accounting income numbers. In: J. Acc. Res., Vol. 6, No. 2 (1968), S. 159–178.

BALLWIESER, WOLFGANG: Die Wahl des Kalkulationszinsfußes bei der Unternehmensbewertung unter Berücksichtigung von Risiko und Geldentwertung. In: BfuP, 33. Jg. (1981), S. 97–114.

BALLWIESER, WOLFGANG/LEUTHIER, RAINER: Betriebswirtschaftliche Steuerberatung: Grundprinzipien, Verfahren und Probleme der Unternehmensbewertung (Teil II). In: DStR, 24. Jg. (1986), S. 604–610.

BALLWIESER, WOLFGANG: Unternehmensbewertung und Komplexitätsreduktion. 3. Aufl. Wiesbaden 1993.

BALLWIESER, WOLFGANG/KUHNER, CHRISTOPH: Accounting Standards and Economic Stability. Köln 1994.

BALLWIESER, WOLFGANG: Adolf Moxter und der Shareholder Value-Ansatz. In: Bilanzrecht und Kapitalmarkt. Festschrift zum 65. Geburtstag von Professor Dr. Dr. h. c. Dr. h. c. *Adolf Moxter*, hrsg. v. *Wolfgang Ballwieser* u. a. Düsseldorf 1994, S. 1377–1407.

BALLWIESER, WOLFGANG: Fragen der Rechtsform-, Konzern- und Branchenunabhängigkeit der Grundsätze ordnungsmäßiger Buchführung. In: Rechenschaftslegung im Wandel. Festschrift für *Wolfgang Dieter Budde*, hrsg. v. *Gerhart Förschle*, *Klaus Kaiser* und *Adolf Moxter*. München 1995, S. 43–66.

BALLWIESER, WOLFGANG: Zur Frage der Rechtsform-, Konzern- und Branchenunabhängigkeit der Grundsätze ordnungsmäßiger Buchführung. In: Rechenschaftslegung im Wandel. Festschrift für *Wolfgang Dieter Budde*, hrsg. v. *Gerhart Förschle* u. a. München 1995, S. 43–66.

BALLWIESER, WOLFGANG: Grenzen des Vergleichs von Rechnungslegungssystemen – dargestellt anhand von HGB, US-GAAP und IAS. In: Aktien und Bilanzrecht. Festschrift für *Bruno Kropff*, hrsg. v. *Karl-Heinz Forster* u. a. Düsseldorf 1997, S. 371–391.

BALLWIESER, WOLFGANG: Kommentierung zu § 252 HGB. In: Münchener Kommentar zum Handelsgesetzbuch. Band 4. Drittes Buch. Handelsbücher §§ 238–342 a HGB, hrsg. v. *Karsten Schmidt*. München 2001.

BALLWIESER, WOLFGANG: Bewertungsgrundsätze. In: Handwörterbuch der Rechnungslegung und Prüfung, hrsg. v. *Wolfgang Ballwieser*, *Adolf G. Coenenberg*, *Klaus v. Wysocki*. 3. Aufl. Stuttgart 2002, Sp. 353–371.

BALLWIESER, WOLFGANG: Rechnungslegung im Umbruch. Entwicklungen, Ziele, Missverständnisse. In: Der Schweizer Treuhänder, 76. Jg. (2002), S. 295–304.

BALLWIESER, WOLFGANG: Verbindung von Ertragswert- und Discounted Cashflow-Verfahren. In: Praxishandbuch der Unternehmensbewertung, hrsg. v. *Volker Peemöller*. 3. Aufl. Herne/Berlin 2003, Rz. 701–731.

BALLWIESER, WOLFGANG: Unternehmensbewertung. Prozeß, Methoden und Probleme. Stuttgart 2004.

BAMBERG, GÜNTER/COENENBERG, ADOLF G.: Betriebswirtschaftliche Entscheidungslehre. 13. Aufl. München 2006.

BARCKOW, ANDREAS: Die Bilanzierung von derivativen Finanzinstrumenten und Sicherungsbeziehungen: Eine Gegenüberstellung des deutschen Bilanzrechts mit SFAS 133 und IAS 32/39. Düsseldorf 2004.

BARNES, DALE E./BAGLEY CONSTANCE E.: Case Study: Great expectations: Risk Management through Risk Disclosure. In: Stanford J. L. Bus. Fin., Vol. 1 (1994), S. 155–190.

BARRET, MATTHEW J.: The SEC at 70: The SEC and accounting, in part through the eyes of Pacioli. In: N.D.L.Rev., Vol. 80 (March 2005), S. 837–892.

BARTH, MARY E./CLINCH, GREG/SHIBANO, TOSHI: Market Effects of Recognition and Disclosure. In: J. Acc. Res., Vol. 41, No. 4 (2003), S. 581–609.

BASSEN, ALEXANDER: Einflussnahme institutioneller Anleger auf Corporate Governance und Unternehmensführung – Ergebnisse einer empirischen Untersuchung. In: ZBB, 14. Jg. (2002), S. 430–436.

BAUMS, THEODOR/FISCHER, CHRISTIAN: Haftung des Prospekt- und des Abschlussprüfers gegenüber den Anlegern. Arbeitspapier Nr. 115 des Instituts für Bankrecht der Johann Wolfgang Goethe-Universität. Frankfurt am Main 2003.

BAWe (Hrsg.): Insiderhandelsverbote und Ad-hoc-Publizität nach dem Wertpapierhandelsgesetz. 2. Aufl. Frankfrut am Main 2001.

BEAVER, WILLIAM H.: Financial Reporting: An Accounting Revolution. 3rd edition. Upper Saddle River, New York: Prentice Hall, 1998.

BEBCHUK, LUCIAN A./ROE, MARK J.: A theory of path dependence in corporate governance and ownership. Working Paper No. 131. Columbia Law School. The Center of Law and Economic Studies. November 1999.

BEHN, BRUCE K./RILEY, RICHARD A., Jr.: Using Nonfinancial Information to Predict Financial Performance: The Case of the U.S. Airline Industry. In: J. Acc. Aud. Fin. Vol. 14 (1999), S. 29–56.

BEISSE, HEINRICH: Auslegung. In: Handwörterbuch des Steuerrechts, hrsg. v. *Georg Stickrodt* u. a. Band I. 2. Aufl. München und Bonn 1981, S. 134–142.

BEISSE, HEINRICH: Zum Verhältnis von Bilanzrecht und Betriebswirtschaftslehre. In: StuW, 61. Jg. (1984), S. 1–14.

BEISSE, HEINRICH: Zum neuen Bild des Bilanzrechtssystems. In: Bilanzrecht und Kapitalmarkt. Festschrift zum 65. Geburtstag von Professor Dr. Dr. h. c. Dr. h. c. *Adolf Moxter*, hrsg. v. *Wolfgang Ballwieser* u. a. Düsseldorf 1994, S. 3–31.

BERGER, AXEL/FISCHER, NORBERT: Kommentierung zu § 274 HGB. In: Beck'scher Bilanz-Kommentar. Handels- und Steuerrecht – §§ 238 bis 339 HGB –, hrsg. v. *Axel Berger* u. a. 5. Aufl. München 2003.

BERGLÖF, ERIK: A note on the typology of financial systems. In: Comparative corporate governance. Essays and materials, hrsg. v. *Klaus J. Hopt* u. a. Berlin u. a. 1997, S. 151–164.

BERLE, ADOLF A./MEANS, GARDINER C.: The Modern Corporation and Private Property. 2nd edition. New York, New York: Harcourt, Barce & World, 1968.

BERLEMANN, MICHAEL: Makroökonomik. Modellierung, Paradigmen und Politik. Heidelberg 2005.

BERNDT, THOMAS: Informationelle Rechnungslegung – Zur Ausweitung des Informationsumfangs am Beispiel von Intellectual Property Statements. In: DK, 1. Jg. (2003), S. 823–833.

BERNSTEIN, DAVID: SEC adopts rules for non-GAAP information. In: Intern. Fin. L. Rev., Vol. 22, Issue 3 (2003), S. 39–41.

BERNSTEIN, LEOPOLD A.: The Concept of Materiality. In: Acc. Rev., Vol. 42 (1967), S. 86–95.

BERTSCH, ANDREAS: Zinsswaps im Jahresabschluss und in der Steuerbilanz. In: Risikomanagement und Risikocontrolling im modernen Treasury-Management, hrsg. v. *Roland Eller*, *Walter Gruber* und Markus Reif. Stuttgart 2002, S. 449–476.

BEVIS, HERMAN W.: Corporate Financial Reporting in a Competitive Economy. New York, New York: Garland Publishing, 1986.

BIERMANN, BERND/GROSSER, KARIN: Taschenlexikon Finanzmathematik, Statistik, hrsg. v. *Roland Eller*. Stuttgart 1999.

BISCHOF, JANNIS: Zweckmäßigkeit erfolgsunabhängiger Aufsichtsratsvergütung. In: BB, 61. Jg. (2006), S. 2627–2633.

BISCHOF, JANNIS: Macrohedges in Bankbilanzen nach GoB und IFRS. Düsseldorf 2006.

BLACK, HENRY CAMPELL: Black's Law Dictionary, bearb. v. *Editorial* Staff. 6th edition. St. Paul, Minn.: West Publishing, 1990.

BMJ: Maßnahmenkatalog der Bundesregierung zur Stärkung der Unternehmensintegrität und des Anlegerschutzes. Berlin. 25. Februar 2003.

BMJ: Pressemitteilung: Bilanzrechtsreform und Bilanzkontrolle stärken Unternehmensintegrität und Anlegerschutz. Berlin. 21. April 2004.

BÖCKEM, HANNE: Die Durchsetzung von Rechnungslegungsstandards. Eine kapitalmarktorientierte Untersuchung. Frankfurt am Main 2000.

BÖCKEM, HANNE: Die Durchsetzung von Rechnungslegungsstandards in Deutschland – Zur Notwendigkeit institutioneller Neuerungen –. In: DB, 53. Jg. (2000), S. 1185–1191.

BÖCKING, HANS-JOACHIM: Verbindlichkeitsbilanzierung. Wirtschaftliche vs. formalrechtliche Betrachtungsweise. Wiesbaden 1994.

BÖCKING, HANS-JOACHIM: Betriebswirtschaftslehre und wirtschaftliche Betrachtungsweise im Bilanzrecht. In: Handelsbilanzen und Steuerbilanzen. Festschrift zum 70. Geburtstag von Prof. Dr. h. c. *Heinrich Beisse*, hrsg. v. *Wolfgang Dieter Budde*, *Adolf Moxter* und *Klaus Offerhaus*. Düsseldof 1997, S. 85–103.

BÖCKING, HANS-JOACHIM: Zum Verhältnis von Rechnungslegung und Kapitalmarkt: Vom „financial accounting" zum „business reporting". In: ZfbF-Sonderheft 40/1998, S. 7–53.

BÖCKING, HANS-JOACHIM: Segmentberichterstattung - Ein Baustein zur Kontrolle und Transparenz im Unternehmensbereich! In: Reform des Aktienrechts, der Rechnungslegung und Prüfung, hrsg. v. *Dietrich Dörner* u. a. Stuttgart 1999, S. 509–538.

BÖCKING, HANS-JOACHIM/MÜßIG, ANKE: Neue Herausforderungen für den Konzernlagebericht durch das Transparenz- und Publizitätsgesetz sowie den Deutschen Corporate Governance Kodex? – Zugleich ein Ausschnitt aus dem gegenwärtigen Anforderungsprofil an Vorstand, Aufsichtrat und Abschlussprüfer – . In: DK, 1. Jg. (2003), S. 38–50.

BÖCKING, HANS-JOACHIM/HEROLD, CHRISTIAN/WIEDERHOLD, PHILIPP: Modernisierung des HGB in Richtung IAS/IFRS. Auswirkungen der Änderungen der 4. und 7. EU-Richtlinie vom 6.5.2003. In: DK, 1. Jg. (2003), S. 394–409.

BÖCKING, HANS-JOACHIM/WESNER, PETER: Value Reporting und Corporate Governance – Anreizkompatible Vergütung, Performancemessung und Unternehmensüberwachung. In: Wirtschaftsprüfung und Zeitgeist. Prof. Dr. Dr. h. c. mult. *Adolf Moxter* zum 75. Geburtstag. WPg (Sonderheft 2004), S. 98–106.

BÖCKING, HANS-JOACHIM: Zum Verhältnis von neuem Lagebericht, Anhang und IFRS. Ein Beitrag zur Berichterstattung über die Finanzinstrumente und die Finanzlage nach Bilanzrechtsreformgesetz. In: BB, 60. Jg. (2005), S. 5–8.

BÖCKING, HANS-JOACHIM/STEIN, THOMAS: Der Konzernlagebericht als ein Instrument einer wertorientierten Unternehmensberichterstattung – Neue Anforderungsprofile für Vorstände, Aufsichtsräte und Abschlussprüfer im Sinne einer gesetzlichen Konkretisierung der Corporate Governance. In: DK, 4. Jg. (2006), S. 753–762.

BÖRNER, DIETRICH: Kennzahlen als Hilfsmittel der Unternehmensführung. In: Die informierte Unternehmung, hrsg. v. *Hans Rühle von Lilienstern*. Berlin 1972, S. 267–280.

BORCHERT, DIERK/BUDDE, WOLFGANG: Kommentierung zu § 275 HGB. In: Handbuch der Rechnungslegung. Einzelabschluss. Kommentar zur Bilanzierung und Prüfung. Band 3, hrsg. v. *Karlheinz Küting* und *Claus-Peter Weber*. 5. Aufl. Stuttgart. (Loseblatt; März 2004).

BRATTON, WILLIAM W.: Shareholder value and auditor independence. In: Duke L.J., Vol. 53, No. 2 (2003), S. 439–489.

BREID, VOLKER: Erfolgspotentialrechnung. Stuttgart 1994.

BRELLOCHS, MICHAEL: Publizität und Haftung von Aktiengesellschaften im System des Europäischen Kapitalmarktrechts. München 2005.

BRETZKE, WOLF-RÜDIGER: Zur Frage der Überprüfbarkeit von Prognosen im Geschäftsbericht. In: WPg, 27. Jg. (1974), S. 292–296.

BRETZKE, WOLF-RÜDIGER: Möglichkeiten und Grenzen einer wissenschaftlichen Lösung praktischer Prognoseprobleme. In: BfuP, 17. Jg. (1975), S. 496–515.

BRETZKE, WOLF-RÜDIGER: Inhalt und Prüfung des Lageberichts: Anmerkungen zur gegenwärtigen und zukünftigen Praxis der Prognosepublizität. In: WPg, 32. Jg. (1979), S. 337–349.

BRUNS, HANS-GEORG/RENNER, WOLFGANG: Finanzanalytische SEC-Berichterstattung in der Form 20-F – „Operating and Financial Review and Prospects" (OFR). In: BfuP, 53. Jg. (2001), S. 7–25.

BRYAN, STEPHEN: Management Discussion and Analysis. In: Accountants' Handbook. 9. Aufl. New York, New York: John Wiley & Sons, 1999, Chapter 4.

BRYANT, LISA/JONES, DENISE A./WIDENER, SALLY K.: Managing Value Creation within the Firm: An Examination of Multiple Performance Measures. In: J. M. Acc. Res., Vol. 16 (2004), S. 107–131.

BT-Drucks. 14/8769.

BT-Drucks. 326/04 vom 30.04.2004.

BT-Drucks. 15/3419 vom 24.06.2004.

BT-Drucks. 15/4054 vom 27.10.2004.

BUCHHEIM, REGINE/KNORR, LIESEL: Der Lagebericht nach DRS 15 und internationale Entwicklungen. In: WPg, 59. Jg. (2006), S. 413–425.

BUSHMAN, ROBERT M./SMITH, ABBIE J.: Transparency, financial accounting information, and corporate governance. In: E. Pol. Rev., Vol. 9, No. 1 (2003), S. 65–87.

BUSSE VON COLBE, WALTHER: Aufbau und Informationsgehalt von Kapitalflußrechnungen. In: ZfB, (Erg.h.1), 36. Jg. (1966), S. 82–114.

BUSSE VON COLBE, WALTHER: Prognosepublizität von Aktiengesellschaften. In: Beiträge zur Lehre von der Unternehmung. Festschrift für *Karl Käfer*, hrsg. v. *Otto Angehrn* und *Hans Paul Künzi*. Stuttgart 1968, S. 91–118.

BUSSE VON COLBE, WALTHER: Möglichkeiten und Grenzen der Bildung und Auflösung von stillen Rücklagen nach den neuen Rechnungslegungsvorschriften. In: Elemente erfolgreicher Unternehmenspolitik in mittelständischen Unternehmen, hrsg. v. *Sönke Albers* u. a. Stuttgart 1989, S. 249–265.

BUSSE VON COLBE, WALTHER: Die Entwicklung des Jahresabschlusses als Informationsinstrument. In: Ökonomische Analyse des Bilanzrechts: Entwicklungslinien und Perspektiven. In: ZfbF-Sonderheft 32/1993, S. 11–29.

BUSSE VON COLBE, WALTHER: Unternehmenskontrolle durch Rechnungslegung. In: Internationale Unternehmenskontrolle und Unternehmenskultur: Beiträge zu einem Symposium. *Bernhard Grossfeld* zum 60. Geburtstag, hrsg. v. *Otto Sandrock* und *Wilhelm Jäger*. Tübingen 1994, S. 37–57.

CALDERON, JEANNE/KOWAL, RACHEL: Safe harbors: Historical and current approaches to future forecasting. In: J. Corp. L., Vol. 22 (1997), S. 661–703.

CANARIS, CLAUS-WILHELM: Systemdenken und Systembegriff in der Jurisprudenz. 2. Aufl. Berlin 1983.

CARSBERG, BRYAN/ARNOLD, JOHN/HOPE, ANTHONY: Predictive Value: A Criterion for Choice of Accounting Methods. In: Studies in Accounting, edited by *W. T. Baxter* und *Sidney Davidson*. 3rd edition. London 1977, S. 403–423.

CASPER, MATTHIAS: Haftung für fehlerhafte Informationen des Kapitalmarktes. In: DK, 4. Jg. (2006), S. 32–39.

CHOI, FREDERICK D.S./ MEEK, GARY K.: International Accounting. 5th edition. Upper Saddle River, New Jersey: Perason Education, 2005.

CICCOTELLO, CONRAD S./GRANT, TERRY C./GRANT, GERRY H.: Impact of Employee Stock Options on Cash Flow. In: Fin. A. J., 60. Vol. (March/April 2004), S. 39–46.

CLEMM, HERMANN: Unternehmerische Rechnungslegung – Aufgaben, Möglichkeiten und Grenzen – In: Bilanz- und Konzernrecht. Festschrift zum 65. Geburtstag von Dr. Dr. h. c. *Reinhard Goerdeler*, hrsg. v. *Hans Havermann*. Düsseldorf 1987 S. 93–112.

CLEMM, HERMANN: Zur Nichtpassivierung entstandener Verbindlichkeiten wegen nachträglicher wirtschaftlicher Verursachung (Realisation) oder: Wie dynamisch ist die Bilanz im Rechtssinne? Betrachtungen eines Moxter-Freundes (auch über eine „Moxter-Formel"). In: Bilanzrecht und Kapitalmarkt. Festschrift zum 65. Geburtstag von Professor Dr. Dr. h. c. Dr. h. c. *Adolf Moxter*, hrsg. v. *Wolfgang Ballwieser* u. a. Düsseldorf 1994, S. 167–193.

CLEMM, HERMANN: Der Abschlußprüfer als Krisenwarner und der Aufsichtsrat – Anmerkungen zu einem – wieder einmal – aktuellen Thema –. In: Internationale Wirtschaftsprüfung. Festschrift zum 65. Geburtstag von Prof. Dr. Dr. h. c. *Hans Havermann*, hrsg. v. *Josef Lanfermann*. Düsseldorf 1995, S. 83–108.

COENENBERG, ADOLF G.: Gewinnbegriff und Bilanzierung. In: ZfbF, 20. Jg. (1968), S. 442–469.

COENENBERG, ADOLF G.: Inflationsbereinigte Rechnungslegung – Diskussionsstand in Deutschland. In: AG, 20. Jg. (1975), S. 113–130.

COENENBERG, ADOLF G.: Jahresabschluss und Jahresabschlussanalyse. Betriebswirtschaftliche, handelsrechtliche, steuerrechtliche und internationale Grundsätze – HGB, IAS/IFRS, US-GAAP, DRS. 19. Aufl. Stuttgart 2003.

COFFEE, JOHN C. Jr.: Companies' Projections Pose Problems. In: Nat. L.J., Febr. 8 (1993). Zitiert nach CUNNINGHAM, LAWRENCE A.: "Firm-Specific" information and the federal securities laws: a doctrinal, etymological, and theoretical critique. In: Tulane L. Rev.,Vol. 68 (June 1994), S. 1409–1455.

COOPER W. W./DOPUCH, N./KELLER T. F.: Budgetary Disclosure and Other Suggestions for Improving Accounting Reports. In: Acc. Rev., Vol. 43 (October 1968), S. 640–648.

COPELAND, TOM/KOLLER, TIM/MURRIN, JACK: Unternehmenswert. Methoden und Strategien für eine wertorientierte Unternehmensführung. 3. Aufl. Frankfurt/New York 2002.

CUNNINGHAM, LAWRENCE A.: "Firm-Specific" information and the federal securities laws: a doctrinal, etymological, and theoretical critique. In: Tulane L. Rev.,Vol. 68 (June 1994), S. 1409–1455.

DA SILVA, LUIS CORREIA/GOERGEN, MARC/RENNEBOOG, LUC: Dividend Policy and Corporate Governance. Oxford: University Press, 2004.

DAI (Hrsg.): Kapitalmarkt und Mittelstand. Ergebnisse einer Umfrage bei nichtbörsennotierten Unternehmen. Heft 24 (2004).

DAMODARAN, ASWATH: Investment Valuation. Tools and Techniques for Determining the Value of *Any* Asset. 2nd edition. New York, New York: John Wiley & Sons, 2002.

DANNECKER, GERHARD: Kommentierung zu § 331 HGB. In: HGB-Bilanzrecht. Rechnungslegung. Abschlußprüfung. Publizität. Großkommentar. 2. Teilband: §§ 290-342 a HGB. Konzernabschluß, Prüfung und Publizität, hrsg. v. *Peter Ulmer*. Berlin/New York 2002.

DECHOW, PATRICIA M.: Accounting earnings and cahs flows as measures of firm performance. The role of accounting accruals. In: J. Acc. E., Vol. 18 (1994), S. 3–42.

Deloitte (Hrsg.): In the dark. What boards and executives don't know about the health of their businesses. A Survey by Deloitte in Cooperation with the Economist Intelligence Unit.

Deutsche Bundesbank (Hrsg.): Monatsbericht Oktober 1999.

Dirrigl, Hans: Die Bewertung von Beteiligungen an Kapitalgesellschaften – Betriebswirtschaftliche Methoden und steuerlicher Einfluß. Hamburg 1988.

Döllerer, Georg: Zweck der aktienrechtlichen Publizität. In: BB, 13. Jg. (1958), S. 1281–1284.

Dörner, Dietrich: Der Prognosebericht nach § 289 Abs. 2 Nr. 2 HGB – Überlegungen zur Verminderung der Diskrepanz zwischen Publizitätsanforderungen und Publizitätspraxis. In: Rechnungslegung, Prüfung und Beratung. Festschrift zum 70. Geburtstag von Professor Dr. *Rainer Ludewig*, hrsg. v. *Jörg Baetge* u. a. Düsseldorf 1996, S. 217–251.

Dörner, Dietrich/Bischof, Stefan: Zweifelsfragen zur Berichterstattung über die Risiken der künftigen Entwicklung im Lagebericht. In: WPg, 52. Jg. (1999), S. 445–455.

Dörner, Dietrich/Wirth, Thomas: Kommentierung zu den §§ 284–288 HGB. In: Handbuch der Rechnungslegung. Einzelabschluss. Kommentar zur Bilanzierung und Prüfung. Band 3, hrsg. v. *Karl-Heinz Küting* und *Claus-Peter Weber*. 5. Aufl. Stuttgart. (Loseblatt; März 2004).

Dörner, Dietrich/Bischof, Stefan: Risikoberichterstattung nach DRS 5. In: Reform des Aktienrechts, der Rechnungslegung und der Prüfung, hrsg. v. *Dietrich Dörner*, *Dieter Menold*, *Norbert Pfitzer*, *Peter Oser*. 2. Aufl. Stuttgart 2003.

Dörner, Dietrich/Wollmert, Peter/Bischof, Stefan: Risikoberichterstattung im Konzernlagebericht. In: Wirtschaftsprüfung und Unternehmensüberwachung. Festschrift für Prof. Dr. Dr. h. c. *Wolfgang Lück*, hrsg. v. *Peter Wollmert* u. a. Düsseldorf 2003, S. 305–333.

Dörner, Wolfgang: Die Unternehmensbewertung. In: Wirtschaftsprüfer-Handbuch 1992. Handbuch für Rechnungslegung, Prüfung und Beratung. Band 2, hrsg. v. IDW. Düsseldorf 1992, S. 1–136.

Drobeck, Jörg: Die Prognosepublizität im Prospekt über öffentlich angebotene Kapitalanlagen und deren Beurteilung nach *IDW S 4*. In: WPg, 54. Jg. (2001), S. 1223–1234.

DRSC: Entwurf. Deutscher Rechnungslegungs Standard Nr. 20. E-DRS 20. Lageberichterstattung. November 2003.

DRSC: Deutscher Rechnungslegungsstandard Nr. 15 (DRS 15). Lageberichterstattung. Februar 2005.

DRSC: Deutscher Rechnungslegungsstandard Nr. 5-10 (DRS 5-10). Risikoberichterstattung von Kredit- und Finanzdienstleistungsinstituten. August 2005.

DRSC: Stellungnahme des DRSC zum ED 7 – Financial Instruments: Disclosures. Im Internet unter: http://www.standardsetter.de/drsc/ docs/comments/own/cl_ed7_181004_final.pdf (zuletzt besucht am 8. Januar 2008)

DRSC: E-DRS 22. Berichterstattung über die Vergütung der Organmitglieder. 6. März 2007.

DRUKARCZYK, JOCHEN: Unternehmensbewertung. 4. Aufl. München 2003.

DÜCK-RATH, MARIJKE: Unternehmensbewertung mit Hilfe von DCF-Methoden und ausgewählten Realoptionsansätzen. Frankfur am Main 2005.

DÜHN, MATTHIAS: Schadensersatzhaftung börsennotierter Aktiengesellschaften für fehlerhafte Kapitalmarktinformationen. *de lege lata* und *de lege ferenda* Frankfurt am Main 2003.

DUHR, ANDREAS: Grundsätze ordnungsmäßiger Geschäftswertbilanzierung. Objektivierungskonzeptionen des Geschäftswerts nach HGB, IFRS und U.S.GAAP. Düsseldorf 2006.

EBKE, WERNER F.: Kommentierung zu § 317 HGB. In: Münchener Kommentar zum Handelsgesetzbuch. Band 4. Drittes Buch. Handelsbücher. §§ 238–342 a HGB, hrsg. v. *Karsten Schmidt*. München 2001.

ECCLES, ROBERT G./HERZ, ROBERT H./KEEGAN, E. MARY/PHILLIPS, DAVID M. H.: Die ValueReporting Revolution. Neue Wege in der kapitalmarktorientierten Unternehmensberichterstattung. Weinheim 2002.

EFRAG: Re: Management Commentary – Discussion Paper. May 2006.

EISENFÜHR, FRANZ: Anforderungen an den Informationsgehalt kaufmännischer Jahresabschlußrechnungen. Köln 1967.

EISENFÜHR, FRANZ/WEBER, MARTIN: Rationales Entscheiden. 4. Aufl. Berlin u. a. 2003.

EKKENGA, JENS: Anlegerschutz, Rechnungslegung und Kapitalmarkt. Eine vergleichende Studie zum europäischen, deutschen und britischen Bilanz-, Gesellschafts- und Kapitalmarktrecht. Tübingen 1998.

ELLROTT, HELMUT: Kommentierung des § 289 HGB. In: Beck'scher Bilanz-Kommentar. Der Jahresabschluss nach Handels- und Steuerrecht; Konzernabschluß, Prüfung und Offenlegung, hrsg. v. *Wolfgang Dieter Budde* u. a. 3. Aufl. München 1995.

ELLROTT, HELMUT: Kommentierung zu § 289 HGB. In: Beck'scher Bilanz-Kommentar. Handels- und Steuerrecht – §§ 238 bis 339 HGB –, hrsg. v. *Axel Berger* u. a. 5. Aufl. München 2003.

ELLROTT, HELMUT: Kommentierung zu § 289 HGB. In: Beck'scher Bilanz-Kommentar. Handels- und Steuerrecht – §§ 238 bis 339 HGB –, hrsg. v. *Helmut Ellrott* u. a. 6. Aufl. München 2006.

ELSAS, RALF/KRAHNEN, JAN PIETER: Collateral, Default Risk and Relationship Lending: An empirical study on financial contracting. Working Paper. Stand: November 2000. Johann Wolfgang Goethe-Universität.

ENGELS, WOLFRAM: Betriebswirtschaftliche Bewertungslehre im Licht der Entscheidungstheorie. Köln und Opladen 1962.

EULER, ROLAND: Grundsätze ordnungsmäßiger Gewinnrealisierung. Düsseldorf 1989.

EULER, ROLAND: Das System der Grundsätze ordnungsmäßiger Bilanzierung. Stuttgart 1996.

EWERT, RALF/WAGENHOFER, ALFRED: Unternehmenspublizität und Konkurrenzwirkungen. In: ZfB, 62. Jg. (1992), S. 297–324.

EWERT, RALF: Abschlußprüfung, Dritthaftung und Prüfungsgrundsätze – Ergebnisse einer ökonomischen Analyse. In: BfuP, 51. Jg. (1999), S. 94–108.

FAMA, EUGEN: Capital Markets: A Review of Theory and Empirical Work. In: J. Fin, Vol. 25 (1970), S. 383–417.

FASB: SFAC No. 1. Objectives of Financial Reporting by Business Enterprises. 1978.

FASB: SFAC No. 2. Qualitative Characteristics of Accounting Information. 1980.

FASB: SFAC No. 5. Recognition and Measurement in Financial Statements of Business Enterprises. 1984.

FASB: SFAC No. 6. Elements of Financial Statements. 1985.

FASB: SFAS No. 5. Accounting for Contingencies.1975.

FASB: SFAS No. 13. Accounting for Leases. 1975.

FASB: SFAS No. 43. Accounting for Compensated Absences. 1980.

FASB: SFAS No. 67. Accounting for Costs and Initial Operations of Real Estate Projects. 1982.

FASB: SFAS No. 87. Employers' Accounting for Pensions. 1985.

FASB: SFAS No. 91. Accounting for Nonrefundable Fees and Costs Associated with Originating or Acquiring Loans and Initial Direct Costs of Leases. 1986.

FASB: SFAS No. 107. Disclosures about Fair Value of Financial Instruments. 1991.

FASB: SFAS No. 123. Accounting for Stock-Based Compensation. 1995.

FASB: SFAS No. 131. Disclosures about Segments of an Enterprise and Related Information. 1997.

FASB: SFAS No. 132. Employers' Disclosure about Pensions and Other Postretirement Benefits. 1998.

FASB: SFAS No. 132 (revised 2003). Employers' Disclosures about Pensions and Other Postretirement Benefits. 2003.

FASB: SFAS No. 144. Accounting for the Impairment or Disposal of Long-Lived Assets. 2001.

FASB Interpretation No. 14: Reasonable Estimation of the Amount of a Loss – an interpretation of FASB Statement No. 5. 1976.

FASB: Agenda Proposal: Reporting Information About the Financial Performance of Business Enterprises: Focusing on the Form and Content of Financial Statements. Norwalk, Connecticut: FASB, 2001.

FASB: Summary of user interviews. Reporting financial performance by business enterprises. February 26, 2002. Im Internet unter: http://www.fasb.org/project/interviews.pdf (zuletzt besucht am 8. Januar 2008)

FELTHAM, GERALD A./OHLSON, JAMES A.: Valuation and clean surplus accounting for operating and financial activities. In: Con. Acc. Res., Vol. 11, No. 2 (1995), S. 689–731.

FEY, GERD: Prüfung kapitalmarktorientierter Unternehmensberichte - Erweiterung der Abschlussprüfung nach nationalen und internationalen Prüfungsgrundsätzen -. In: WPg, 53 Jg. (2000), S. 1097–1108.

FEY, GERD: Adressatenorientierte US-Rechnungslegung: Vom „Financial Reporting" zum „Business Reporting"? In: Internationale Grundsätze für Rechnungslegung und Prüfung, hrsg. v. *Konrad W. Kubin* u. a. Düsseldorf 2001, S. 31–67.

FINK, CHRISTIAN: Management Commentary: Eine Diskussionsgrundlage zur internationalen Lageberichterstattung. In: KoR, 6. Jg. (2006), S. 141–152.

FISCHER, PETRA/SITTMANN-HAURY, CAROLINE: Risikovorsorge im Kreditgeschäft nach IAS 39. In: IRZ, 1. Jg. (2006), S. 217–241.

FISCHER, THOMAS M./WENZEL, JULIA/KÜHN, CHRISTIAN: Value Reporting. – Wertorientierte Berichterstattung in den Nemax 50-Unternehmen –. In: DB, 54. Jg. (2001), S. 1209–1216.

FLEISCHER, HOLGER: Prognoseberichterstattung im Kapitalmarktrecht und Haftung für fehlerhafte Prognosen. In: AG, 51. Jg. (2006), S. 2–16.

FLURY, CORNELIA: Gewinnerläuterungsprinzipien. Frankfurt am Main 1999.

FÖRSCHLE, GERHART: Kommentierung zu § 277 HGB. In: Beck'scher Bilanz-Kommentar. Handels- und Steuerrecht – §§ 238 bis 339 HGB –, hrsg. v. *Helmut Ellrott* u. a. 6. Aufl. München 2006.

FÖRSCHLE, GERHART: Kommentierung zu § 275 HGB. In: Beck'scher Bilanz-Kommentar. Handels- und Steuerrecht – §§ 238 bis 339 HGB –, hrsg. v. *Helmut Ellrott* u. a. 6. Aufl. München 2006.

FORSTER, KARL-HEINZ: Anhang, Lagebericht, Prüfung und Publizität im Regierungsentwurf eines Bilanzrichtlinien-Gesetzes. In: DB, 35. Jg. (1982), S. 1577–1582 und S. 1631–1635.

FRANCFORT, ALFRED J./RUDOLPH, BERND: Zur Entwicklung der Kapitalstrukturen in Deutschland und in den Vereinigten Staaten von Amerika. Eine vergleichende empirische Untersuchung. In: ZfbF, 44. Jg. (1992), S. 1059–1079.

FRANKE, GÜNTER/HAX, HERBERT: Finanzwirtschaft des Unternehmens und Kapitalmarkt. 5. Aufl. Berlind u. a. 2004.

FRANKEN, PAUL/HEINSIUS, THEODOR: Das Spannungsverhältnis der allgemeinen Publizität zum Auskunftsrecht des Aktionärs. In: Rechenschaftslegung im Wandel. Festschrift für *Wolfgang Dieter Budde*, hrsg. v. *Gerhart Förschle* u. a. München 1995, S. 213–242.

FRANKS, JULIAN/MAYER, COLIN: Bank control, takeovers and corporate governance in Germany. In: J. B. & Fin., Vol. 22 (1998), S. 1385–1403.

FRANKS, JULIAN/MAYER, COLIN: Capital markets and corporate control: a study of France, Germany and the UK. In: E. Pol., Vol. 4 (1990), S. 189–231.

FROST, CAROL A./RAMIN, KURT P.: Corporate Financial Disclosure: A Global Assessment. In: International Finance and Accounting Handbook, edited by *Frederick D.S. Choi*. 3rd edition. Hoboken, New Jersey: John Wiley & Sons, 2003.

GÄLWEILER, ALOYS: Unternehmensplanung – Grundlagen und Praxis. 2. Aufl. Frankfurt am Main 1986.

GELHAUSEN, HANS FRIEDRICH/HÖNSCH, HENNING: Das neue Enforcement-Verfahren für Jahres- und Konzernabschlüsse. In: AG, 50. Jg. (2005), S. 511–529.

GIBBS, PHILIP A.: Determinants of Corporate Restructuring: The Relative Importance of Corporate Governance, Takeover Threat, and Free Cash Flow. In: S.M. J., Vol. 14 (1993), S. 51–68.

GILLIS, JOHN G.: The SEC on Corporate Projections. In: Fin. A. J., Vol. 36 (1980), S. 14–15 und S. 75–76.

GLASER, MARKUS/NÖTH, MARKUS/WEBER, MARTIN: Behavioral Finance. In: Blackwell Handbook of Judgment and Decision Making, hrsg. v. *Derek J. Koehler* und *Nigel Harvey*. Blackwell: Oxford 2004, S. 527–546.

GLEIßNER, WERNER/FÜSER, KARSTEN: Moderne Frühwarn- und Prognosesysteme für Unternehmensplanung und Risikomanagement. In: DB, 53. Jg. (2000), S. 933–942.

GRAU, ANDREAS: Gewinnrealisierung nach International Accounting Standards. Wiesbaden 2002.

GREINERT, MARKUS: Weitergehende Anforderungen an den Konzernlagebericht durch E-DRS 20 sowie das Bilanzrechtsreformgesetz. In: KoR, 4. Jg. (2004), S. 51–60.

GRIFFIN, PAUL. A./CASTANIAS, RICHARD. P.: Accounting for the translation of foreign currencies: The effects of Statement 52 on equity analysts. Stamford, Conn.: FASB, 1987.

GRIFFIN, PAUL. A. (Hrsg.): Usefulness to Investors and Creditors of Information Provided by Financial Reporting: A Review of Empirical Accounting Research. Stamford, Conn. FASB, 1982.

GROH, MANFRED: Zur Bilanztheorie des BFH. In: Steuerberater-Jahrbuch 1979/80. Zugleich Bericht über den 31. Fachkongreß der Steuerberater des Bundesgebietes. Köln, 29., bis 31. Oktober 1979, hrsg. im Auftrag des Fachinstituts der Steuerberater von *Franz Hörstmann*, *Ursula Niemann* und *Gerd Rose*. Köln 1980, S. 121–140.

GROH, MANFRED: Verbindlichkeitsrückstellung und Verlustrückstellung: Gemeinsamkeiten und Unterschiede. In: BB, 43. Jg. (1988), S. 27–33.

GROß, PAUL J.: Die Wahrung, Einschätzung und Beurteilung des „*Going-Concern*“ in den Pflichten- und Verantwortungsrahmen von Unternehmensführung und Abschlussprüfung (Teil 1). In: WPg, 57. Jg. (2004), S. 1357–1374.

HACHMEISTER, DIRK: Der Discounted Cash Flow als Maß der Unternehmenswertsteigerung. 4. Aufl. Frankfurt am Main 2000.

HACKETHAL, ANDREAS: Banken, Unternehmensfinanzierung und Finanzsysteme. Frankfurt am Main 2000.

HACKETHAL, ANDREAS/SCHMIDT, REINHARD H.: Finanzsystem und Komplementarität. In: Finanzmärkte im Umbruch, hrsg. v. *Hans-Hermann Francke* u. a. Berlin 2000 (Beihefte zu Kredit und Kapital, Heft 15), S. 53–102.

HACKETHAL, ANDREAS/SCHMIDT, REINHARD H./TYRELL MARCEL: Corporate governance in Germany: Transition to a modern capital market-based system?. In: JITE, Vol. 159 (2003), S. 664–674.

HAGEST, JOACHIM/KELLINGHUSEN, GEORG: Zur Problematik der Prognoseprüfung und der Entwicklung von Grundsätzen ordnungsmäßiger Prognosebildung, In: WPg, 30. Jg. (1977), S. 405–415.

HAHN, DIETGER: Kennzahlen des Wertsteigerungsmanagements. In: Strategische Unternehmunsplanung - Strategische Unternehmungsführung. Stand und Entwicklungstendenzen, hrsg. v. *Dietger Hahn* und *Bernard Taylor*. 9. Aufl. Berlin u. a. 2006, S. 115–136.

HAHNE, KLAUS D.: Kompensatorische Bewertung in der Steuerbilanz. Analyse des BFH-Gerichtsbescheids vom 19. 3. 2002. In: BB, 58. Jg. (2003), S. 1943–1947.

HAIN, THORSTEN: Restrukturierungsaufwendungen in der Rechnungslegung nach HGB, IAS und US-GAAP. Düsseldorf 2000.

HAKA, SUSAN: Profit Center Performance. In: The Blackwell Encyclopedic Dictionary of Accounting. Volume I, hrsg. v. *Rashad Abdel-khalik*. Cambridge u. a. Blackwell Publishers, 1997, S. 242–244.

HALLER, AXEL: Die Grundlagen der externen Rechnungslegung in den USA. Unter besonderer Berücksichtigung der rechtlichen, institutionellen und theoretischen Rahmenbedingungen. 4. Aufl. Stuttgart 1994.

HALLER, AXEL: Wertschöpfungsrechnung. Ein Instrument zur Steigerung der Aussagefähigkeit von Unternehmensabschlüssen im internationalen Kontext. Stuttgart 1997.

HALLER, AXEL/DIETRICH, RALPH: Freiwillig Unternehmensberichterstattung in den USA – Ergebnisse des Business Reporting Research Project des FASB. In: KoR, 1. Jg. (2001), S. 206–211.

HALLER, AXEL/DIETRICH, RALPH: Kapitalmarktorientierte Gestaltung des Lageberichts. In: KoR, 1. Jg. (2001), S. 164–174.

HANNE, BÖCKEM: Die Durchsetzung von Rechnungslegungsstandards. Eine kapitalmarktorientierte Untersuchung. Frankfurt am Main 2000.

HANSEN, PALLE: The Accounting Concept of Profit. Kopenhagen und Amsterdam 1962.

HARTMANN, CHRISTINA: Internationalisierung der Lageberichterstattung. Darstellung und Vergleich des deutschen Lageberichts und der US-amerikanischen MD&A. Marburg 2006.

HAUSCHILDT, JÜRGEN/SACHS, GERD/WITTE, EBERHARD: Finanzplanung und Finanzkontrolle. München 1981.

HAUSCHILDT, JÜRGEN: Die Innovationsergebnisrechnung – Instrumente des F&E-Controlling. In: BB, 49. Jg. (1994), S. 1017–1020.

HAX, HERBERT: Investitionsrechnung und Periodenerfolgsmessung. In: Der Integrationsgedanke in der Betriebswirtschaftslehre. *Helmut Koch* zum 70. Geburtstag, hrsg. v. *Werner Delfmann* u. a. Wiesbaden 1989, S. 153–170.

HAZEN, THOMAS LEE: The Law of Securities Regulation. 4th edition. St. Paul, Minn.: West Publishing, 2002.

HELLER, HARRY: Disclosure Requirements Under Federal Securities Regulation. Bus. Law. Vol. 16 (1961), S. 300–307.

HENNRICHS, JOACHIM: Prognosen im Bilanzrecht. In: AG, 51. Jg. (2006), S. 698–706.

HENSE, BURKHARD/SCHELLHORN, MATHIAS: Kommentierung zu § 264 HGB. In: Beck'scher Bilanz-Kommentar. Handels- und Steuerrecht – §§ 238 bis 339 HGB –, hrsg. v. *Axel Berger* u. a. 5. Aufl. München 2003.

HICKS, JOHN R.: Value and Capital. An inquiry into some fundamental principles of economic theory. 2nd edition. Oxford: University Press, 1974.

HIRSHLEIFER, JACK: On the theory of optimal investment decision. In: J. Pol. E., Vol. 66 No. 4 (1958), S. 329–352.

HIRSHLEIFER, JACK/RILEY, JOHN G.: The analytics of uncertainty and information. New York, New York: Cambridge University Press, 1992.

HIRSHLEIFER, JACK/GLAZER, AMIHAI/ HIRSHLEIFER, DAVID: Price Theory and Applications. Decisions, Markets, and Information. 7th edition. New York, New York: Cambridge University Press, 2005.

HITZ, JÖRG-MARKUS: Rechnungslegung zum fair value. Konzeption und Entscheidungsnützlichkeit. Frankfurt am Main 2005.

HOMMEL, MICHAEL: Internationale Bilanzrechtskonzeptionen und immaterielle Vermögensgegenstände. In: ZfbF, 49. Jg. (1997), S. 345–368.

HOMMEL, MICHAEL: Überschuldungsmessung nach neuem Insolvenzrecht: Probleme und Lösungsmöglichkeiten. In: ZfB, 68. Jg. (1998), S. 297–321.

HOMMEL, MICHAEL: Bilanzierung immaterieller Anlagewerte. Stuttgart 1998.

HOMMEL, MICHAEL/BERNDT, THOMAS: Wertaufhellung und funktionales Abschlussstichtagsprinzip. In: DStR, 38. Jg. (2000), S. 1745–1752.

HOMMEL, MICHAEL: Anschaffungskosten. In: Handwörterbuch der Rechnungslegung und Prüfung, hrsg. v. *Wolfgang Ballwieser*, *Adolf G. Coenenberg* und *Klaus v. Wysocki*. 3. Aufl. Stuttgart 2002, Sp. 77–87.

HOMMEL, MICHAEL/SCHMIDT, REINHARD M./WÜSTEMANN, JENS: *Adolf Moxter* und die Grundsätze ordnungsgemäßer Rechnungslegung – Kontinuität und Zukunft eines Forschungsleitbildes. In: Wirtschaftsprüfung und Zeitgeist. Prof. Dr. Dr. h. c. mult. *Adolf Moxter* zum 75. Geburtstag. WPg (Sonderheft 2004), S. 84–98.

HOMMELHOFF, PETER: Anlegerinformationen im Aktien-, Bilanz- und Kapitalmarktrecht. In: ZGR, 29. Jg. (2000), S. 748–775.

HOMMELHOFF, PETER: Kommentierung zu § 289 HGB. In: HGB-Bilanzrecht. Rechnungslegung. Abschlußprüfung. Publizität. Großkommentar. 1. Teilband: §§ 238-289 HGB. Grundlagen. Jahresabschluß der Personen- und Kapitalgesellschaft, hrsg. v. *Peter Ulmer*. Berlin/New York 2002.

HOMMELHOFF, PETER/MATTHEUS, DANIELA: BB-Gesetzgebungsreport: Verlässliche Rechnungslegung – Enforcement nach dem geplanten Bilanzkontrollgesetz. In: BB, 59. Jg. (2004), S. 93–100.

HOPT, KLAUS J.: Die Publizität von Kapitalgesellschaften – Grundsätzliche Überlegungen zum Stand nach der 4. EG-Richtlinie und zur Reformdiskussion in den USA –. In: ZGR, 9. Jg. (1980), S. 225–253.

HOPT, KLAUS J.: Grundsatz- und Praxisprobleme nach dem Wertpapierhandelsgesetz. In: ZHR, 159 Jg. (1995), S. 135–163.

HORVÁTH, PETER/KAUFMANN, LUTZ: Beschleunigung und Ausgewogenheit im strategischen Management. In: Strategische Unternehmunsplanung – Strategische Unternehmungsführung. Stand und Entwicklungstendenzen, hrsg. v. *Dietger Hahn* und *Bernard Taylor*. 9. Aufl. Berlin u. a. 2006, S. 137–150.

HUGH, BECK C.: The substantive limits of liability for inaccurate predictions. In: A. Bus. L. J., Vol. 44 (2007), S. 161–179.

IDW: Stellungnahme HFA 2/1988, Pensionsverpflichtungen im Jahresabschluß. In: WPg, 41. Jg. (1988), S. 403–405.

IDW: Aufstellung des Lageberichts (IDW RS HFA 1; Stand 26.6.1998). In: WPg, 51. Jg. (1998), S. 653–662

IDW: IDW Stellungnahme. Exposure Draft ED 7 – Financial Instruments: Disclosures. In: WPg, 57. Jg. (2004), S. 1347–1350.

IDW: WP Handbuch 2006. Wirtschaftsprüfung, Rechnungslegung, Beratung. Band I. 13. Aufl. Düsseldorf 2006.

IFAC (Hrsg.): Quality of earnings: A Case Study Collection. New York, New York: AICPA, 2003.

IJIRI, YUJI: Theory of Accounting Measurement. Sarasota, Florida: American Accounting Association, 1975.

JENSEN, MICHAEL C./MECKLING WILLIAM H.: Theory of the Firm: Managerial Behavior, Agency Costs, and Ownership Structure. In: J. Fin. Econ., Vol. 3 (1976), S. 305–360.

JONAS, HEINRICH H.: Die EG-Bilanzrichtlinie. Grundlagen und Anwendung in der Praxis. Freiburg im Breisgau 1980.

KAISER, KARIN: Auswirkungen des Bilanzrechtsreformgesetzes auf die zukunftsorientierte Lageberichterstattung. In: WPg, 58. Jg. (2005), S. 405–418.

KAJÜTER, PETER: Risikoberichterstattung: Empirische Befunde und der Entwurf des DRS 5. In: DB, 54. Jg. (2001), S. 105–111.

KAJÜTER, PETER: Berichterstattung über Chancen und Risiken im Lagebericht. Auswirkungen des Referentenentwurfs für das Bilanzrechtsreformgesetz. In: BB, 59. Jg. (2004), S. 427–434.

KAJÜTER, PETER: Der Lagebericht als Instrument einer kapitalmarktorientierten Rechnungslegung. In: BB, 59. Jg. (2004), S. 197–203.

KAJÜTER, PETER/WINKLER, CARSTEN: Praxis der Risikoberichterstattung deutscher Konzerne. In: WPg, 57. Jg. (2004), S. 249–260.

KARRENBROCK, HOLGER: Zur Abzinsung von Rückstellungen nach der Neufassung von § 253 Abs. 1 Satz 2 HGB. In: DB, 47. Jg. (1994), S. 1941–1944.

KAWALLER, IRA G.: What Analysts Need to Know about Accounting for Derivatives. In: Fin. A. J., Vol. 60 (March/April 2004), S. 24–29.

KIRCHNER, CHRISTIAN: Der Wettbewerbsfaktor „Entscheidungsnützlichkeit von Rechnungslegungsinformationen“: eine institutionenökonomische Analyse. In: ZfbF-Sonderheft 45/2000, S. 41–68.

KIRSCH, HANS-JÜRGEN/SCHEELE, ALEXANDER: Neugestaltung von Prognose- und Risikoberichterstattung im Lagebericht durch das Bilanzrechtsreformgesetz. In: WPg, 58. Jg. (2005), S. 1149–1154.

KITCH, EDMUND W.: The Theory and Practice of Securities Disclosure. In: Brooklyn L. Rev., Vol. 61 (1995), S. 763–826.

KLEINDIEK, DETLEF: Neue Goodwill-Bilanzierung nach US-GAAP und europäisches Bilanzrecht – Stellungnahme zum E-DRS 1 a. In: BB, 56. Jg. (2001), S. 2572–2577.

KNIGHT, FRANK H.: Risk, Uncertainty and Profit. Boston 1921. Wiederabdruck 7. Aufl. London 1948.

KOCH, CHRISTOPHER: Haftungserleichterungen bei der Offenlegung von Zukunftsinformationen in den USA. Working Paper. Sonderforschungsbereich 504. Universität Mannheim, Mannheim 2004.

KOCH, CHRISTOPHER: Die öffentlich-rechtliche Stellung des Wirtschaftsprüfers im internationalen Kontext (insbesondere EU). In: DK, 3. Jg. (2005), S. 723–733.

KOCH, CHRISTOPHER/WÜSTEMANN, JENS: Anhang. In: Synopse der Rechnungslegung nach HGB und IFRS. Eine qualitative Gegenüberstellung, hrsg. v. *Michael Hommel* und *Jens Wüstemann*. München 2006.

KOCH, HELMUT: Der Begriff des ökonomischen Gewinns – Zur Frage des Optimalitätskriteriums in der Wirtschaftlichkeitsrechnung. In: ZfbF, 20. Jg. (1968), S. 389–441.

KOCH, HELMUT/KRAMER, MARIA: Hierarchische Unternehmensplanung und Informationsgewinnung. Opladen 1983.

KOCH, HELMUT: Lageberichterstattung und inflationäre Preissteigerungen. In: Jahresabschluss und Jahresabschlussprüfung – Probleme, Perspektiven, internationale Einflüsse. Festschrift zum 60. Geburtstag von *Jörg Baetge*, hrsg. v. *Thomas R. Fischer* und *Reinhold Hömberg*. Düsseldorf 1997, S. 215–237.

KRAWITZ, NORBERT: Zur Prüfung des Lageberichts nach neuem Recht. In: WPg, 41. Jg. (1988), S. 225–234.

KRAWITZ, NORBERT: Zur Erweiterung der deutschen Segmentberichterstattung unter Berücksichtigung internationaler Entwicklungen. In: Jahresabschluss und Jahresabschlussprüfung – Probleme, Perspektiven, internationale Einflüsse. Festschrift zum 60. Geburtstag von *Jörg Baetge*, hrsg. v. *Thomas R. Fischer* und *Reinhold Hömberg*. Düsseldorf 1997, S. 551–589.

KRIPKE, HOMER: The SEC, The Accountants, Some Myths and Some Realities. In: N.Y.U.L. Rev., Vol. 45 (1970), S. 1151–1205.

KRIPKE, HOMER: The SEC and corporate disclosure. Regulation in search of a purpose. New York, New York: Harcourt Brace Jovanovich, 1979.

KROMMES, WERNER: Handbuch Jahresabschlussprüfung. Ziele. Technik. Nachweise – Wegweiser zum sicheren Prüfungsurteil. Wiesbaden 2005.

KROPFF, BRUNO: Der Lageberich nach geltendem und zukünftigem Recht. In: BFuP, 22. Jg. (1980), S. 514–532.

KRUMBHOLZ, MARCUS: Die Qualität publizierter Lageberichte - Ein empirischer Befund zur Unternehmenspublizität -. Düsseldorf 1994.

KUMMER, HEINZ JOACHIM: Teil VII. Umweltrecht. In: Unternehmenskauf und Restrukturierung. Handbuch zum Wirtschaftsrecht, hrsg. v. *Gerhard Picot*. 3. Aufl. München 2004, S. 877–1129.

KÜTING, KARLHEINZ: Stille Rücklagen – ein betriebswirtschaftliches Phänomen. In: BB, 50. Jg. (1995). Beilage 15 zu Heft 38, S. 1–15.

KÜTING, KARLHEINZ/HÜTTEN, CHRISTOPH: Die Lageberichterstattung über Risiken der künftigen Entwicklung. Annäherung an die geplante Änderung der §§ 289, 315 HGB durch das KonTraG. In: AG, 42. Jg. (1997), S. 250–256.

KÜTING, KARLHEINZ/KOCH, CHRISTIAN: Der Goodwill in der deutschen Bilanzierungspraxis. In: StuB, 5. Jg. (2003), 49–54.

KÜTING, KARLHEINZ/WOHLGEMUTH, FRANZ: Möglichkeiten und Grenzen der internationalen Bilanzanalyse. Erkenntnisfortschritte durch eine internationale Strukturbilanz? In: DStR, 42. Jg. (2004), Beihefter 3, S. 3–19.

KÜTING, KARLHEINZ/WEBER, CLAUS-PETER: Die Bilanzanalyse. Beurteilung von Abschlüssen nach HGB und IFRS. 8. Aufl. Stuttgart 2006.

KUHLEWIND, ANDREAS-MARKUS: Grundlagen einer Bilanzrechtstheorie in den USA. Frankfurt am Main 1997.

KUHNER, CHRISTOPH: Geschäftszweckgebundene Bewertungskonzeptionen in der externen Rechnungslegung von Unternehmen. Berlin 1994.

KUHNER, CHRISTOPHER/HITZ, JÖRG-MAKRUS: Erweiterung des US-amerikanischen *conceptual framework* um Grundsätze der Barwertermittlung – Inhalt und Bedeutung des Statement of Financial Accounting Concepts No. 7 – In: WPg, 53. Jg. (2000), S. 889–911.

KUHNER, CHRISTOPH: Kommentierung zu § 246 HGB. In: Bilanzrecht. Kommentar, hrsg. v. *Jörg Baetge, Hans-Jürgen Kirsch* und *Stefan Thiele*. Bonn. (Loseblatt; September 2002).

KUHNER, CHRISTOHER: Auf dem Weg zur Prinzipienbasierung der kapitalmarktorientierten Rechnungslegung? – Einige Anmerkungen zum aktuellen Diskussionsstand – In.: WPg, 57. Jg. (2004), S. 261–271.

KUHNER, CHRISTOPH/MALTRY, HELMUT: Unternehmensbewertung. Berlin/Heidelberg 2006.

LANGE, CHRISTOPH: Jahresabschlußinformationen und Unternehmensbeurteilung. Stuttgart 1989.

LANGECKER, ALEXANDER/MÜHLBERGER, MELANIE: Berichterstattung über immaterielle Vermögenswerte im Konzernabschluss: Vergleichende Gegenüberstellung von DRS 12, IAS 38 und IAS 38 rev. In: KoR, 3. Jg. (2003), S. 109–133.

LARENZ, KARL: Methodenlehre der Rechtswissenschaft. 6. Aufl. Berlin u. a. 1991.

LAUX, HELMUT: Unternehmensbewertung bei Unsicherheit. In: ZfB, 41. Jg. (1971), S. 525–540.

LEFFSON, ULRICH: Bild der tatsächlichen Verhältnisse. In: Handwörterbuch unbestimmter Rechtsbegriffe im Bilanzrecht des HGB, hrsg. v. *Ulrich Leffson, Dieter Rückle* und *Bernhard Großfeld*. Köln 1986, S. 94–105.

LEUZ, CHRISTIAN/WÜSTEMANN, JENS: The role of accounting in the German financial system. In: The German Financial System, hrsg. v. *Jan Pieter Krahnen* und *Reinhard H. Schmidt*. New York, New York: Oxford University Press, 2004, S. 450–481.

LINGEN, THOMAS V.: Kundenzufriedenheit – zur Ökonomik eines verhaltenswissenschaftlichen Konstrukts. In: Perspektiven ökonomischen Denkens. Klassische und neue Ansätze des Managements. Festschrift für Herrn Univ.-Prof. Dr. Dr. h. c. *Rudolf Gümbel*, hrsg. v. *Herbert Woratschek*. Frankfurt am Main 1998, S. 165–186.

LOEWENSTEIN, MARK J.: What can we learn from foreign systems?: Stakeholder protection in Germany and Japan. In: Tulane L. Rev., Vol. 76 (June 2002), S. 1673–1685.

LOITZ, RÜDIGER/RÖSSEL, CARSTEN: Die Diskontierung von latenten Steuern. In: DB, 55 Jg. (2002), S. 645–651.

LOSS, LOUIS/SELIGMAN, JOEL: Fundamentals of Securities Regulation. 3rd edition. New York, New York: Aspen Publishers, 1995.

LOSS, LOUIS/SELIGMAN, JOEL: Fundamentals of Securities Regulation. 4th edition. New York, New York: Aspen Publishers, 2000.

LOSS, LOUIS/SELIGMAN, JOEL: Fundamentals of Securities Regulation. 5th edition. New York, New York: Aspen Publishers, 2004.

LOTZE, ANDREAS: Kartellrechtliche Restriktionen der Verbandstätigkeit. In: Enforcement – Die Durchsetzung des Wettbewerbsrechts. Referate des XXXVII. FIW-Symposions erweitert durch Referate des XXXI. FIW-Seminars. Köln u. a. 2005, S. 117–148.

LÜCK, WOLFGANG: Kommentierung zu § 289 HGB. Inhalt des Lageberichts. In: Handbuch der Rechnungslegung. Einzelabschluss. Kommentar zur Bilanzierung und Prüfung. Band 3, hrsg. v. *Karlheinz Küting* und *Claus-Peter Weber*. 5. Aufl. Stuttgart. (Loseblatt; März 2003)

LÜDENBACH, NORBERT/FREIBERG, JENS: Zweifelhafter Objektivierungsbetrag des Fair Value Measurements-Projekts für die IFRS-Bilanz. In: KoR, 6. Jg. (2006), S. 437–458.

MACHARZINA, KLAUS: Unternehmensführung. Das internationale Managementwissen. Konzepte – Methoden – Praxis. 4. Aufl. Wiesbaden 2003.

MAG, WOFGANG: Planung. In: Vahlens Kompendium der Betriebswirtschaftslehre, hrsg. v. *Michael Bitz* u. a. Band 2. 3. Aufl. München 1993, S. 1–58.

MATSCHKE, MANFRED JÜRGEN: Prognosen im Rahmen der publizierten Rechnungslegung (I) – Ein Bericht über die Prognosen der Pensionszahlungen gemäß § 159 AktG –. In: DB, 34. Jg. (1981), S. 2289–2293.

MATSCHKE, MANFRED JÜRGEN/HERING THOMAS/KLINGELHÖFER, HEINZ ECKART: Finanzanalyse und Finanzplanung. München 2002.

MAUG, ERNST: Konzerne im Kontext der Kapitalmärkte. Antrittsvorlesung (10. Mai 2001). Humboldt-Universität zu Berlin. Wirtschaftswissenschaftliche Fakultät.

MAUL, KARL-HEINZ: Der Lagebericht nach der 4. EG-Richtlinie und dem Entwurf des Bilanzrichtlinie-Gesetzes. In: WPg, 37. Jg. (1984), S. 187–193.

MEINHARD, KLAUS: Auslandstöchter, Devisentermingeschäfte und Bewertungseinheit? – Ein Beitrag zum „Mikro-Hedge" nach HGB –. In: DB, 57. Jg. (2004), S. 2649–2652.

MENNENÖH, HARTWIG: Prognosepublizität. Vorschläge zur ungewißheitsorientierten Gestaltung einer prospektiven Berichterstattung von Unternehmen an externe Adressaten. Bochum 1984.

MERKT, HANNO: Unternehmenspublizität. Offenlegung von Unternehmensdaten als Korrelat der Marktteilnahme. Tübingen 2001.

METCALF, LEE u. a.: The Accounting Establishment: A Staff Study prepared by the Subcommittee on Reports. Accounting and Management of the Committee on Government Operations (Auszüge). In: J. Acc., März (1977), S. 104–120.

MEYER, MARCO: Unternehmenswertorientierte Berichterstattung auf Basis der IAS/IFRS. Eine bilanztheoretische und bilanzpolitische Betrachtung aus deutscher Sicht. Wiesbaden 2005.

MODIGLIANI, FRANCO/MILLER, MERTON H.: The Cost of Capital, Corporation Finance and the Theory of Investment. In: A.E. Rev., Vol. 48 (1958), S. 261–297.

MÖLLERS, THOMAS M. J.: Anlegerschutz durch Aktien- und Kapitalmarktrecht: Harmonisierung nach geltendem und künftigem Recht. In: ZGR, 26. Jg. (1997), S. 334–367.

MÖLLERS, THOMAS M. J.: Kapitalmarkttauglichkeit des deutschen Gesellschaftsrechts. Kritik am sachlichen und persönlichen Anwendungsbereich der Novellierung von AktG und HGB im Bereich von Rechnungslegung, Corporate Governance und Transparenz. In: AG, 44. Jg. (1999), S. 433–453.

MÖLLERS, THOMAS M. J./LEISCH, FRANZ CLEMENS: § 14: Ad-hoc-Publizität. In: Handbuch der Rechte und Pflichten von börsennotierten Unternehmen und Kapitalanlegern, hrsg. v. *Thomas M. J. Möllers* und *Klaus Rotter*. München 2003.

MOTTA, MASSIMO: Competition Policy. Theory and Practice. New York, New York: Cambridge University Press, 2004.

MOXTER, ADOLF: Der Einfluß von Publizitätsvorschriften auf das unternehmerische Verhalten. Köln und Opladen 1962.

MOXTER, ADOLF: Bilanzierung und unsichere Erwartung. In: ZfHF, 14. Jg. (1962), S. 607–633.

MOXTER, ADOLF: Die Grundsätze ordnungsmäßiger Bilanzierung und der Stand der Bilanztheorie. In: ZfbF, 18. Jg. (1966), S. 28–59.

MOXTER, ADOLF: Optimaler Verschuldungsumfang und Modigliani-Miller-Theorem. In: Aktuelle Fragen der Unternehmensfinanzierung und Unternehmensbewertung. *Kurt Schmaltz* zum 70. Geburtstag, hrsg. v. *Karl-Heinz Forster* und *Peter Schuhmacher*. Stuttgart 1970, S. 128–155.

MOXTER, ADOLF: Grundsätze ordnungsmäßiger Unternehmensbewertung. 1. Aufl. Wiesbaden 1976.

MOXTER, ADOLF: Fundamentalgrundsätze ordnungsmäßiger Rechenschaft. In: Bilanzfragen. Eine Festschrift für Prof. Dr. *Ulrich Leffson*, hrsg. v. *Jörg Baetge*, *Adolf Moxter* und *Dieter Schneider*. Düsseldorf 1976, S. 87–100.

MOXTER, ADOLF: Über dynamische Abschreibungen. In: WPg, 31. Jg. (1978), S. 478–482.

MOXTER, ADOLF: Eigenkapitalmessung – Möglichkeiten und Grenzen. In: Eigenkapital und Kapitalmarkt. Schriftenreihe des Instituts für Kapitalmarktforschung an der

Johann Wolfgang Goethe-Universität, hrsg. v. *Georg Bruns* und *Karl Häuser*. Frankfurt am Main 1978, S. 80–96.

MOXTER, ADOLF: Der Kochsche Plangewinn und die Konzeption des objektivierten Plangewinns. In: Unternehmenstheorie und Unternehmensplanung. *Helmut Koch* zum 60. Geburtstag, hrsg. v. *Jörg Baetge* u. a. Wiesbaden 1979, S. 181–190.

MOXTER, ADOLF: Wirtschaftliche Gewinnermittlung und Bilanzsteuerrecht. In: StuW, 13. Jg. (1983), S. 300–307.

MOXTER, ADOLF: Grundsätze ordnungsmäßiger Unternehmensbewertung. 2. Aufl. Wiesbaden 1983.

MOXTER, ADOLF: Bilanzlehre Band I: Einführung in die Bilanztheorie. 3. Aufl. Wiesbaden 1984.

MOXTER, ADOLF: Betriebswirtschaftliche Gewinnermittlung. Tübingen 1984.

MOXTER, ADOLF: Das Realisationsprinzip – 1884 und heute. In: BB, 39. Jg. (1984), S. 1780–1786.

MOXTER, ADOLF: Zwölf Thesen zum Stand der Bilanztheorie. Frankfurt am Main 1985 (nicht veröffentlicht).

MOXTER, ADOLF: Der Stand der Bilanztheorie. Als Karl Lechner-Gedächtnis-Vorlesung gehalten am 29. Oktober 1984 in der Aula der Universität. In: Grazer Universitätsreden. Graz 1985, S. 3–28.

MOXTER, ADOLF: Windfalls. In: Information und Produktion. Beiträge zur Unternehmenstheorie und Unternehmensplanung. Festschrift zum 60. Geburtstag von Prof. Dr. *Waldemar Wittmann*, hsg. v. *Siegmar Stöppler*. Stuttgart 1985.

MOXTER, ADOLF: Bilanzlehre Band II: Einführung in das neue Bilanzrecht. 3. Aufl. Wiesbaden 1986.

MOXTER, ADOLF: Zum Sinn und Zweck des handelsrechtlichen Jahresabschlusses nach neuem Recht. In: Bilanz- und Konzernrecht. Festschrift zum 65. Geburtstag von Dr. Dr. h. c. *Reinhard Goerdeler*, hrsg. v. *Hans Havermann*. Düsseldorf 1987, S. 361–374.

MOXTER, ADOLF: Periodengerechte Gewinnermittlung und Bilanz im Rechtssinne. In: Handelsrecht und Steuerrecht. Festschrift für Dr. Dr. h. c. *Georg Döllerer*, hrsg. v. *Brigitte Knobbe-Keuk*, *Franz Klein* und *Adolf Moxter*. Düsseldorf 1988, S. 447–458.

MOXTER, ADOLF: Valuation of a Going Concern. In: Handbook of German Business Management, hrsg. v. *Erwin Grochla* u. a. Bd. 2. Stuttgart 1990, Sp. 1433–2444.

MOXTER, ADOLF: Entwicklung der Theorie der handels- und steuerrechtlichen Gewinnermittlung. In: Ökonomische Analyse des Bilanzrechts – Entwicklungslinien und Perspektiven –. ZfbF-Sonderheft 32/1993, S. 61–84.

MOXTER, ADOLF: Zum Verhältnis von handelsrechtlichen Grundsätzen ordnungsmäßiger Bilanzierung und True-and-fair-view-Gebot bei Kapitalgesellschaften. In: Rechenschaftslegung im Wandel. Festschrift für *Wolfgang Dieter Budde*, hrsg. v. *Gerhart Förschle* u. a. München 1995, S. 419–429.

MOXTER, ADOLF: Das „matching principle“: Zur Integration eines internationalen Rechnungslegungs-Grundsatzes in das deutsche Recht. In: Internationale Wirtschaftsprüfung. Festschrift zum 65. Geburtstag von Professor Dr. Dr. h. c. *Hans Havermann*, hrsg. v. *Josef Lanfermann*. Düsseldorf 1995, S. 487–504.

MOXTER, ADOLF: Standort Deutschland: Zur Überlegenheit des deutschen Rechnungslegungsrechts. In: Standort Deutschland. Grundsatzfragen und aktuelle Perspektiven für die Besteuerung, die Prüfung und das Controlling. *Anton Heigl* zum 65. Geburtstag, hrsg. v. *Volker Peemöller* und *Peter Uecker*. Berlin 1995, S. 31–41.

MOXTER, ADOLF: Zur Prüfung des „true and fair view“. In: Rechnungslegung, Prüfung und Beratung. – Herausforderungen für den Wirtschaftsprüfer –. Festschrift für *Rainer Ludewig*, hrsg. v. *Jörg Baetge* u. a. Düsseldorf 1996, S. 671–682.

MOXTER, ADOLF: Grundwertungen in Bilanzrechtsordnungen – ein Vergleich von überkommenem deutschen Bilanzrecht und Jahresabschlußrichtlinie. In: Handelsbilanzen und Steuerbilanzen. Festschrift zum 70. Geburtstag von Prof. Dr. h. c. *Heinrich Beisse*, hrsg. v. *Wolfgang Dieter Budde*, *Adolf Moxter* und *Klaus Offerhaus*. Düsseldof 1997, S. 347–362.

MOXTER, ADOLF: Die Vorschriften zur Rechnungslegung und Abschlußprüfung im Referentenentwurf eines Gesetzes zur Kontrolle und Transparenz im Unternehmensbereich. In: BB, 52. Jg. (1997), S. 722–730.

MOXTER, ADOLF: Verletzt das Auskunftsverweigerungsrecht des § 131 Abs. 3 Nr. 3 AktG die Eigentumsgarantie des Grundgesetzes? In: Unternehmensrechnung und -besteuerung: Grundfragen und Entwicklungen. Festschrift für *Dietrich Börner* zum 65. Geburtstag, hrsg. v. *Heribert Meffert* u. a. Wiesbaden 1998, S. 305–321.

MOXTER, ADOLF: Zum Verhältnis von rechtlichen und betriebswirtschaftlichen Gewinnkonzeptionen. In: Perspektiven ökonomischen Denkens. Klassische und neue Ansätze des Managements. Festschrift für Herrn Univ.-Prof. Dr. Dr. h. c. *Rudolf Gümbel*, hrsg. v. *Herbert Woratschek*. Frankfurt am Main 1998, S. 217–226.

MOXTER, ADOLF: Bilanzrechtsprechung. 5. Aufl. Tübingen 1999.

MOXTER, ADOLF: Rückstellungen nach IAS: Abweichungen vom geltenden deutschen Bilanzrecht. In: BB, 54. Jg. (1999), S. 519–525.

MOXTER, ADOLF: Rechnungslegungskonzeptionen im Widerstreit, In: Beiträge zu den Wirtschaftswissenschaften. Verleihung der Ehrendoktorwürde der Wirtschaftswissenschaftlichen Fakultät der Universität Leipzig an Professor Dr. Dr. h.c. mult. *Adolf Moxter* am 2. Dezember 1999, hrsg. v. PWC. Leipzig 2000, S. 61–66.

MOXTER, ADOLF: Rechnungslegungsmythen. In: BB, 55. Jg. (2000), S. 2143–2149.

MOXTER, ADOLF: Grundsätze ordnungsmäßiger Buchführung. In: Handwörterbuch der Rechnungslegung und Prüfung, hrsg. v. *Wolfgang Ballwieser*, *Adolf G. Coenenberg* und *Klaus v. Wysocki*. 3. Aufl. Stuttgart 2002, Sp. 1041–1052.

MOXTER, ADOLF: Grundsätze ordnungsgemäßer Rechnungslegung. Düsseldorf 2003.

MOXTER, ADOLF: Unterschiede im Wertaufhellungsverständnis zwischen den handelsrechtlichen GoB und den IAS/IFRS. In: BB, 58. Jg. (2003), S. 2559–2564.

Moxter, Adolf: Gewinnrealisierung nach den IAS/IFRS: Erosion des HGB-Realisationsprinzips. In: ZfvglR, 103. Jg. (2004), S. 268–280.

Müßig, Anke: Bilanzielle Risikovorsorge und außerbilanzielle Risikoberichterstattung. Das Verhältnis von Lagebericht und *Management Commentary* zum Jahresabschluss nach HGB und IFRS. Frankfurt am Main 2006.

Neumann, Renate: Prognosegewinn- und Prognoseverlustrechnung sowie Prognosebilanz der Industrie-Aktiengesellschaft für das kommende Geschäftsjahr. Frankfurt am Main 1985.

Nicolai, Alexander/Kieser, Alfred: Trotz eklatanter Erfolgslosigkeit: Die Erfolgsfaktorenforschung weiter auf Erfolgskurs. In: DBW, 62. Jg. (2002), S. 579–596.

Niehus, Rudolf J.: Rechnungslegung und Prüfung der GmbH nach neuem Recht. Kommentar zu den die GmbH betreffenden Vorschriften des Regierungsentwurfs eines Bilanzrichtlinien-Gesetzes vom 12.02.1982. Berlin/New York 1982.

Nowak, Eric: Recent developments in German capital markets and corporate governance. In: J. A. Corp. Fin., Vol. 14 No. 3 (2001), S. 35–48.

Nowak, Paul: Betriebswirtschaftliche Kennzahlen. In: Handbuch der Wirtschaftswissenschaften. Band I. Betriebswirtschaft, hrsg. v. *Karl Hax* und *Theodor Wessel*. 2. Aufl. Köln und Opladen 1966, S. 701–726.

Ordelheide, Dieter: Kaufmännischer Periodengewinn als ökonomischer Gewinn. In: Unternehmungserfolg. Planung – Ermittlung – Kontrolle. Walther Busse von Colbe zum 60. Geburtstag, hrsg. v. *Michel Domsch* u. a. Wiesbaden 1988, S. 275–302.

Ordelheide, Dieter: Zu einer neoinstitutionalistischen Theorie der Rechnungslegung. In: Betriebswirtschaftslehre und Theorie der Verfügungsrechte, hrsg. v. *Dietrich Budäus* u. a. Wiesbaden 1988, S. 269–298.

Ordelheide, Dieter: Bilanzen in der Investitionsplanung und -kontrolle. Zur Berücksichtigung von Kommunikationsrisiken und -kosten bei der Entwicklung der finanziellen Zielfunktion der Unternehmung. In: Aktuelle Fragen der Finanzwirtschaft und der Unternehmensbesteuerung: Festschrift für Erich Loitlsberger zum 70. Geburtstag, hrsg. v. *Dieter Rückle*. Wien 1991, S. 507–534.

Ordelheide, Dieter: Externes Rechnungswesen. In: Vahlens Kompendium der Betriebswirtschaftslehre. 4. Aufl. Bd. 1, hrsg. v. *Manfred Bitz* u. a. München 1999, S. 475–586.

Ordelheide, Dieter: Wertpotential und Objektivierung der IAS im Vergleich zu den Bilanzierungsvorschriften des dHGB und des öHGB. In: Fortschritte im Rechnungswesen: Vorschläge für Weiterentwicklungen im Dienste der Unternehmens- und Konzernsteuerung durch Unternehmensorgane und Eigentümer. *Gerhard Seicht* zum 60. Geburtstag, hrsg. v. *Otto A. Altenburger* u. a. 2. Aufl. Wiesbaden 2000, S. 507–532.

OSER, PETER/ORTH, CHRISTIAN/PFITZER, NORBERT: Offene Fragen und Systemwidrigkeiten des Bilanzrechtsreformgesetzes (BilReG). In: DB, 57. Jg. (2004), S. 2593–2602.

OXELHEIM, LARS/WIHLBORG, CLAS G.: Macroeconomic Uncertainty. International Risks and Opportunities for the Corporation. New York, New York: John Wiley & Sons, 1987.

OXELHEIM, LARS: Macroeconomic Variables and Corporate Performance. In: Fin. A. J., Vol. 59 (2003), S. 36–50.

PALLAIS, DON M.: Prospective financial statements. In: Accountants' Handbook. 9th edition. New York, New York et al.: John Wiley & Sons, 1999, Chapter 34.

PAREDES, TROY A.: Blinded by the light: Information overload and ist consequences for Securities Regulation. In: W.U.L.Q., Vol. 81 (2003), S. 417–485.

PATON, W. A./LITTLETON, A. C.: An Introduction to Corporate Accounting Standards. American Accounting Association Monograph No. 3. Ann Arbor, Michigan: American Accounting Association, 1965.

PECHTL, HANS: Die Prognosekraft des Prognoseberichts. Eine empirische Untersuchung am Beispiel deutscher Aktiengesellschaften. In: ZfbF, 52. Jg. (2000), S. 141–159.

PELLENS, BERNHARD/JÖDICKE, DIRK/RICHARD, MARC: Solvenztests als Alternative zur bilanziellen Kapitalerhaltung? In: DB, 58. Jg. (2005), S. 1393–1401.

PELLENS, BERNHARD/CRASSELT, NILS/SELLHORN, THORSTEN: Bilanzierung leistungsorientierter Pensionszusagen nach IFRS: Auswirkungen auf die intertemporale Ergebnisvolatilität. In: ZfB, 76. Jg. (2006), S. 111–133.

PENMAN, STEPHEN H.: On Comparing Cash Flow and Accrual Accounting Models for Use in Equity Valuation: A Response to Lundholm and O'Keefe (CAR, Summer 2001). In: Con. Acc. Res., Vol. 18 (2001), S. 681–692.

PETERSEN, JOCHEN: Rechnungslegung für Pensionsverpflichtungen nach HGB, US-GAAP und IAS. Düsseldorf 2002.

PFITZER, NORBERT/OSER, PETER/ORTH, CHRISTIAN: Offene Fragen und Systemwidrigkeiten des Bilanzrechtsreformgesetzes (BilReG). In: DB, 57. Jg. (2004), S. 2593–2602.

PICOT, GERHARD: Teil I. Vertragsrecht. In: Unternehmenskauf und Restrukturierung. Handbuch zum Wirtschaftsrecht, hrsg. v. *Gerhard Picot*. 3. Aufl. München 2004, S. 16–246.

PICOT, GERHARD/SCHNITKER, ELMAR: Teil III. Arbeitsrecht. In: Unternehmenskauf und Restrukturierung. Handbuch zum Wirtschaftsrecht, hrsg. v. *Gerhard Picot*. 3. Aufl. München 2004, S. 503–599.

PLANERT, SUSANNE: Bilanzierung von Pensionsverpflichtungen. Kritische Analyse von HGB, US-GAAP und IAS/IFRS. Wiesbaden 2006.

POLINSKY, MITCHELL, A.: Economic analysis as a potentially defective product: A buyer's guide to Posner's economic analysis of law. In: Harvard L. Rev., Vol. 87 (1974), S. 1655–1681.

PORTER, MICHAEL E.: Wettbewerbsvorteile (Competitive Advantage). Spitzenleistungen erreichen und behaupten. 6. Aufl. Frankfurt/New York 2000.

PRAHL, REINHARD/NAUMANN, THOMAS K.: Financial Instruments, Abt. II/10. In: Handbuch des Jahresabschlusses (HdJ), hrsg. v. Klaus v. Wysocki u. a. Köln. (Loseblatt; August 2000).

PWC (Hrsg.): Value Reporting™ Forecast 2002. Bringing information out into the open. 2001.

PWC (Hrsg.): Immaterielle Werte und andere weiche Faktoren in der Unternehmensberichterstattung – eine Bestandsaufnahme. Februar 2003.

PWC (Hrsg.): Immaterielle Werte und andere weiche Faktoren in der Unternehmensberichterstattung – eine Bestandsaufnahme. Februar 2003.

QUICK, REINER/KAYADELEN, ENGIN: Zur Aussagefähigkeit von Prognosen in Emissionsprospekten am Neuen Markt. In: WPg, 55. Jg. (2002), S. 949–955.

REES, WILLIAM/SUTCLIFFE, CHARLES: Quantitative non-financial information and income measures: the case of long term contracts. In: J. Bus. Fin. Acc., Vol. 21 (1994), S. 331–347.

REITTINGER, WOLFGANG J.: Der Lagebericht. In Handbuch des Jahresabschlusses (HdJ), hrsg. v. *Klaus v. Wysocki* u. a. Abt. IV/3 (August 1986).

REVSINE, LAWRENCE: Inflation Accounting for Debt. In: Fin. A. J., Vol. 37 (1981), S. 20–29.

RIEGER, WILHELM: Einführung in die Privatwirtschaftslehre. 2. Aufl. Erlangen 1959.

ROMAJAS, SUZANNE J.: The duty to disclose forward-looking information: A look at the future of the MD&A. In: Fordham L. Rev., Vol. 61 (1993), S. 246–286.

ROTHSCHILD, K. W.: Wirtschaftsprognose. Methoden und Probleme. Berlin u. a. 1969.

RUDER, DAVID S./SUN, YUJI/SYCZ, AREK: The SEC at 70: The Securities and Exchange Commision's pre-and post-enron responses to corporate financial fraud: An analysis and evaluation. In: N. D. L. Rev., Vol. 80 (2005), S. 1103–1158.

RUDOLPH, BERND: Unternehmensfinanzierung und Corporate Governance – Entwicklungen und weiterer Anpassungsbedarf. In: BB, 58. Jg. (2003), S. 2053–2060.

RÜCKLE, DIETER: Externe Prognosen und Prognoseprüfung. In: DB, 37. Jg. (1984), S. 57–69.

RÜCKLE, DIETER: Vorsicht. In: Handwörterbuch unbestimmter Rechtsbegriffe im Bilanzrecht des HGB, hrsg. v. *Ulrich Leffson*, *Dieter Rückle* und *Bernhard Großfeld*. Köln 1986, S. 403–416.

RUHWEDEL, FRANCA/SCHULTZE, WOLFGANG: Value Reporting: Theoretische Konzeption und Umsetzung bei den DAX 100-Unternehmen. In: Zfbf, 54. Jg. (2002), S. 602–632.

SALAS, VICENTE/WHINSTON, ANDREW B.: A Theoretical Basis for Inflation Accounting. In: Quantitative Planning and Control. Essays in Honor of *William Wager Cooper* on the Occasion of His 65th Birthday, edited by *Yuji Ijiri* and *Andrew B. Whinston*. New York, New York: Academic Press, 1979, S. 269–290.

SANDIG, CURT: Der Ruf der Unternehmung. Wesen und betriebswirtschaftliche Bedeutung. Stuttgart 1962.

SAUER, KNUT: Haftung für Flaschinformation des Sekundärmarktes. Frankfurt am Main 2004.

SCHÄFFELER, URSULA: Latente Steuern nach US-GAAP für deutsche Unternehmen. Frankfurt am Main 2000.

SCHANZE, ERICH: A Model of Shareholding. In: JITE, Vol. 159 (2003), S. 698–700.

SCHARPF, PAUL/LUZ, GÜNTHER: Risikomanagement, Bilanzierung und Aufsicht von Finanzderivaten. 2. Aufl. Stuttgart 2000.

SCHARPF, PAUL: Finanzrisiken. In: Praxis des Risikomanagements. Grundlagen, Kategorien, branchenspezifische und strukturelle Aspekte, hrsg, v. *Dietrich Dörner*, *Péter Horváth* und *Henning Kagermann*. Stuttgart 2000, S. 253–282.

SCHARPF, PAUL: Risikomanagement- und Überwachungssystem im Finanzbereich. In: Reform des Aktienrechts, der Rechnungslegung und der Prüfung, hrsg. v. *Dietrich Dörner*, *Dieter Menold*, *Norbert Pfitzer*, *Peter Oser*. 2. Aufl. Stuttgart 2003, S. 377–402.

SCHILDBACH, THOMAS: Pensionsverpflichtungen nach US-GAAP/IAS versus HGB/GoB und die Informationsfunktion des Jahresabschlusses. In: ZfB, 69. Jg. (1999), S. 957–977.

SCHITAG E&Y (Hrsg.): Risikomanagement- und Überwachungssystem im Treasury. Darstellung der Anforderungen nach KonTraG, bearb. v. *Paul Scharpf*. Stuttgart 1998.

SCHMALENBACH, EUGEN: Dynamische Bilanz. 5. Aufl. Leipzig 1931.

SCHMIDT, FRITZ: Die organische Tageswertbilanz. 3. Aufl. Wiesbaden 1929.

SCHMIDT, REINHARD H.: Corporate governance: The role of other constituencies. In: Corporate governance. Les perspectives internationales, hrsg. v. *A. Pezard* u. a. Paris 1997, S. 61–74.

SCHMIDT, REINHARD H./TERBERGER, EVA: Grundzüge der Investitions- und Finanzierungstheorie. 4. Aufl. Wiesbaden 1997.

SCHMIDT, REINHARD H./SPINDLER, GERALD: Shareholder Value zwischen Ökonomie und Recht. In: Wirtschafts- und Medienrecht in der offenen Demokratie. Freundesgabe für *Friedrich Kübler* zum 65. Geburtstag, hrsg. v. *Heinz-Dieter Assmann* u. a. Heidelberg 1997, S. 515–555.

SCHMIDT, REINHARD H./HACKETHAL, ANDREAS/TYRELL MARCEL: Disintermediation and the Role of Banks in Europe: An International Comparison. In: J. Fin. Intermed., Vol. 8 (1999), S. 36–67.

SCHMIDT, REINHARD H./HACKETHAL, ANDREAS/TYRELL MARCEL: Corporate governance in Germany: Transition to a modern capital market-based system?. Working Paper. Department of Finance. Johann Wolfgang Goethe-Universität. Frankfurt 2002.

SCHNEIDER, DIETER: Grundsätze ordnungsmäßiger Rechnungslegung über Gewinnprognosen, dargestellt am Problem der Beispielrechnung für Gewinnbeteiligungen in der Lebensversicherung. In: ZfbF, 32. Jg. (1980), S. 238–269.

SCHOLZ, WALTER: Die Steuerung von Zinsänderungsrisiken und ihre Berücksichtigung im Jahresabschluß von Kreditinstrumenten. In: Bilanzstrukturmanagement von Kreditinstituten, hrsg. v. *Henner Schierenbeck* und *Hans Wielens*. Frankfurt am Main 1982, S. 119–136.

SCHULTE, OLIVER: Fall 3: Währungsumrechnung bei der Framani Industries S.A. In: Konzernbilanzierung *case by case*, hrsg. v. *Michael Hommel* und *Jens Wüstemann*. Heidelberg 2004, S. 77–103.

SCHULTZE, WOLFGANG/RUHWEDEL, FRANCA: Value Reporting: Theoretische Konzeption und Umsetzung bei den DAX 100-Unternehmen. In: ZfbF, 54. Jg. (2002), S. 602–632.

SEC: Disclosure to Investors: A Reappraisal of Federal Administrative Policies under the '33 and '34 Acts. 1969.

SEC: Release No. 33-5520, 39 FR 31894. August 14, 1974.

SEC: Release No. 33-6084, 44 FR 38810. 17 S.E.C Docket 1048. June 15, 1979.

SEC: Release Nos. 33-6835, 34-26831, IC-16961, FR-36. Management's Discussion and Analysis of Financial Condition and Results of Operations. Certain Investment Company Disclosures. 1989 SEC LEXIS 1011. May 18, 1989.

SEC: Release Nos. 33-6711, 34-24356, 52 FR 13715. Concept Release on Management's Discussion and Analysis of Financial Condition and Operations. April 24, 1987.

SEC: (Division of Corporate Finance): Frequently Requested Accounting and Financial Reporting Interpretations and Guidance, 1999 SEC No-Act. Lexis 556.

SEC: Summary by the Division of Corporation Finance of Significant Issues Addressed in the Review of the Periodic Reports of the Fortune 500 Companies. 2003. Im Internet unter: http://www.sec. gov/divisions/corpfin/fortune500rep.htm (zuletzt besucht am 12. Mai 2007).

SEC: 202.02 ‚Cash Flow' as a Proxy for Income Measurement. ASR 142. Bestandteil des FRR 41.

SEC: Release Nos. 33-8040, 34-45149, FR-60. Cautinary Advice Regarding Disclosure About Critical Accounting Policies. December 12, 2001.

SEC: Release Nos. 33-8098, 34-45907, File No. S7-16-02. Proposed Rule: Disclosure in Managements Discussion and Analysis about the Application of Critical Accounting Policies. May 10, 2002.

SEC: Release Nos. 33-8056, 34-45321, FR-61. Commission Statement about Management's Discussion and Analysis of Financial Condition and Results of Operations. January 22, 2002.

SEC: Release Nos. 33-8350, 34-48960, FR-72. Commission Guidance Regarding Management's Discussion and Analysis of Financial Condition and Results of Operations. December 19, 2003.

SEC: Rel. Nos. 33-8176, 34-47226, FR-65. Final Rule: Conditions for Use of Non-GAAP Financial Measures. Part II. January 30, 2003.

SEC: (Division of Corporate Finance): Frequently asked questions regarding the use of non-GAAP financial measures. 13.6.2003. EBIT and EBITDA, Answer 14. Im Internet unter: http://www.sec.gov/divisions/corpfin/faqs/nongaapfaq.htm (zuletzt besucht am 8. Januar 2008).

SEICHT, GERHARD: Stille Rücklagen I – allgemein –. In: Handwörterbuch unbestimmter Rechtsbegriffe im Bilanzrecht des HGB, hrsg. v. *Ulrich Leffson*, *Dieter Rückle* und *Bernhard Großfeld*. Köln 1986, S. 281–286.

SELCH, BARBARA: Der Lagebericht. Risikoberichterstattung und Aufstellung nach IDW RS HFA 1. Wiesbaden 2003.

SELCHERT, FRIEDRICH W.: Die Aufgliederung der Umsatzerlöse gemäß § 285 Nr. 4 HGB. In: BB, 41. Jg. (1986), S. 560–565.

SELCHERT, FRIEDRICH W.: Die MD&A – ein Vorbild für den Lagebericht?. In: Internationale Rechnungslegung. Festschrift für Prof. Dr. *Claus-Peter Weber*, hrsg. v. *Karlheinz Küting* und *Günther Langebucher*. Stuttgart 1999, S. 219–237.

SELCHERT, FRIEDRICH W./ERHARDT, MARTIN/FUHR, ANETTE/GREINERT, MARKUS: Prüfung des Lageberichts, einschließlich Konzernlagebericht nach deutschem und internationalem Recht. Bielefeld 2000.

SELCHERT, FRIEDRICH W./GREINERT, MARKUS: B 510. Der Lagebericht als Informationsinstrument. In: Beck'sches Handbuch der Rechnungslegung. Band II, hrsg. v. *Edgar Castan* u. a. München. (Loseblatt; Juli 2002).

SELIGMAN, JOEL: The transformation of Wall Street: a history of the Securities and Exchange Commission and modern corporate finance. In: Rev. edition York, Pn: The Maple Press Company, 1995.

SELIGMAN, JOEL: GÖTTERDÄMMERUNG for the Securities Act? In: W.U.L.Q, Vol. 75, No. 2 (1997), S. 887–898.

SESSAR, CHRISTOPHER/WÜSTEMANN, JENS: Fall 10: Latente Steuern. In: Konzernbilanzierung *case by case*. Lösungen nach HGB und IAS/IFRS, hrsg. v. *Michael Hommel* und *Jens Wüstemann*. Heidelberg 2004, S. 247–272.

SHAPIRO, ALAN C.: Foundations of Multinational Financial Management. 4th edition. Needham Heights, Massachusetts: Allyn and Bacon, 2002.

SHARPE, WILLIAM F.: Capital Asset Prices: A theory of market equilibrium under conditions of risk. In: J. Fin., Vol. 19 (1964), S. 425–442.

SHLEIFER, ANDREI/VISHNY, ROBERT W.: A survey of corporate governance. In: J. Fin., Vol. 52 (1997), S. 737–783.

SIEBEL, ULF R./GEBAUER, STEFAN: Prognosen im Aktien- und Kapitalmarktrecht - Lagebericht, Zwischenbericht, Verschmelzungsbericht, Prospekt usw. -, Teil II. In: WM, 55 Jg. (2001), S. 173–220.

SIEBEN, GÜNTER: Offene Fragen bei der Erstellung und Prüfung des Lageberichts. In: Bilanz- und Konzernrecht. Festschrift zum 65. Geburtstag von Dr. Dr. h. c. *Reinhard Goerdeler*, hrsg. v. *Hans Havermann*. Düsseldorf 1987, S. 581–600.

SIEBEN, GÜNTER: Unternehmensbewertung: Discounted Cash Flow-Verfahren und Ertragswertverfahren – Zwei völlig unterschiedliche Ansätze?. In: Internationale Wirtschaftsprüfung. Festschrift zum 65. Geburtstag von Prof. Dr. Dr. h. c. *Hans Havermann*, hrsg. v. *Josef Lanfermann*. Düsseldorf 1995, S. 713–737.

SIEGEL, THEODOR: Das Realisationsprinzip als allgemeines Periodisierungsprinzip? In: BfuP, 46. Jg. (1994), S. 1–24.

SIMKIN, MORRIS N.: MD&A: When to include forward-looking statements. In: N.Y.LJ., Vol. df. (1996), S. 1–5.

SIMONS, DIRK: Internationalisierung von Rechnungslegung, Prüfung und Corporate Governance. Wiesbaden 2005.

SOLOMON, EZRA: The Arithmetic of Capital-Budgeting Decisions. In. J. Bus., Vol. 29, No. 1 (1956), S. 124–129.

SOLOMONS, DAVID: Economic and Accounting Concepts of Income. In: Acc. Rev., Vol. 36, No. 2 (1961), S. 374–383.

SOLOMONS, DAVID: Making Accounting Policy. The Quest for Credibility in Financial Reporting. New York, New York: Oxford University Press, 1986.

SORG, PETER: Die voraussichtliche Entwicklung der Kapitalgesellschaft – Anmerkungen zu Form und Inhalt der Angaben im Lagebericht –. In: WPg, 41. Jg. (1988), 381–389.

SPINDLER, GERALD: Prognosen im Gesellschaftsrecht. In: AG, 51. Jg. (2006), S. 677–689.

STREIM, HANNES: Die Generalnorm des § 264 Abs. 2 HGB. In: Bilanzrecht und Kapitalmarkt. Festschrift zum 65. Geburtstag von Professor Dr. Dr. h. c. Dr. h. c. *Adolf Moxter*, hrsg. v. *Wolfgang Ballwieser* u. a. Düsseldorf 1994, S. 391–406.

STREIM, HANNES: Zum Stellenwert des Lageberichts im System der handelsrechtlichen Rechnungslegung. In: Unternehmenstheorie und Besteuerung. *Dieter Schneider* zum 60. Geburtstag, hrsg. v. *Rainer Elschen* u. a. Wiesbaden 1995, S. 703–721.

STROBL, ELISABETH: Matching Principle und deutsches Bilanzrecht. In: Bilanzrecht und Kapitalmarkt. Festschrift zum 65. Geburtstag von Professor Dr. Dr. h. c. Dr. h. c. *Adolf Moxter*, hrsg. v. *Wolfgang Ballwieser* u. a. Düsseldorf 1994, S. 407–433.

SÜCHTING, JOACHIM: Finanzmanagement. Theorie und Politik der Unternehmensfinanzierung. 6. Aufl. Wiesbaden 1995.

TERBERGER, EVA: The German financial system: Great institutional change and little effect? In: JITE, Vol. 159 (2003), S. 707–716.

THEIL, HENRI: Applied Economic Forecasting. 4th edition. Amsterdam, Netherlands: North-Holland Publishing Company, 1966.

TIROLE, JEAN: Corporate Governance. In: Econ. Vol. 69 (2001), S. 1–35.

TREYER, OSCAR A. G.: Fortschritte im Controlling durch Business Forecasting. In: ZfCM, 49. Jg. (2005), S. 303–307.

TURNER, LYNN E.: Quality, Transparency, Accountability. Remarks before Financial Executives Institute. April 26, 2001. Im Internet unter www.sec.gov/news/speech/spch485.htm, zuletzt besucht am 8. Januar 2008.

VAUGHN, ROBERT G.: America's first comprehensive statute protecting corporate whistleblowers. In: Admin. L. Rev., Vol. 57 (2005), S. 1–106.

VEIL, RÜDIGER: Prognosen im Kapitalmarktrecht. In: AG, 51. Jg. (2006), S. 690–698.

WAGNER, FRANZ W.: Zur Informations- und Ausschüttungsbemessungsfunktion des Jahresabschlusses auf einem organisierten Kapitalmarkt. In: ZfbF, 34. Jg. (1982), S. 749–771.

WAGNER, FRANZ W.: Periodenabgrenzung als Prognoseverfahren – Konzeption und Anwendungsbereich der „einkommensapproximativen Bilanzierung". In: Bilanzrecht und Kapitalmarkt. Festschrift zum 65. Geburtstag von Professor Dr. Dr. h. c. Dr. h. c. *Adolf Moxter*, hrsg. v. *Wolfgang Ballwieser* u. a. Düsseldorf 1994, S. 1175–1197.

WAGNER, STEFFEN: Grundsätze ordnungsmäßiger Bilanzierung in Frankreich. Düsseldorf 2000.

WALTER, MICHAEL: Enge Oligopole und Wettbewerbspolitik. Gesetzmäßigkeiten des Videospiel- und des Mobilfunkmarktes. Wiesbaden 2001.

WEBER, CLAUS-PETER: Risikoberichterstattung nach E-DRS 5. In: BB, 56. Jg. (2001), S. 140–144.

WEBER, STEFAN: Kapitalmarktrecht: Eine Untersuchung des österreichischen Rechts und des Europäischen Gemeinschaftsrechts. Wien u. a. 1999.

WEINDEL, MARC: Passivierungszeitpunkt – Beispiel Entsorgung von Kernbrennelementen. In: Bilanzierung case by case. Lösungen nach HGB und IAS/IFRS, hrsg. v. *Jens Wüstemann*. Heidelberg 2004, S. 112–134.

WEISS, ELLIOTT J.: Some thoughts on an agenda for the public company accounting oversight. In: Duke L.J., Vol. 53 (November 2003), S. 491–515.

WELGE, MARTIN K./AL-LAHAM, ANDREAS: Strategisches Management. Grundlagen – Prozess – Implementierung. 4. Aufl. Wiesbaden 2003.

WENNER DAVID L./LEBER, RICHARD W.: Managing Shareholder Value – From Top to Bottom. In: Harvard Bus. Rev., November/Dezember 1989, S. 52–65.

WESNER, PETER: Bilanzierungsgrundsätze im Wertpapierrecht der USA. Wiesbaden 1984.

WESTERMANN, HARM PETER: Vernünftige kaufmännische Beurteilung. In: Handwörterbuch unbestimmter Rechtsbegriffe im Bilanzrecht des HGB, hrsg. v. *Ulrich Leffson, Dieter Rückle* und *Bernhard Großfeld.* Köln 1986, S. 351–365.

WHITE, GERALD I./SONDHI, ASHWINPAUL C./FRIED, DOV: The Analysis and Use of Financial Statements. 3rd edition, Hoboken, New York: John Wiley & Sons, 2003.

WIEDMANN, HARALD (Hrsg.): Kommentierung zu § 289 HGB. In: Bilanzrecht. Kommentar zu den §§ 238-342a HGB. 2. Aufl. München 2003.

Wiley GAAP 2003: Interpretation and Application of Generally Accepted Accounting Principles, hrsg. v. *Patrick R. Delaney* u. a. New York, New York: John Wiley & Sons, 2002.

WILHELM, JOCHEN: Marktwertmaximierung – Ein didaktisch einfacher Zugang zu einem Grundlagenproblem der Investitions- und Finanzierungstheorie. In: ZfB, 53. Jg. (1983), S. 516–534.

WILSDORF, FRED: Rechnungslegungszwecke der Handelsbilanz und Steuerbilanz nach Inkrafttreten des Bilanzrichtliniengesetzes. Frankfurt am Main u. a. 1988.

WINKELJOHANN, NORBERT/SCHELLHORN, MATHIAS: Kommentierung zu § 264 HGB. In: Beck'scher Bilanz-Kommentar. Handels- und Steuerrecht – §§ 238 bis 339 HGB –, hrsg. v. *Helmut Ellrott* u. a. 6. Aufl. München 2006.

WITTEN, VOLKER: Zur Erstellung und Prüfung des Lageberichts. In: Die deutsche Rechnungslegung und Wirtschaftsprüfung im Umbruch. Festschrift für *Wilhelm Theodor Strobel* zum 70. Geburtstag, hrsg. v. *Carl-Christian Freidank.* München 2001, S. 341–362.

WITTMANN, WALDEMAR: Unternehmung und unvollkommene Information. Unternehmerische Voraussicht – Ungewißheit und Planung. Köln und Opladen 1959.

WOLF, KLAUS: Neuerungen im (Konzern-)Lagebericht durch das Bilanzrechtsreformgesetz (BilReG) – Anforderungen und ihre praktische Umsetzung. In: DStR, 43. Jg. (2005), S. 438–442.

WOLK, HARRY I./TEARNEY, MICHAEL. G./DODD, JAMES L.: Accounting Theory. A Conceptual and Institutional Approach. 5th edition.Cincinnati, Ohio: South-Western College Publishing, 2000.

WÜSTEMANN, JENS: Funktionale Interpretation des Imparitätsprinzips. In: ZfbF, 47. Jg. (1995), S. 1029–1043.

WÜSTEMANN, JENS: Generally Accepted Accounting Principles. Zur Bedeutung und Systembildung der Rechnungslegungsregeln der USA. Berlin 1999.

WÜSTEMANN, JENS: Mängel bei der Abschlußprüfung: Tatsachenberichte und Analysen aus betriebswirtschaftlicher Sicht. In: Der Wirtschaftsprüfer als Element der Corporate Governance. Vorträge des 12. Bonner Europa-Symposions, hrsg. v. *Marcus Lutter*. Düsseldorf 2001, S. 19–45.

WÜSTEMANN, JENS: Institutionenökonomik und internationale Rechnungslegungsordnungen. Tübingen 2002.

WÜSTEMANN, JENS: Disclosure Regimes and Corporate Governance. In: JITE, Vol. 159 (2003), S. 717–726.

WÜSTEMANN, JENS /DUHR, ANDREAS: Steuerung der Fremdwährungsrisiken von Tochterunternehmen im Konzern – Finanzcontrolling vs. Bilanzierung nach HGB und IAS/IFRS. In: BB, 58. Jg. (2003), S. 2501–2508.

WÜSTEMANN, JENS: Fall 3: Gewinnrealisierung – Beispiel phasengleiche Dividendenvereinnahmung. In: Bilanzierung case by case. Lösungen nach HGB und IAS/IFRS, hrsg. v. Jens Wüstemann. Heidelberg 2004, S. 59–73.

WÜSTEMANN, JENS: Evaluation and Response to Risk in International Accounting and Audit Systems: Framework and German Experiences. In: J. Corp. L., Vol. 29 No. 2 (2004), S. 449–466.

WÜSTEMANN, JENS/KIERZEK, SONJA: Revenue Recognition under IFRS Revisited: Conceptual Models, Current Proposals and Practical Consequences. In: Acc. Europe, Vol. 2 (2005), S. 69–106.

WÜSTEMANN, JENS/KIERZEK, SONJA: Ertragsvereinnahmung im neuen Referenzrahmen von IASB und FASB – internationaler Abschied vom Realisationsprinzip?. In: BB, 60. Jg. (2005), S. 427–434.

WÜSTEMANN, JENS/REIFSCHNEIDER, CHRISTINA: Informationeller Anlegerschutz auf Kapitalmärkten – Ökonomische Analyse des Anspruches auf Schadensersatz aufgrund von Fehlinformationen. Unveröffentlichtes Manuskript. Mannheim 2005.

WÜSTEMANN, JENS/BISCHOF, JANNIS: Der Grundsatz der Fair-Value-Bewertung von Schulden nach IFRS: Zweck, Inhalte und Grenzen. In: ZfB, 76. Jg. (2006), Special Issue 6, S. 77–110.

WÜSTEMANN, JENS/KIERZEK, SONJA: Das europäische Harmonisierungsprogramm zur Rechnungslegung: Endorsement und Enforcement von IFRS. In: BB, 61. Jg. (2006), S. 14–22.

WÜSTEMANN, JENS/KIERZEK, SONJA: Das Projekt „Revenue Recognition" von FASB und IASB – Notwendigkeit, Vorschläge und Bewertung möglicher Neufassungen von IAS 18 und IAS 11. In: Internationale Rechnungslegung: Standortbestimmung und Zukunftsperspektiven, hrsg. v. *Karlheinz Küting*, *Norbert Pfitzer* und *Claus-Peter Weber*. Stuttgart 2006, S. 245–279.

WÜSTEMANN, JENS/KIERZEK, SONJA: Das europäische Harmonisierungsprogramm zur Rechnungslegung: Endorsement und Enforcement von IFRS. In: BB, 61. Jg. (2006), S. 14–22.

WÜSTEMANN, JENS/BISCHOF, JANNIS/KIERZEK, SONJA: Internationale Gläubigerschutzkonzeptionen. In: BB, 62. Jg. (2007). BB-Special Nr. 5/Heft 17, S. 13–19.

WÜSTEMANN, JENS/KIERZEK, SONJA: Normative Bilanztheorie und Grundsätze ordnungsmäßiger Gewinnrealisierung von Mehrkomponentenverträgen. (Im Erscheinen).

WYSOCKI, KLAUS V.: Zur Berichterstattung über die Grundlagen der Umrechnung von Fremdwährungspositionen nach § 313 Abs. 1 Satz 2 Nr. 2 HGB. In: Unternehmungserfolg: Planung – Ermittlung – Kontrolle. Walther Busse von Colbe zum 60. Geburtstag. Wiesbaden 1988, S. 401–412.

YAEKURA, TAKASHIE: What Does Net Income Mean? Net Income vs Comprehensive Income. Hosei University. JIG Performance Reporting Meeting. New York (June 14, 2005).

ZIMMERER, CARL: Aufwendungen, die das Vermögen mehren, Aufwendungen, die zu niedrig bilanziert werden. In: Internationale Wirtschaftsprüfung. Festschrift zum 65. Geburtstag von Professor Dr. Dr. h. c. *Hans Havermann*, hrsg. v. *Josef Lanfermann*. Düsseldorf 1995, S. 845–861.

ZIMMERMANN, JOCHEN/PROKOP, JÖRG: Rechnungswesenorientierte Unternehmensbewertung und Clean Surplus Accounting – Konzeptionelle Bewertungseignung der Konzernabschlüsse deutscher Aktiengesellschaften –. In: KoR, 3. Jg. (2003), S. 134–142.

ZÜNDORF, HORST: Der Anlagespiegel im Konzernabschluß. Stuttgart 1990.

Verzeichnis zitierter Entscheidungen

Entscheidungen deutscher Gerichte

RFH-Urteil vom 21. Oktober 1931, VI A 2002/29, RFHE 30, 142, RStBl. 1932, 305.

BFH-Urteil vom 6. April 1965, I 23/63 U, BFHE 82, 372.

BFH-Urteil vom 29. Juli 1982, IV R 49/78, BStBl. II 1982, 650.

BFH-Beschluss vom 11. Dezember 1985, I B 49/85, BFH/NV 1986, 595.

BFH-Urteil vom 18. Februar 1993, IV R 40/92, BFHE 171, 422.

BFH-Urteil vom 28. März 2000, VIII R 77/96. In: DStR, 41. Jg. (2000), S. 1178–1178.

Beschluss des *Bundesverfassungsgerichts* vom 20. September 1999 – 1 BvR 168/93. In: ZIP, 30 Jg. (1999), S. 1801.

Entscheidungen US-amerikanischer Gerichte

TSC Industries, Inc. v. Northway, Inc., 426 U.S. 438 (1976).

Basic, Inc. v. Levinson, 485 U.S. 224 (1988).

Wielgos v. Commonwealth Edison Company, 892 F.2d 509 (1989).

Romani v. Shearson Lehman Hutton, 929 F.2d 875 (CA 1st Cir. 1991).

In re RAC Mortgage Inc. Corp. Sec. Litigation, 765 F. Supp. 860 (D. Md. 1991).

Hanon v. Dataproduts Corp., 976 F.2d 497 (9th Cir. 1992).

Wright v. IBM Corp., 796 F. Supp. 1120 (N.D. Ill. 1992).

In re VeriFone Securities Litigation, 11 F.3d 865 (9th Cir. 1993).

In re Compaq Securities Litigation, 848 F.Supp 1307 (S.D.Tex.1993).

Levit v. Lyondell Petrochemical Co. 984 F.2d 1050 (9th Cir. 1993).

Kowal v. MCI Communications Corp, 16 F.3d 1271 (D.C. Cir. 1994).

In re Canandaigua Securities Litigation. 944 F. Supp. 1202 (S.D.N.Y. 1996).

San Leandro Emergeny Med Group Profit Sharing Plan v. Philip Morris Co. 75 F.3d 801 (2nd Cir. 1996).

Oxford Asset Management, Ltd. v. Jaharis, 297 F.3d 1182 (11th Cir. 2002).

Kapps Karl L. u. a. v. Torch Offshore, Inc. u. a., 379 F.3d 207 (CA 5th Cir. 2004).

Asher v. Baxter International, Inc., 377 F.3d 727 (7th Cir. 2004).

Entscheidungen der SEC

In the Matter of Caterpillar, Inc. Respondent Administrative Proceeding File No. 3-7692. SEC, SEA 1934, Release No. 30532. 1992 SEC LEXIS 786. March 31, 1992.

In the Matter of Salant Corporation And Martin F. Tynan. Exchange Act Release No. 34-34046, 56 S.E.C. Docket 1779. May 12, 1994.

In the Matter of Shared Medical Systems Corporation. Admin. Proc. File No. 3-8295. Release No. 34-33632. 1994 SEC Lexis 440. Feb. 17, 1994.

In the Matter of Bank Of Boston Corp. Release No. 81, 60 S.E.C. Docket 2695. December 22, 1995.

In the Matter of Advanced Micro Devices, Inc. Exchange Act Release No. 37730. September 26, 1996.

In the Matter of Trump Hotels & Casino Resorts, Inc. Admin. Proc. File No. 3-10680, SEA 1934 Rel. No. 45287. January 16, 2002.

Stichwortverzeichnis

SPRINGER NATURE

GPSR Compliance

The European Union's (EU) General Product Safety Regulation (GPSR) is a set of rules that requires consumer products to be safe and our obligations to ensure this.

If you have any concerns about our products, you can contact us on ProductSafety@springernature.com

In case Publisher is established outside the EU, the EU authorized representative is:

Springer Nature Customer Service Center GmbH
Europaplatz 3
69115 Heidelberg, Germany

FSC
www.fsc.org
MIX
Papier | Fördert
gute Waldnutzung
FSC® C083411

Kolibri 360 GmbH
Ferdinand-Jühlke-Straße 7
99095 Erfurt, Deutschland
produktsicherheit@kolibri360.de